KURSHEFTE ETHIK/PHILOSOPHIE

Einführung in die Philosophie

Herausgeberinnen
Dr. habil. Barbara Brüning
Dr. Eva-Maria Sewing

Autorinnen
Dr. habil. Barbara Brüning
Monika Sahre
Dr. Eva-Maria Sewing

Wissenskasten   Biografiekasten

Kennzeichnung der Lexikonartikel:
– farbig markierte *Namen* unter den Texten und Bildern
– farbige Sternchen* im Text

Cover: Bildausschnitt von: Paul Klee, Revolution des Viaductes, 1937, 153 (R 13) 60 x 50 cm; Ölfarbe auf Grundierung auf Baumwolle auf Keilrahmen, Hamburger Kunsthalle

I Was ist Philosophie?	
S. 4–13, 20–33	Monika Sahre
S. 14–19, 34–57	Dr. Eva-Maria Sewing
II Grundformen philosophischen Nachdenkens	Dr. habil. Barbara Brüning
III Nachdenken über die Welt	
S. 76–85, 90–93	Dr. habil. Barbara Brüning
S. 86–89	Dr. Eva-Maria Sewing
IV Philosophie und Religion in der Kultur Europas	Dr. Eva-Maria Sewing
V Philosophie in anderen Kulturen	Dr. habil. Barbara Brüning

Verlagsredaktion: Heike Hermann
Illustration: Barbara Schumann, Berlin
Layout: Kai Reddig
Technische Umsetzung: sign, Berlin

 http://www.cornelsen.de

Die Internet-Adressen und -Dateien, die in diesem Lehrwerk angegeben sind, wurden vor Drucklegung geprüft (Stand: 4. November 2003).
Der Verlag übernimmt keine Gewähr für die Aktualität und den Inhalt dieser Adressen und Dateien oder solcher, die mit ihnen verlinkt sind.
Dieses Werk berücksichtigt die Regeln der reformierten Rechtschreibung und Zeichensetzung. Bei den mit ® gekennzeichneten Texten haben die Rechteinhaber einer Anpassung widersprochen.

1. Auflage   Druck 4 3 2 1   Jahr 07 06 05 04

Alle Drucke dieser Auflage sind inhaltlich unverändert
und können im Unterricht nebeneinander verwendet werden.

© 2004 Cornelsen Verlag, Berlin

Das Werk und seine Teile sind urheberrechtlich geschützt.
Jede Nutzung in anderen als den gesetzlich zugelassenen Fällen bedarf der vorherigen schriftlichen Einwilligung des Verlages.
Hinweis zu § 52 a UrhG: Weder das Werk noch seine Teile dürfen ohne eine solche Einwilligung eingescannt und in ein Netzwerk eingestellt werden.
Dies gilt auch für Intranets von Schulen und sonstigen Bildungseinrichtungen.

Druck: Druckhaus Berlin-Mitte

ISBN 3-464-65054-5

Bestellnummer 650545

 Gedruckt auf säurefreiem Papier, umweltschonend hergestellt aus chlorfrei gebleichten Faserstoffen.

Inhaltsverzeichnis

I Was ist Philosophie? 4–57

Welche Aufgaben hat die Philosophie?	6
Philosophie und Gesellschaft	8
Wozu Philosophie?	10
Wirkungsbereiche des Philosophen	12

Grundprobleme der philosophischen Tradition

Mythos	14
Logos	16
Die vier „Kantfragen"	18
1. Was kann ich wissen?	20
Wie kann ich wissen?	22
Wissen als demokratischer Akt	24
2. Was soll ich tun?	26
Wege zum Glück	28
Die Realisierung der Glückseligkeit	30
Die Frage nach dem guten Leben	32
3. Was darf ich hoffen?	34
Schaffen Wissenschaft und Technik eine bessere Welt?	36
Negative Utopien als Statthalter utopischen Denkens	38
Fortschrittskritik in negativen Utopien	40
Gibt es ein Leben nach dem Tod?	42
Ist die Seele unsterblich?	44
Unsterblichkeitsvorstellungen	46
Stirbt im Tod das Bewusstsein?	48
4. Was ist der Mensch?	50
Ergebnis der Evolution?	52
Erzeugt das Gehirn den Geist?	54
Gibt es eine Differenz zwischen Körper und Geist?	56

II Grundformen philosophischen Nachdenkens 58–75

Gespräche sollen der Wahrheit dienen	60
Dialoge führen	62
Dialektik	64
Aphorismen	66
Märchen und gesellschaftliche Utopien	68
Märchen und der Mensch	70
Die Fabel als Maßstab für Gut und Böse	72
Philosophische Bilder	74

III Nachdenken über die Welt 76–93

Das philosophische Staunen	78
Erkennen und Zweifeln	80
Begriffe klären – Argumente bringen	82
Mit Gedanken experimentieren	84
Philosophische Texte erschließen	86
Der philosophische Essay	88
Philosophenschulen in der Antike	90
Ethik- und Philosophieunterricht in der Neuzeit	92

IV Philosophie und Religion in der Kultur Europas 94–103

Die Welt als Offenbarung Gottes	96
Der Weg zum Absoluten im Islam	98
Die intellektuelle Gotteserkenntnis	100
Gotteserlebnis statt Gotteserkenntnis	102

V Philosophie in anderen Kulturen 104–117

Verschiedene Kulturen – verschiedene Philosophien	106
Chinesische Philosophie	108
Buddhistische Philosophie	110
Afrikanische Philosophie	112
Philosophie in Lateinamerika	114
Projekt der Zukunft: Interkulturelle Philosophie?	116

Lexikon	118
Textnachweis	124
Bildnachweis	127
Weiterführende Literatur und Internetadressen	128

Begleitende Unterrichtsmaterialien:
www.cornelsen-teachweb.de/co/philosophie

Paul Klee, Die Revolution des Viaductes, 1937

I. Was ist Philosophie?

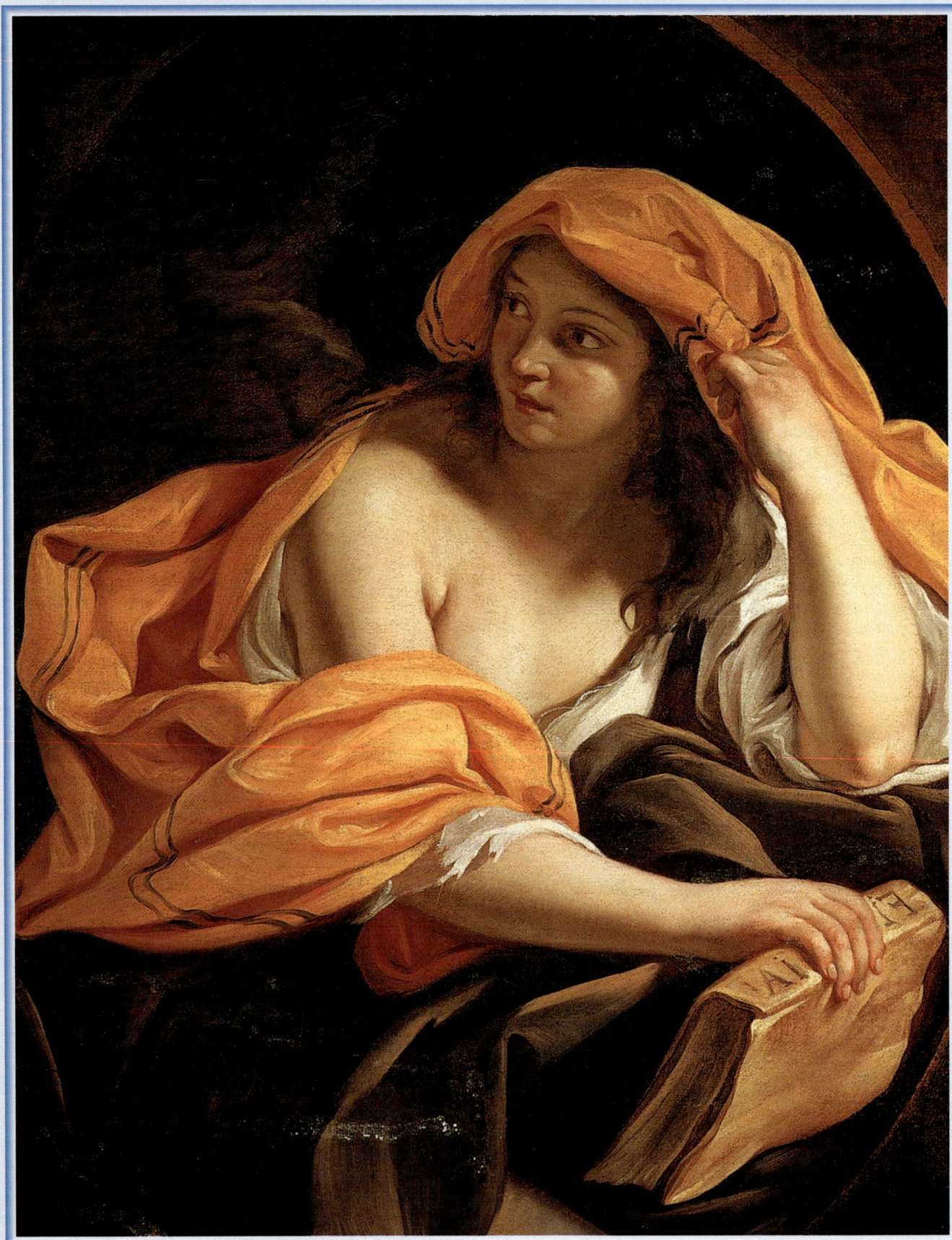

Giaconto Brandi, Allegorie* der Philosophie, 17. Jh.

Betrachten Sie das Bild. Wie wird die Philosophie dargestellt?

Die Wahrheit unterscheidet sich deutlich von dem, was wir gemeinhin glauben.

*Derek Parfit, *1942, englischer Philosoph*

Ich muss also das Wissen aufheben, um zum Glauben zu kommen.

Immanuel Kant, 1704–1804, deutscher Philosoph

Man glaubt, das Denken sei unverbindlich, aber nichts außer dem Denken bindet uns.

Simone Weil, 1909–1943, französische Philosophin

Der Mensch, das denkende Tier, hat sich zu einem Wesen der Vernunft hinaufentwickelt; aber selbst in seiner größten Hoheit trägt er noch den Stempel seiner ursprünglichen Tierheit.

Sri Aurobindo, 1872–1950, indischer Philosoph

Als Endziel im höheren Sinne gilt uns das um seiner selbst willen Erstrebte gegenüber dem eines anderen wegen Erstrebten. Eine solche Beschaffenheit scheint aber vor allem die Glückseligkeit zu besitzen.

Aristoteles*, 384–322 v. Chr., griechischer Philosoph

Sich selbst überwinden, die eigenen Wünsche und Begierden bezwingen, sich von Anstand, Höflichkeit und guten Sitten leiten zu lassen, das ist sittliches Verhalten.

Konfuzius, 551–415 v. Chr., chinesischer Philosoph

Um sich selbst zu erkennen, muss man handeln.

Albert Camus, 1913–1960, französischer Schriftsteller

- Wählen Sie eine Aussage aus, die Sie am meisten anspricht, und erläutern Sie sie.
- Welche Aussagen erscheinen Ihnen strittig? Begründen Sie Ihre Meinung und diskutieren Sie darüber im Kurs.
- Worin besteht Ihrer Meinung nach das Philosophische der Aussagen nach Ihrem Vorverständnis?
- Vergleichen Sie die Aussagen miteinander und setzen Sie sie in eine thematische Ordnung.
- Formulieren Sie eine Frage, auf die die von Ihnen ausgewählte Aussage eine Antwort gibt.

Wir sind so eingerichtet, dass wir nur den Kontrast intensiv genießen können, den Zustand nur sehr wenig. Somit sind unsere Glücksmöglichkeiten schon durch unsere Konstruktion beschränkt.

Sigmund Freud, 1856–1939, österreichischer Psychoanalytiker

Der Mensch ist das Maß aller Dinge, der seienden, dass sie sind, der nicht seienden, dass sie nicht sind.

Protagoras, ca. 458–415 v. Chr., griechischer Philosoph

Das Streben ist allerdings als der eigentliche Zweck des Lebens anzusehen; im Augenblick desselben wird alles das entschieden, was durch den ganzen Verlauf des Lebens nur vorbereitet und eingeleitet war.

Arthur Schopenhauer, 1788–1860, deutscher Philosoph

Ich denke, also bin ich.

René Descartes, 1596–1650, französischer Philosoph

Der Mensch ist nichts anderes, als wozu er sich macht.

Jean-Paul Sartre, 1905–1980, französischer Philosoph

Ich weiß, dass ich nichts weiß.

Sokrates, ca. 470–415 v. Chr., griechischer Philosoph

Jegliches Handeln hat einen Zweck.

John S. Mill, 1806–1873, englischer Philosoph

Die Wahrheiten sind Illusionen, von denen man vergessen hat, dass sie welche sind.

Friedrich Nietzsche, 1844–1900, deutscher Philosoph

Was vernünftig ist, das ist wirklich, und was wirklich ist, das ist vernünftig.

Georg W. F. Hegel, 1770–1831, deutscher Philosoph

Was ist zum Schluss der Mensch in der Natur? Ein Nichts vor dem Unendlichen, ein All gegenüber dem Nichts, eine Mitte zwischen Nichts und All.

Blaise Pascal, 1623–1662, französischer Philosoph, Mathematiker und Physiker

Welche Aufgaben hat die Philosophie?

Ein philosophischer Fragebogen

Durch die Beschäftigung mit den vorhergehenden Seiten haben Sie bereits Ihre Vorstellungen von Philosophie konkretisiert. Der folgende Fragebogen gibt Ihnen die Möglichkeit, diese Vorstellungen noch einmal zu formulieren und darüber hinaus zu klären, welche Erwartungen Sie und Ihre Mitschülerinnen und Mitschüler an den Philosophieunterricht stellen.

> Philosophie ist der methodische und beharrliche Versuch, Vernunft in die Welt zu bringen.
>
> *Max Horkheimer, 1895–1973, deutscher Philosoph*

1. Mit welchen Themen beschäftigt sich Ihrer Meinung nach die Philosophie?
2. Welches Ziel hat die Philosophie?
3. Hat Philosophie einen Wert für Ihr Leben?
4. Welche Fähigkeiten sollte ein Philosoph bzw. eine Philosophin haben?
5. Welche Art von Fragen sind für den Philosophen bzw. für die Philosophin von Interesse?
6. Ist die Philosophie Ihrer Meinung nach eine Wissenschaft? Wenn ja, welchem wissenschaftlichen Gebiet würden Sie sie zuordnen und warum (Naturwissenschaften, Geisteswissenschaften ...)?
7. Welche Fragen und Themen sollten Ihrer Meinung nach im Ethik- und Philosophieunterricht eine Rolle spielen?
8. Welche dieser Themen interessieren Sie besonders?
9. Warum haben Sie Ethik bzw. Philosophie gewählt?
10. Welchen Nutzen hat Ihrer Meinung nach der Ethik- und Philosophieunterricht?
11. Welches Kommunikationsverhalten erwarten Sie von Ihrem Lehrer bzw. von Ihrer Lehrerin im Ethik- bzw. Philosophieunterricht?
12. Welches Kommunikationsverhalten erwarten Sie von den Schülerinnen und Schülern im Ethik- bzw. Philosophieunterricht?

◗ Beantworten Sie schriftlich die oben gestellten Fragen.

◗ Diskutieren Sie im Kurs die verschiedenen Antworten.

◗ Klären Sie Frage 5 anhand konkreter Beispiele.

◗ Halten Sie die Vorschläge zu Frage 8 fest und versuchen Sie, Schwerpunkte zu setzen.

◗ Vervollständigen Sie den Satz „Philosophie ist ...". Sammeln Sie die Ergebnisse an der Tafel.

Bestimmungsversuche von Philosophen

Während sich andere Wissenschaften durch Angabe eines spezifischen Gegenstandsbereiches und durch Auszeichnung bestimmter Methoden kennzeichnen lassen, ist dies in der Philosophie nicht möglich. Damit wird aber schon ein Kennzeichen der Philosophie gegeben: Alles kann dem Philosophen und der Philosophin zum Gegenstand des Philosophierens werden. Auch das schon Akzeptierte wird hinterfragt und bereits erzielte Einsichten werden wieder in Frage gestellt. Das Staunen über das scheinbar Einfache steht am Anfang des Philosophierens. Was Philosophie darüber hinaus ist oder sein sollte, das ist bereits ein philosophisches Problem. (Was Mathematik sei, ist demgegenüber nicht eine mathematische Frage.)

◗ Vergleichen Sie die aufgeführten Definitionen. Worin unterscheiden sie sich?

◗ Setzen Sie Ihre eigenen Definitionen dagegen. Welche Gemeinsamkeiten und Unterschiede gibt es?

> Philosophie ist Liebe zur Weisheit.
>
> *Autor unbekannt*

> Philosophie ist Befragung über die Praxis und damit gleichzeitig über den Menschen.
>
> *Jean-Paul Sartre, 1905–1980, französischer Philosoph*

> Philosophie ist eine Kulturkomponente, die als Grundorientierung mit Hilfe der Vernunft eine Voraussetzung für das Überleben des Naturwesens Mensch in einer veränderten Umwelt erfüllt.
>
> *Ernst R. Sandvoss, *1929, deutscher Philosoph*

> Philosophie ist ungetrübte Erkenntnis seiner selbst.
>
> *Autor unbekannt*

> Philosophie [ist] ein Raum, in dem die Frage nach dem Leben gestellt werden kann, um die Antwort zu suchen, die das Lebenkönnen wieder ermöglicht.
>
> *Wilhelm Schmid, *1953, deutscher Philosoph*

Gegenstandsbereiche des Philosophierens

„Gnóthi Sautón" – „Erkenne dich selbst!", soll der Überlieferung nach am Tempel des Apollon in Delphi gestanden haben. Das abgebildete Mosaik zeigt ebenfalls diesen Spruch in griechischer Sprache, stammt jedoch aus einem römischen Speisesaal des 2. Jahrhunderts n. Chr.

- Formulieren Sie die Aufforderung mit eigenen Worten.
- Betrachten Sie das Mosaik oberhalb der Inschrift. Wie empfinden Sie es? In welcher Beziehung steht das Mosaik zu dem Spruch?
- Hat diese Aufforderung Ihrer Meinung nach heute noch Bedeutung?

Römisches Mosaik, ca. 2. Jh. n. Chr.

Philosophie im Konzert der Wissenschaften

Voraussetzung der folgenden Überlegungen ist die Einsicht, dass sich die Wissenschaften seit Beginn der Neuzeit fortschreitend von der Philosophie emanzipiert und in eine Fülle von Natur- und Kulturwissenschaften differenziert haben. Voraussetzung ist weiterhin, dass die Differenzierung der Wissenschaften einen negativen Rückkoppelungseffekt gezeigt hat, der die Gelehrten zu Fachleuten werden ließ, die über immer weniger immer mehr wissen. Die Emanzipation der Wissenschaften von der Philosophie und ihre gegenseitige Abgrenzung führt [...] zu einer merkwürdigen Desintegration jener gesellschaftlichen Institution, die wir als Universitäten kennen und die ursprünglich die Einheit einer gelehrten Republik repräsentierten. In diesem Zusammenhang fällt der Philosophie eine neue Funktion zu. [...]

Ihre Aufgabe ist es, eine kritische und zugleich normative Wissenschaftstheorie in der Perspektive des methodischen wie des humanen Sinnes der Wissenschaften zu begründen, um sowohl die Forschenden und Lehrenden als auch die Lernenden zu einem reflektierten Selbstverständnis in ihrer je differenten Tätigkeit anzuregen. Darüber hinaus kommt der Philosophie die Aufgabe zu, in einer wie auch immer vermittelten Weise Motor des Erkenntnisprozesses zu sein. Im Kontakt mit den Wissenschaften trägt sie zur Beibehaltung und zur Entwicklung der Qualitäts- und Reflexionsstandards der Wissenschaft bei. Sie ist außerdem in der Bearbeitung ihrer eigenen Tradition wie in der kritischen Aufnahme der durch die Wissenschaften erbrachten Ergebnisse ein nicht zu unterschätzendes Ideen- und Theorienreservoir für Innovationen in den Natur- und Humanwissenschaften.

*Hans-Michael Baumgartner, 1933–1999,
Otfried Höffe, *1943, deutsche Philosophen*

- Informieren Sie sich über die Bedeutung des Begriffs „Wissenschaftstheorie".
- Auf welche Gefahren des reinen Gelehrtenwissens spielen die Autoren an?
- Verdeutlichen Sie die ausgeführte Aufgabe der Philosophie innerhalb aller anderen Wissenschaften anhand von Beispielen.

Philosophie als Orientierung im Alltag

Die Schwelle zur Philosophie wird überschritten mit der Erschütterung der Existenz und der Frage nach dem Grund, mit den drängenden Lebensfragen und der Suche nach einer möglichen Antwort darauf. Allgemein hat ein philosophisches Problem, Wittgenstein* zufolge, die schlichte Form: „Ich kenne mich nicht aus." Die Philosophie ist der Raum der Orientierung: Die individuellen Fragen und Grundprobleme der Existenz können zu dem Forum, das die Philosophie ist, gebracht werden, um eine Sprache dafür zu finden und darüber zu reflektieren. Ein solches Verständnis von Philosophie setzt mitten in der Erfahrung des Alltags an [...]. Gegenüber der populären Lebenskunst, die in der spontanen Bewältigung der Lebensprobleme und im unmittelbaren Lebensgenuss ihren Sinn hat, bringt die philosophische Lebenskunst diese weitere Dimension ins Spiel: die Kenntnis übergreifender Zusammenhänge, ihrer Herkunft, ihrer „Gründe" und ihrer möglichen künftigen Entwicklungen, um die Lebensführung dazu in Bezug zu setzen. [...] Die so verstandene Philosophie versucht, die Fähigkeiten des Einzelnen, eigenständige Urteilskraft zu unterstützen; durch die philosophische Reflexion wird das Individuum in die Lage versetzt, seinen eigenen Lebensvollzug besser zu verstehen und gegebenenfalls in ihn einzugreifen, da ihm die gesamte Bandbreite der Möglichkeiten des Verstehens und Vorgehens zur Verfügung steht.

Wilhelm Schmid, *1953, deutscher Philosoph

- Welche Möglichkeit bietet für Schmid die Philosophie dem Menschen?
- Erklären Sie den Unterschied, den Schmid zwischen philosophischer und populärer Lebenskunst macht.
- Welche der hier dargestellten Auffassungen von Philosophie deckt sich mit Ihrer Auffassung?

Philosophie und Gesellschaft

Philosophie

Die technische und wirtschaftliche Kompetenz von Bayer ist für uns mit der Verantwortung verbunden, zum Nutzen der Menschen zu arbeiten und unseren Beitrag für eine dauerhafte und umweltgerechte Entwicklung zu leisten. Dabei ist unser Ziel, den Unternehmenswert nachhaltig zu steigern und im Interesse der Aktionäre, der Mitarbeiterinnen und Mitarbeiter sowie der gesamten Gesellschaft in allen Ländern, in denen wir vertreten sind, eine hohe Wertschöpfung zu erwirtschaften.

In diese Zielsetzung ist auch unser gesellschaftliches Engagement eingebunden und leistet einen wertvollen Beitrag zum Erfolg unseres Unternehmens. Es ist für uns kein Selbstzweck, denn neben der Förderung des Allgemeinwohls verfolgen wir dabei auch **unternehmerische Ziele**, und das bereits seit **Ende des 19. Jahrhunderts**. Auch deshalb gehört ein intensiver Einsatz für gesellschaftliche Belange vor allem an unseren Standorten zu den elementaren Bestandteilen einer gelebten Unternehmenskultur und Unternehmensphilosophie.

Das bedeutet auch, dass Initiativen und Programme gezielt ausgewählt und umgesetzt werden. Im Dialog und häufig in Zusammenarbeit mit solchen gesellschaftlichen Gruppen, die auf der Basis gegenseitigen Einvernehmens bereit sind, an konkreten Problemlösungen mitzuarbeiten.

- *In welcher Bedeutung wird das Wort Philosophie auf der Bayer-AG-Homepage und im Peanuts-Comic verwendet?*
- *Deckt sich das Verständnis von Philosophie, wie es auf der Bayer-Homepage deutlich wird, mit Ihrem eigenen? In welchem Verhältnis steht es zu den Aussagen von Seite 6?*
- *Suchen Sie im Internet nach weiteren „Unternehmensphilosophien" und fragen Sie im Familien- und Freundeskreis, was dort mit dem Begriff „Philosophie" verbunden wird.*
- *Sammeln Sie Ihre Ergebnisse im Kurs und fassen Sie zusammen, in welchen Bedeutungsvarianten das Wort in der Gesellschaft existiert.*
- *Welches Bild des Philosophen zeichnet Kellaway?*
- *Decken Sie den Widerspruch auf, den es innerhalb des gesellschaftlichen Verständnisses von Philosophie und von Philosophen gibt.*

Als Studentin habe ich drei Jahre Philosophie studiert, aber den Großteil davon – wie es leider häufig so ist – schon wieder vergessen. Ganz deutlich in Erinnerung geblieben ist mir hingegen einer meiner Professoren. Er sprach mit Flüsterstimme und hatte eine unglaubliche Frisur. Ich habe mich immer gefragt, wie man so ungekämmt aussehen kann. Bei IBM hätte der gute Mann keine fünf Sekunden überlebt.

Lucy Kellaway, *1959, englische Korrespondentin der Financial Times

Umberto Giorgione, Die drei Philosophen, ca. 1505–1508

- Betrachten Sie die dargestellten Philosophen und beschreiben Sie sie.
- Erläutern Sie, welche Aussage hier indirekt über die Philosophie gemacht wird.
- Weshalb wird der Begriff Philosophie so variabel eingesetzt?

Das Unkonkrete, dass bei der Philosophie auf den ersten Blick auffällt, hat ihr zu allen Zeiten viel Skepsis eingebracht. Philosophie kann im gesellschaftlichen Vorverständnis alles sein. Ist sie deshalb nichts? Welchen Sinn macht es, sich mit Fragen nach der Unendlichkeit, dem Tod, der Seele auseinander zu setzen, wenn man durch sie in Bereiche vorstößt, in denen man sich auf keine empirisch nachweisbaren Erfahrungen berufen kann?

Ungewissheit als Wert?

Der Wert der Philosophie besteht im Gegenteil gerade wesentlich in der Ungewissheit, die sie mit sich bringt. Wer niemals eine philosophische Anwandlung gehabt hat, der geht durchs Leben und ist wie in ein Gefängnis eingeschlossen: von den Vorurteilen des gesunden Menschenverstands, von den habituellen Meinungen seines Zeitalters oder seiner Nation und von den Ansichten, die ohne Mitarbeit oder die Zustimmung der überlegenden Vernunft in ihm gewachsen sind. So ein Mensch neigt dazu, die Welt bestimmt, endlich, selbstverständlich zu finden; die vertrauten Gegenstände stellen keine Fragen und die ihm unvertrauten Möglichkeiten weist er verachtungsvoll von der Hand. Sobald wir aber anfangen zu philosophieren, führen selbst die alltäglichsten Dinge zu Fragen, die man nur sehr unvollständig beantworten kann. Die Philosophie kann uns zwar nicht mit Sicherheit sagen, wie die richtigen Antworten auf die gestellten Fragen heißen, aber sie kann uns viele Möglichkeiten zu bedenken geben, die unser Blickfeld erweitern und uns von der Tyrannei des Gewohnten befreien. Sie vermindert unsere Gewissheit darüber, was die Dinge sind, aber sie vermehrt unser Wissen darüber, was die Dinge sein könnten. Sie schlägt die etwas arrogante Gewissheit jener nieder, die sich niemals im Bereich des befreienden Zweifels aufgehalten haben, und sie hält unsere Fähigkeit, zu erstaunen, wach, indem sie uns vertraute Dinge von uns nicht vertrauten Seiten zeigt.

Bertrand Russell, 1872–1970, englischer Philosoph

Philosophie – Ein weites Feld

„Was ist Philosophie?" lautet die Überschrift dieses Kapitels und es hat sich gezeigt, dass es gar nicht so einfach ist, eine Antwort zu definieren. Alfred North Whitehead (1861–1947), ein englischer Philosoph, hat einmal gesagt, die ganze Philosophie sei nur eine Fußnote zu Platon*. Da von Platon sehr viele Texte überliefert sind, stand seine Philosophie zum weiteren Diskurs zur Verfügung. Was aber hat Platon gemacht? Er erfand und zeichnete Gespräche auf, die grundlegende menschliche Fragen behandeln. In ihnen geht es um Sprache, Wahrnehmung, Wissen, die Seele und ihre Struktur, den idealen Staat, den Tod und die Unsterblichkeit, das Gute, die Liebe, die Erziehung, die Zahlen, das Schöne, die Tugenden und das Lebensglück. Philosophie erscheint hier als Theorie der Wirklichkeit. Das Wort selbst hat seinen Ursprung im Griechischen und setzt sich zusammen aus den Worten „philos" (Freund) und „sophia" (Weisheit). Übersetzt wird es oft als die „Liebe zur Weisheit". Verstand man zunächst unter Philosophie all das, was wissenschaftlich war, so erhielt das Wort daneben noch eine andere Bedeutung: Lebenskunst auf wissenschaftlicher Grundlage. Philosophie wurde zum Orientierungswissen. Das Motiv der Philosophie bzw. ihr Anlass ist das Staunen, Erstaunen, Erschrecken, ihr Ergebnis ist die Selbst- und Welterklärung.

- Informieren Sie sich in Lexika über die Inhalte und Bereiche der Philosophie und versuchen Sie, eine Mind-Map zu erstellen.
- In der Wirtschaft sprechen Unternehmen wie die Bayer AG von „ihrer Philosophie". Was ist damit gemeint? Deckt sich dieser Begriff mit dem oben beschriebenen Verständnis von Philosophie?
- Weshalb ist die Ungewissheit wichtig?
- Auf S. 5 haben Sie Fragen formuliert, mit denen sich die Philosophie beschäftigt. Erläutern Sie im Sinne Russells, weshalb es wertvoll ist, sich mit diesen Fragen auseinander zu setzen.

Wozu Philosophie?

Urteilen in persönlicher Verantwortung

Russell* sieht den Wert der Philosophie darin, dass sie den Menschen von den Vorurteilen der habituellen Meinungen befreit. Was dies im konkreten Fall bedeutet, macht der folgende Text von Hannah Arendt deutlich. Ist es jedoch allein die Philosophie, die ein solches Bewahren vor dem Gewohnten ermöglicht?

Es ist offenkundig, dass die großen Verbrechen in den meisten kriminellen Organisationen eigentlich von kleinen Rädchen begangen werden, und man könnte sogar sagen, dass eines der Merkmale des organisierten Verbrechens im Dritten Reich darin bestand, dass es von allen seinen Dienern und nicht nur von den unteren Rängen einen handfesten Beweis ihrer kriminellen Mittäterschaft verlangte. [...]
Diejenigen, die nicht teilnahmen und von der Mehrheit als unverantwortlich bezeichnet wurden, waren die Einzigen, die es wagten, selbst zu urteilen. Zu dieser Urteilsbildung waren sie nicht etwa deshalb in der Lage, weil sie über ein besseres Wertsystem verfügten oder weil die alten Maßstäbe für Recht und Unrecht immer noch fest in ihrem Denken verwurzelt waren. Im Gegenteil, all unsere Erfahrung lehrt uns, dass es gerade die Angehörigen der ehrenwerten Gesellschaft waren, die vom intellektuellen und moralischen Aufruhr der zwanziger Jahre überhaupt nicht berührt worden waren. Sie waren die Ersten, die nachgaben, sie tauschten einfach ein Wertsystem gegen ein anderes aus. Ich würde also sagen, dass diejenigen, die nicht mitmachten, sich deshalb so verhielten, weil ihr Gewissen nicht in dieser sozusagen automatischen Weise funktionierte, und zwar nicht so, als ob wir über eine Reihe von erlernten oder angeborenen Regeln verfügten, die wir immer dann, wenn es sich ergibt, anwenden, sodass jede neue Erfahrung oder jede neue Situation bereits im Vorhinein beurteilt ist, und wir nur dann das auszuführen brauchen, was uns zuvor schon eigen war oder was wir erlernt haben. Ich glaube, dass diejenigen, die nicht teilnahmen, ein anderes Kriterium hatten: Sie stellten sich die Frage, inwiefern sie mit sich selbst in Frieden leben könnten, wenn sie bestimmte Taten begangen hätten. [...]
Die Voraussetzung für diese Art der Urteilsbildung ist keine hoch entwickelte Intelligenz oder ein äußerst differenziertes Moralverständnis, sondern schlicht die Gewohnheit, ausdrücklich mit sich selber zusammenzuleben, das heißt, sich in jenem stillen Zwiegespräch zwischen mir und meinem Selbst zu befinden, welches wir seit Sokrates* und Plato* gewöhnlich als Denken bezeichnen. Obwohl sie allem Philosophieren zugrunde liegt, ist diese Art des Denkens nicht fachorientiert und handelt nicht von theoretischen Fragen. Die Trennungslinie zwischen denen, die urteilen, und denen, die sich kein Urteil bilden, verläuft quer zu allen sozialen Unterschieden in Kultur und Bildung. In dieser Hinsicht kann uns der totale moralische Zusammenbruch der ehrenwerten Gesellschaft während des Hitlerregimes lehren, dass es sich bei denen, auf die unter Umständen Verlass ist, nicht um jene handelt, denen Werte lieb und teuer sind und die an moralischen Normen und Maßstäben festhalten: Man weiß jetzt, dass sich all dies über Nacht ändern kann, und was davon übrig bleibt, ist die Gewohnheit, an irgendetwas festzuhalten. Viel verlässlicher werden die Zweifler und Skeptiker sein, nicht etwa, weil Skeptizismus gut und Zweifel heilsam ist, sondern weil diese Menschen es gewohnt sind, Dinge zu überprüfen und sich ihre eigene Meinung zu bilden.

Hannah Arendt, 1906–1975, deutsch-amerikanische Philosophin

Umberto Giorgione, Sembrano viaggiatori ... silenziosi, 2000

- *Woran appelliert Hannah Arendt in ihrem Text? Was ist für sie der Motor für humanes Handeln?*

- *Verbinden Sie die Aussage Arendts mit dem Bild Giorgiones, indem Sie nach Gemeinsamkeiten und Unterschieden in den Aussagen suchen.*

- *Russell und Arendt führen beide als Wert die reflektierende Urteilskraft an. Worin aber besteht der Unterschied zwischen ihren Gedanken?*

- *Welche Folgen hat Arendts Meinung für das Verständnis von Philosophie und die Frage nach ihrem Nutzen?*

- *Vorschlag für ein fächerverbindendes Referat mit Geschichte: Stellen Sie die Biografie Hannah Arendts dar. Sie können lesen in: Ingeborg Gleichauf, Hannah Arendt, dtv, München 2000. Informationen über ihr Leben finden Sie auch unter* **www.cornelsen-teachweb.de/co/philosophie** *in dem Beitrag vom 20. 6. 2002.*

Die Ursprünglichkeit philosophischen Denkens

Philosophie versteht sich als das, was die Reflexionsfähigkeit des Menschen wach hält. Sie motiviert zur Auseinandersetzung mit dem Gewohnten und hinterfragt die in der menschlichen Praxis als selbstverständlich gesetzten Handlungsziele. Gleichzeitig versteht sie sich immer auch als etwas dem Menschen natürlich Zukommendes. Philosophie ist nach diesem Verständnis immer da, sie ist dem Menschen eigentümlich.

Ein wunderbares Zeichen dafür, dass der Mensch als solcher ursprünglich philosophiert, sind die Fragen der Kinder. Gar nicht selten hört man aus Kindermund, was dem Sinne nach unmittelbar in die Tiefe des Philosophierens geht. […]:
Ein Kind wundert sich: „Ich versuche immer zu denken, ich sei ein anderer, und bin doch immer wieder ich." Dieser Knabe rührt an einen Ursprung aller Gewissheit, das Seinsbewusstsein im Selbstbewusstsein. Er staunt vor dem Rätsel des Ichseins, diesem aus keinem anderen zu Begreifenden. Er steht fragend vor dieser Grenze.
Ein anderes Kind hört die Schöpfungsgeschichte: Am Anfang schuf Gott Himmel und Erde …, und fragt alsbald: „Was war denn vor dem Anfang?" Dieser Knabe erfuhr die Endlosigkeit des Weiterfragens, das Nichthaltmachenkönnen des Verstandes, dass für ihn keine abschließende Antwort möglich ist.
Ein anderes Kind lässt sich bei einem Spaziergang angesichts einer Waldwiese Märchen erzählen von den Elfen, die dort nächtliche Reigen aufführen… „Aber die gibt es doch gar nicht …" Man erzählt ihm nun von Realitäten, beobachtet die Bewegung der Sonne, erklärt die Frage, ob sich die Sonne bewege oder die Erde sich drehe, und bringt die Gründe, die für die Kugelgestalt der Erde und ihre Bewegung um sich selbst sprechen … „Ach, das ist ja gar nicht wahr", sagt das Mädchen und stampft mit dem Fuß auf den Boden. „Die Erde steht doch fest. Ich glaube doch nur, was ich sehe." Darauf: „Dann glaubst du nicht an den lieben Gott, den kannst du doch auch nicht sehen." – Das Mädchen stutzt und sagt dann sehr entschieden: „Wenn er nicht wäre, dann wären wir doch gar nicht da." Dieses Kind wurde ergriffen von dem Erstaunen des Daseins: Es ist nicht durch sich selbst. Und es begriff den Unterschied des Fragens: Ob es auf einen Gegenstand in der Welt geht oder auf das Sein und unser Dasein im Ganzen.

Karl Jaspers, 1883–1969, deutscher Philosoph

- *Fragen Sie zu Hause nach, ob Ihre Eltern ähnliche Fragen und Aussagen von Ihnen und anderen Kindern zu berichten haben. Versuchen Sie gemeinsam, die Aussagen zu interpretieren.*

- *Weshalb verliert sich diese Art des Fragens bei Erwachsenen?*

- *Erörtern Sie die Frage, ob die Gesellschaft überhaupt eine wissenschaftliche Philosophie braucht, und begründen Sie Ihre Meinung mit mehreren Argumenten.*

Ewige Philosophie?

Obgleich Philosophie jeden Menschen, ja das Kind in Gestalt einfacher und wirksamer Gedanken bewegen kann, ist ihre bewusste Ausarbeitung eine nie vollendete und jederzeit sich wiederholende, stets als ein gegenwärtiges Ganzes sich vollziehende Aufgabe – sie erscheint in den Werken der großen Philosophen und als Echo der kleineren. […] Philosophie in großem Stil und im systematischen Zusammenhang gibt es seit zweieinhalb Jahrtausenden im Abendland, in China und Indien. Eine große Überlieferung spricht uns an. Die Vielfachheit des Philosophierens, die Widersprüche und die sich gegenseitig ausschließenden Wahrheitsansprüche können nicht verhindern, dass im Grund ein Eines wirkt, das niemand besitzt und um das jederzeit alle ernsten Bemühungen kreisen: die ewige eine Philosophie, die philosophia perennis. Auf diesen geschichtlichen Grund unseres Denkens sind wir angewiesen, wenn wir mit hellstem Bewusstsein und wesentlich denken wollen.

Karl Jaspers, 1883–1969, deutscher Philosoph

Der Philosoph als Reflexionsexperte?

Die Philosophie hat insoweit keinen speziellen Gegenstand, sondern ist die methodische Disziplin der Reflexion auf die maßgebenden Prinzipien unserer Orientierungspraxis. Außerdem: Philosophie in dieser Charakteristik findet nicht nur im philosophischen Seminar statt, sondern von den Wissenschaften bis zur Politik überall, wo Orientierungskrisen zu bewältigen sind. Als akademisches Fach ist sie allein durch den erweisbaren […] Nutzen gerechtfertigt, den es in unserer öffentlichen Kultur hat, für orientierungsbedingte Reflexionsprozesse den Beistand professioneller Reflexionsexperten zur Verfügung zu haben.

*Hermann Lübbe, *1926, deutscher Philosoph und Politiker*

- *Vergleichen Sie die hier gegebenen Antworten mit Ihren eigenen Antworten und diskutieren Sie deren Plausibilität. Ziehen Sie zusätzlich auch die beiden Texte von S. 7 zum Vergleich hinzu.*

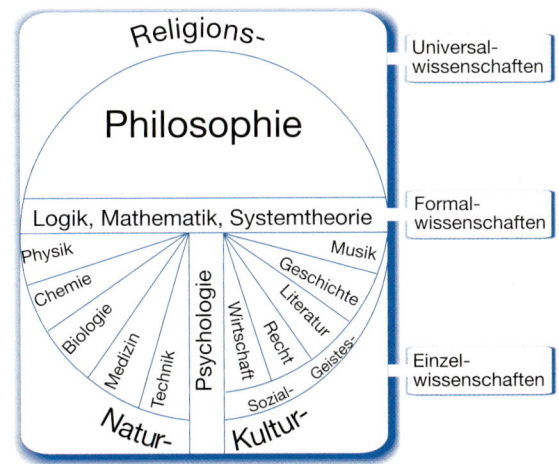

12 Wirkungsbereiche des Philosophen

Wenn man nach dem Nutzen der Philosophie fragt, so muss man auch fragen, welche Rolle der Philosoph in der Gesellschaft einnimmt bzw. welche ihm zukommt. Ist er Schöpfer philosophischer Theorien, ihr Vermittler und gibt es noch weitere Wirkungsbereiche?

Der Philosoph als Betreiber einer philosophischen Praxis?

Gerd B. Achenbach promovierte bei Odo Marquard über „Selbstverwirklichung oder: Die Lust und die Notwendigkeit" und eröffnete im gleichen Jahr die erste philosophische Praxis in Deutschland in Bergisch Gladbach. 1982 folgte die Gründung der „Gesellschaft für Philosophische Praxis", die sich mittlerweile als „Internationale Gesellschaft für Philosophische Praxis" zum Dachverband zahlreicher nationaler Gesellschaften entwickelt hat.

Die philosophische Lebensberatung in der Praxis des Philosophen etabliert sich gegenwärtig als Alternative zu den Psychotherapien. Sie ist eine Einrichtung für Menschen, die Sorgen oder Probleme quälen, mit ihrem Leben „nicht zurechtkom-
5 men" oder meinen, sie seien irgendwie „stecken geblieben": [...] In der philosophischen Praxis melden sich Menschen, denen es nicht genügt, nur zu leben oder bloß durchzukommen, die sich vielmehr Rechenschaft zu geben suchen über ihr Leben und sich Klarheit zu verschaffen hoffen über dessen
10 Kontur, sein Woher, Worin, Wohin. [...]
Üblicherweise gibt es Anlässe, durch die der Gast der philosophischen Beratung zum Entschluss kam, das Gespräch mit dem praktizierenden Philosophen zu suchen. Gewöhnlich sind es Enttäuschungen, unvorhergesehene oder jedenfalls so nicht
15 erwartete Erfahrungen, Kollisionen mit anderen Menschen, Schicksalsschläge, Erlebnisse des Scheiterns, aufdringlich schlechte oder bloß Lebensbilanzen. Und dann vermutet er – wenn auch undeutlich –, was Karl Popper* als die Aufgabe der philosophischen Praxis bestimmt hat, noch bevor es sie gab:
20 „Wir haben alle unsere Philosophien, ob wir dessen gewahr werden oder nicht, und die taugen nicht viel. Aber ihre Auswirkungen auf unser Handeln und unser Leben sind oft verheerend. Deshalb ist der Versuch notwendig, unsere Philosophien durch Kritik zu verbessern. [...]"
25 Soll nun allerdings bündig angegeben werden, auf welche Weise der praktische Philosoph seinem Besucher weiterhelfe – üblicherweise lautet die Frage: „Nach welcher Methode verfahren Sie?" –, so ist korrekt zu sagen, die Philosophie arbeite nicht mit, sondern allenfalls an Methoden. Methodengehorsam ist
30 Sache der Wissenschaft, nicht Sache der Philosophie. Philosophisches Denken bewegt sich nicht in vorgefertigten Bahnen, es sucht den jeweils „richtigen Weg" vielmehr jeweils neu; es bedient sich nicht der Denkroutine, sondern sabotiert sie, um über sie aufzuklären. Auch geht es nicht darum, den Gast der
35 philosophischen Praxis auf eine – philosophisch vorbestimmte – Bahn zu bringen, sondern darum, ihm auf seinem Weg weiterzuhelfen. [...]
Philosophie wird auch nicht „angewandt", etwa so, dass die Angelegenheiten des Gastes mit Platon*, mit Hegel* oder wem
40 sonst behandelt würden: Lektüren sind keine Heilmittel, die sich verordnen ließen.
Geht denn jemand zum Arzt, wenn er krank ist, um sich medizinische Vorlesungen anzuhören? Also wird auch der Besucher der Praxis vom Philosophen nicht belehrt, etwa gar mit klugen Worten abgespeist, schon gar nicht mit Theorien bedient, 45
sondern die Frage ist, ob der Philosoph seinerseits durch seine Lektüren klug und verständnisvoll und aufmerksam wurde, ob er sich auf diesem Wege ein Sensorium für das sonst wohl Übersehene erworben hat und ob er gelernt hat, auch in abweichendem, ungewöhnlichem Denken, Empfinden und 50
Urteilen heimisch zu werden, denn nur als Mitdenkender und Mitempfindender vermag er seinen Besucher aus dessen Einsamkeit – oder Verlorenheit – zu befreien und ihn so vielleicht zu anderen Einschätzungen des Lebens und seiner Umstände zu bewegen. [...] 55
Unweigerlich stellt sich – im Zeichen einer noch immer florierenden Therapiekultur – diese Frage nach der „Abgrenzung" philosophischer Praxis von den Psychotherapien.
Nun: Während der psycho-logische Blick darauf trainiert ist, Besonderes, Spezielles in spezieller Weise wahrzunehmen, vor 60
allem psychogene, also psychisch bedingte Fatalitäten[1] [...], ist, paradox gesagt, der Philosoph Spezialist fürs Nichtspezielle, sowohl fürs Allgemeine und Übersichtliche (auch für die reiche Tradition des schon vernünftig Gedachten), ebenso aber fürs Widersprüchliche und Abweichende und mit besonderem 65
Nachdruck: fürs Individuelle und Einmalige.
Auf diese Weise nimmt der Philosoph in der Praxis seinen Besucher ernst: Er wird nicht theoriegeleitet – d. h. schematisch – verstanden, überhaupt nicht als „Fall einer Regel", sondern als der Einzige, der er ist. Kein „Maßstab" befindet über ihn 70
(auch nicht der einer „Gesundheit"), sondern die Frage ist, ob er sich selbst angemessen lebt – mit Nietzsches* berühmt gewordenem Wort: Ob er wurde, der er ist.

[1] Fatalität: Verhängnis, Missgeschick, peinliche Lage

*Gerd B. Achenbach, *1947, deutscher Philosoph*

- *Verfassen Sie einen Lexikoneintrag zum Stichwort „Philosophische Praxis".*

- *Welche Vorstellung von Philosophie bildet die Basis für Achenbachs Arbeit?*

- *Worin besteht der Unterschied der philosophischen Praxis zur psychologischen? Missbraucht Achenbach den Psychologiebegriff? Befragen Sie hierzu ggf. einen Psychologielehrer oder Psychologen.*

- *Würden Sie selbst eine philosophische Praxis aufsuchen? Diskutieren Sie im Kurs und begründen Sie Ihre Meinung.*

> Die vollkommene Übereinstimmung des Menschen mit sich selbst [...] ist das letzte höchste Ziel des Menschen.
>
> *Johann G. Fichte, 1762–1814, deutscher Philosoph*

- *Beziehen Sie Stellung zu diesem Zitat und begründen Sie Ihre Meinung.*

- *Was würde Achenbach Fichte auf diese Aussage entgegnen, wenn sie zur selben Zeit gelebt hätten und sich unterhalten hätten? Schreiben Sie ein Gespräch zwischen Fichte und Achenbach.*

Betrachten Sie das Gemälde. Welche Auffassung von Philosophie wird darin deutlich?

Wie würden Sie selbst einen Philosophen darstellen? Was sind die wichtigsten Elemente, die in Ihrem Bild vorkommen müssten? Sie können auch Bilder zeichnen und in Kunstbänden oder im Internet nach Darstellungen von Philosophen suchen und daraus eine Wandzeitung gestalten. Was ist das Gemeinsame aller Darstellungen?

Harmensz van Rign Rembrandt, Gelehrter im Raum mit Wendeltreppe, um 1632

Der Philosoph als Kritiker der Gesellschaft

Die Einzelwissenschaften wenden sich Problemen zu, die behandelt werden müssen, weil sie sich aus dem Lebensprozess der gegenwärtigen Gesellschaft ergeben. […] Die Arbeit des Wissenschaftlers ist ihrem ganzen Wesen nach im Stande, das Leben in seiner gegenwärtigen Form zu bereichern. Sein Betätigungsfeld ist deshalb weitgehend vorgezeichnet […] Die Philosophie hat keine derartige Richtschnur. […] Nun zeigen Philosophen andererseits eine hartnäckige Gleichgültigkeit gegenüber dem Urteil der Außenwelt. Seit dem Prozess gegen Sokrates* ist deutlich, dass sie ein gespanntes Verhältnis zur Realität haben, wie sie einmal ist, vorab zu dem Gemeinwesen, in dem sie leben. […] Der Widerstand der Philosophie gegen die Realität rührt aus ihren immanenten[1] Prinzipien her. Philosophie insistiert[2] darauf, dass die Handlungen und Ziele der Menschen nicht das Produkt blinder Notwendigkeit sein müssen. Weder wissenschaftliche Begriffe noch die Form des gesellschaftlichen Lebens, weder die herrschende Denkweise noch herrschende Sitten sollten gewohnheitsmäßig übernommen und unkritisch praktiziert werden. Der Impuls der Philosophie richtet sich gegen bloße Tradition und Resignation in den entscheidenden Fragen der Existenz: Sie hat die undankbare Aufgabe übernommen, das Licht des Bewusstseins selbst auf jene menschlichen Beziehungen fallen zu lassen, die so tief eingewurzelt sind, dass sie natürlich, unveränderlich und ewig scheinen. […]
Die wahre gesellschaftliche Funktion der Philosophie liegt in der Kritik des Bestehenden. Das bedeutet keine oberflächliche Nörgelei über einzelne Ideen oder Zustände, so als ob ein Philosoph ein komischer Kauz wäre. Es bedeutet auch nicht, dass der Philosoph diesen oder jenen isoliert genommenen Umstand beklagt und Abhilfen empfiehlt. Das Hauptziel einer derartigen Kritik ist es, zu verhindern, dass die Menschen sich an jene Ideen und Verhaltensweisen verlieren, welche die Gesellschaft in ihrer jetzigen Organisation ihnen gibt. Die Menschen sollen den Zusammenhang zwischen ihren individuellen Tätigkeiten und dem, was durch diese erreicht wird, einsehen lernen, zwischen ihrer besonderen Existenz und dem allgemeinen Leben der Gesellschaft, zwischen ihren täglichen Projekten und den großen Ideen, die sie anerkennen. Philosophie enthüllt den Widerspruch, in den sie sich insofern verstricken, als sie im Alltag genötigt sind, sich an isolierte Ideen und Begriffe zu halten. […] Philosophie ist der methodische und beharrliche Versuch, Vernunft in die Welt zu bringen […].

1 immanent: innewohnend, darin enthalten
2 insistieren: auf etwas bestehen, beharren

Max Horkheimer, 1895–1973, deutscher Philosoph

Horkheimer sieht die Aufgabe der Philosophie „in der Kritik des Bestehenden". Stellen Sie in Partner- oder Gruppenarbeit heraus, weshalb er eine solche, kritische Instanz als notwendig erachtet und worin die Ziele dieser Kritik bestehen.

Verdeutlichen Sie mit eigenen Worten, worin nach Horkheimer der Widerspruch besteht, in den sich die Menschen im alltäglichen Leben verstricken.

Vergleichen Sie das Rembrandt-Bild mit den Ausführungen Horkheimers. Gibt es Berührungspunkte? Wo sehen sie Unterschiede?

Mythos

George F. Watts, Chaos, um 1873–82

🔵 *Beschreiben Sie das Gemälde und seine Wirkung und versuchen Sie, den Titel zu erklären. Welche Merkmale des Chaos werden hier vorausgesetzt?*

Schöpfungsmythen

In allen Kulturkreisen und zu allen Zeiten versuchten Menschen, sich den Ursprung der Welt zu erklären. Auf sehr unterschiedliche Weise begann man die Welt zu strukturieren, um Vernunft in die Welt zu bringen, wie Max Horkheimer* es der Philosophie zuschreibt (vgl. S. 13). Die ersten mündlich überlieferten und später schriftlich fixierten Zeugnisse dieser Erklärungsversuche besitzen wir in der Form von Erzählungen: den Mythen.

Theogonie

Zuerst nun war das Chaos (gähnende Leere des Raumes), danach die breitbrüstige Gaia[1], niemals wankender Sitz aller Unsterblichen, die den Gipfel des beschneiten Olymps und den finsteren Tartaros* bewohnen in der Tiefe der breitstraßigen Erde; weiter entstand Eros[2] (Liebesbegehren), der schönste der unsterblichen Götter, der gliederlösende, der allen Göttern und Menschen den Sinn in der Brust überwältigt und ihr besonnenes Denken. Aus dem Chaos gingen Erebos (finsterer Grund) und die dunkle Nacht hervor, und der Nacht wieder entstammten Aither (Himmelshelle) und Hemere (Tag), die sie gebar, befruchtet von Eros' Liebe.
Gaia brachte zuerst, ihr gleich, den sternreichen Uranos[3] hervor, damit er sie ganz bedecke und den seligen Göttern ein niemals wankender Sitz sei. Weiter gebar sie hohe Berge, liebliche Göttersitze für Nymphen, die zerklüftete Höhen bewohnen. Auch das unwirtliche Meer, das anschwillt und stürmt, erzeugte sie. [...] Dann wieder gebar sie die Kyklopen[4], die ein trotziges Herz haben, Brontes (Donner), Steropes (Blitz) und den ungestümen Arges (den Grellen), die Zeus den Donner gaben und ihm den Blitz schmiedeten.

1 Gaia: Göttin der Erde und der Fruchtbarkeit
2 Eros: Gott der Liebe, elternlos, zusammen mit Gaia und Tartaros am Beginn aller Dinge
3 Uranos: Himmelsgott, vaterloser Sohn der Gaia
4 Kyklopen: einäugige Söhne von Uranos und Gaia, titanenhaft

Hesiod, griechischer Dichter, um 700 v. Chr.

Popol Vuh (Das Buch des Rates)

Das ist die Kunde:
Da war das tobende All. Kein Hauch. Kein Laut. Reglos und schweigend die Welt. Und des Himmels Raum war leer.
Dies ist die erste Kunde, das erste Wort. Noch war kein Mensch da, kein Tier. Vögel, Fische, Schalentiere, Bäume, Steine, Höhlen, Schluchten gab es nicht. Kein Gras. Kein Wald. Nur der Himmel war da. Noch war der Erde Antlitz nicht enthüllt. Nur das sanfte Meer war da und des Himmels weiter Raum. Noch war nichts verbunden. Nichts gab Laut, nichts bewegte, nichts erschütterte, nichts brach des Himmels Schweigen. Noch gab es nichts Aufrechtes. Nur die ruhenden Wasser, das sanfte Meer, einsam und still. Nichts anderes.
Unbeweglich und stumm war die Nacht, die Finsternis. Aber im Wasser, umflossen von Licht, waren diese: Tzakól, der Schöpfer; Bitól, der Former; der Sieger Tepëu und die Grünfederschlange Gucumátz; Alóm auch und Caholóm, die Erzeuger. Unter grünen und blauen Federn waren sie verborgen, darum sagt man Grünfederschlange. Große Weisheit und große Kunde ist ihr Wesen. Darum gab es den Himmel und des Himmels Herz, dessen Name ist Cabavil, Der-im-Dunklen-sieht. So wird berichtet.
In Dunkelheit und Nacht kamen Tepëu und Gucumätz zusammen und sprachen miteinander. Also sprechend berieten sie und überlegten: sie kamen überein und ihre Worte und Gedanken glichen sie aus. Und sie erkannten, während sie überlegten, dass mit dem Licht der Mensch erscheinen müsse. So beschlossen sie die Schöpfung und den Wuchs der Bäume und Schlingpflanzen, den Beginn des Lebens und die Erschaffung des Menschen. So wurde entschieden in Nacht und Finsternis vom Herzen des Himmels, Huracán genannt. Seine erste Erscheinung ist der Blitz, Cakulhá. Seine zweite der Donner, Chipí Cakulhá. Seine dritte der Widerschein Raxa Cakulhá. Diese drei bilden das Herz des Himmels.
Es trafen sich also Tepëu und Gucumätz und sprachen von Leben und Licht; von Helle und Dämmerung; und wer Nahrung schaffen würde und Unterhalt.

Aus dem „Buch des Rates" der Maya-Indianer

▸ *Beide Texte – das Mythen der Vorzeit aufnehmende Werk des Griechen Hesiod aus dem 8. Jahrhundert vor Christus und das alte Werk der Maya-Indianer – entstammen jeweils dem Anfang der Schöpfungsgeschichten und können als Paradigmen mythischen Erzählens gelten. Vergleichen Sie beide Darstellungen. Gibt es Entsprechungen? Sehen Sie Unterschiede? Beziehen Sie in Ihre Überlegungen auch 1. Mose 1–2, die beiden Schöpfungsmythen aus dem Alten Testament, ein. Sie finden sie im Internet unter www.bibel-online.net.*

▸ *Verdeutlichen Sie sich – unter Einbezug Ihrer Gedanken zu dem auf S. 14 abgebildeten Gemälde – die besonderen Eigenschaften der in den mythischen Erzählungen dargestellten Anfangszustände. Nutzen Sie Ihre Reflexionen für die Frage nach den Motiven mythischen Erzählens und entwerfen Sie einen Eigenschaftskatalog mythischer Welterklärungsmodelle.*

Leistungen des Mythos

Der zeitgenössische Philosoph Hans Blumenberg, zutiefst überzeugt von der Macht mythischer Denkstrukturen über den modernen Menschen und die moderne Gesellschaft, setzt sich in seinem Werk „Arbeit am Mythos" mit der Geschichte mythischen Denkens bis in die Gegenwart auseinander. Im folgenden Textauszug stellt er die ambivalente Funktionsweise des mythischen Erzählens in den Mittelpunkt: die Leistungen und die Grenzen mythischer Erklärungsmodelle.

Der Mythos als Ordnungskraft

Was die Wissenschaft wiederholt, hatte der Mythos schon suggeriert: den ein für alle Mal errungenen Erfolg der Bekanntheit ringsum. Er erzählt selbst den Ursprung der ersten Namen aus der Nacht, aus der Erde, aus dem Chaos. Dieser Anfang – wie ihn Hesiod in der „Theogonie" vorstellt – ist mit einer Überfülle von Gestalten in sprunghafter Leichtigkeit überschritten. Die Überreste des vorherigen Grauens sprechen nur noch zu dem, der ihre Geschichten als Versicherungen ihrer Entmachtung kennt. [...]
Die Welt mit Namen zu belegen, heißt das Ungeteilte aufzuteilen und einzuteilen, das Ungriffige greifbar, obwohl noch nicht begreifbar zu machen. Auch Setzungen der Orientierung arbeiten elementaren Formen der Verwirrung, zumindest der Verlegenheit, im Grenzfall der Panik, entgegen. Bedingung dessen ist die Ausgrenzung von Richtungen und Gestalten aus dem Kontinuum des Vorgegebenen. Der Katalog der Winde, der günstigen und der ungünstigen – im nicht nur quantitativen Unterschied zu dem der unheilvollen Stürme –, ist Kennzeichen einer Lebenswelt, in der Witterung Schicksal werden kann. [...] Einteilung der Jahreszeiten, der Elemente, der Sinne, der Laster wie der Tugenden, der Temperamente wie der Affekte, der Sternbilder wie der Lebensalter – das alles sind Leistungen, die wir überwiegend noch als historisch belegbare erkennen können. [...]
Der Mythos ist eine Ausdrucksform dafür, dass der Welt und den in ihr waltenden Mächten die reine Willkür nicht überlassen ist. Wie auch immer dies bezeichnet wird, ob durch Gewaltenteilung oder durch Kodifikation¹ der Zuständigkeiten oder durch Verrechtlichung der Beziehungen, es ist ein System des Willkürentzugs. [...]

Mythen antworten nicht auf Fragen, sie machen unbefragbar. Was Forderungen nach Erklärung auslösen könnte, verlagern sie an die Stelle dessen, was Abweisung solcher Ansprüche legitimiert. Man kann einwenden, von diesem Typus seien schließlich alle Erklärungen, sosehr sie sich auch um Konstanten, Atome und andere letzte Größen bemühen. Aber die theoretische Erklärung muss gewärtigen, dass sie den nächsten Schritt zu tun genötigt wird, den Atomen die Protonen, Neutronen und Elektronen sowie deren Varianten folgen zu lassen und bei diesen den Verdacht nicht abwenden zu können, jede auftretende Ganzzahligkeit der Verhältnisse verweise auf nochmalige elementare Bausteine. Schöpfungsmythen vermeiden solchen Regress²: Die Welt ist aller Erklärung bedürftig, aber was ihren Ursprung erklärt, kommt aus weiter Ferne daher und erträgt keine Fragen nach *seinem* Ursprung. [...]
Im Mythos steht dafür die Verhinderung von Anschauung. Das Chaos ist in der Sprache der „Theogonie" noch nicht die ungeordnete Gemengelage der Materie, des plastischen Urstoffs für alles Spätere. ‚Chaos' ist die bloße Metapher* des Gähnens und Klaffen eines Abgrundes, der keiner Lokalisierung, keiner Beschreibung seiner Ränder oder seiner Tiefe bedarf, sondern nur der undurchsichtige Raum der Heraufkunft von Gestalten ist. Deren Woher kann nicht weiter nachgefragt werden, weil dies eben ‚in den Abgrund führt'. [...]
Es beschreibt die ganze Zeugungsmacht mythischer Potenzen, dass für sie der Satz des Aristoteles* nicht gilt, ein Gleiches bringe immer wieder ein Gleiches, der Mensch einen Menschen hervor. Aus der Nacht kann alles an Grauenhaftem und Ungestaltem hervortreten, um die Ränder des Abgrunds zu besetzen, damit der Blick nicht in die Leere geht. Wenn alles aus allem hergeleitet werden kann, dann eben wird nicht erklärt und nicht nach Erklärung verlangt. Es wird eben nur erzählt. [...]
Wenn der Mythos auch Erklärung verweigert und verweigern muss, so ‚produziert' er doch eine andere Leben festigende Qualität: die Unzulässigkeit des Beliebigen, den Entzug von Willkür.

1 Kodifikation: hier: systematische Erfassung aller Fakten, Normen usw. eines bestimmten Gebietes
2 Regress: hier: Zurückschreiten des Denkens vom Besonderen zum Allgemeinen, von der Wirkung zur Ursache

Hans Blumenberg, 1920–1996, deutscher Philosoph

▸ *Verdeutlichen Sie, ausgehend von Blumenbergs Darlegungen, die besondere Leistung mythischen Denkens und reflektieren Sie dessen Bedeutung für die Psyche des Einzelnen wie von Gemeinschaften.*

▸ *Erläutern Sie die Differenz von „erzählen" und „erklären" und untersuchen Sie an den Beispielen aus der „Theogonie" und dem „Popol Vuh" (oder aus 1. Mose 1–2), welcher der beiden Darstellungskategorien die Texte entsprechen.*

▸ *Zeigen Sie die von Blumenberg nachgewiesenen strukturellen Differenzen zwischen theoretischer (wissenschaftlicher) Erklärung und mythischem Denken auf und veranschaulichen Sie sie mit eigenen Beispielen.*

Logos

An der Westküste Kleinasiens, in den Städten Ioniens – besonders im Handels- und Seefahrtszentrum Milet – entwickelte sich eine geistige Atmosphäre, in der entgegen den homerischen Mythen nach empirischen, physikalischen Gründen für Naturerscheinungen gesucht wurde. Die berühmtesten der hier entstandenen Entwürfe, die Welt zu erklären, stammen von den griechischen Denkern Thales von Milet*, Anaximandros und Anaximenes – alle Bürger aus Milet. Sie sind nicht als Originalschriften erhalten, erregten aber schon früh eine solche Verbreitung und solches Interesse bei Zeitgenossen und Nachfolgern, dass wir durch spätere übereinstimmende Quellen ein zuverlässiges Zeugnis von ihnen haben. Thales von Milet gilt als erster griechischer Philosoph und entsprechend ihrem naturwissenschaftlichen Forschungsschwerpunkt bezeichnet man die Gruppe als „ionische Naturphilosophen".

Ionische Naturphilosophen

Durch die drei Milesier Thales, Anaximandros und Anaximenes wurde im 7./6. Jh. v. Chr. erstmals in Griechenland eine wissenschaftliche Auseinandersetzung mit den Dingen des Lebens eingeleitet. Da die drei Denker, auf unterschiedliche Weise, von der präzisen Betrachtung der Natur ausgingen, um auf dieser Grundlage die Welt zu erklären, spricht man von Naturphilosophie. Hinsichtlich ihrer Methode, Erfahrung und Beobachtung zum Ausgangspunkt philosophischer Betrachtung zu machen, unterscheiden sich die Naturphilosophen von den zuvor herrschenden mythischen Erklärungsmodellen. So sagte Thales von Milet die Sonnenfinsternis von 585 v. Chr. voraus und fand eine physikalische Erklärung für das Erdbeben. Auch hinsichtlich der Frage nach dem Ursprung und den Entwicklungsgesetzen des Seins zeigen sich gravierende Unterschiede. Wenn auch alle drei Milesier verschiedene Ursprungsprinzipien annehmen (Thales und Anaximenes sichtbare Substanzen wie Wasser oder Luft, Anaximandros dagegen ein abstraktes metaphysisches Prinzip: das Unendliche), so bemühen sie sich um eine rationale Welterklärung, die in scharfem Gegensatz zu den anthropomorphisierenden[1] kosmologischen Mythen stehen.

Das Gedankengut der ionischen Naturphilosophen wurde im Weiteren von Xenophanes von Kolophon (ca. 570–475/70 v. Chr.) aufgegriffen und zu einer radikalen Kritik am mythischen Denken und anthropomorphen Polytheismus vertieft. Damit wurde der Grundstein für die so genannte „griechische Aufklärung" gelegt.

1 anthropomorphisieren: vermenschlichen, menschliche Eigenschaften auf Nichtmenschliches übertragen

Die drei Milesier

Thales

Thales behauptet, die Erde werde vom Wasser getragen. Sie werde wie ein Schiff bewegt, und infolge der Beweglichkeit des Wassers schwanke sie dann, wenn die Leute sagen, sie erbebe. […] Von denen, die zuerst philosophiert haben, haben die meisten geglaubt, dass es nur stoffliche Urgründe der Dinge gebe. Denn woraus alle Dinge bestehen und woraus sie als Erstem (d. h. ursprünglich) entstehen und worein sie als Letztes (d. h. schließlich) vergehen, indem die Substanz zwar bestehen bleibt, aber in ihren Zuständen wechselt, das erklären sie für das Element und den Urgrund […] der Dinge, und daher glauben sie, dass weder etwas (aus dem Nichts) entstehe noch (in das Nichts) vergehe, in der Meinung, dass eine solche Substanz […] immer erhalten bleibt … Denn es muss eine gewisse Substanz vorhanden sein, entweder eine einzige oder mehrere, aus denen alles Übrige entsteht, während sie selbst erhalten bleibt. Über die Anzahl und die Art eines solchen Urgrundes haben freilich nicht alle dieselbe Meinung, sondern Thales, der Begründer von solcher Art Philosophie, erklärt als den Urgrund das Wasser (daher glaubt er auch, dass die Erde auf dem Wasser ruhe).

Anaximandros

Anaximandros erklärte, dass das Unendliche die alleinige Ursache von Entstehung und Untergang des Ganzen sei … Er behauptete aber, dass der Untergang und viel früher die Entstehung erfolge, indem sich seit unendlicher Zeit alle diese Vorgänge wiederholten. […] Er bezeichnet aber als Urgrund weder das Wasser noch ein anderes der so genannten Elemente, sondern eine andere unendliche Substanz, aus der sämtliche Himmel entstanden seien und die Welten in ihnen. „Woraus aber die Dinge ihre Entstehung haben, darein finde auch ihr Untergang statt, gemäß der Schuldigkeit. Denn sie leisteten einander Sühne und Buße für ihre Ungerechtigkeit gemäß der Verordnung der Zeit." Offenbar hat Anaximandros, der den Wandel der vier Elemente ineinander beobachtet hatte, nicht eins von diesen als Grundlage […] annehmen wollen, sondern ein anderes neben ihnen.

Anaximenes

Anaximenes erklärte für den Urgrund der Dinge die Luft. Denn aus dieser entstände alles und in diese löse sich alles (dereinst) wieder auf. Sagt er doch: „Wie unsere Seele, die Luft ist, uns regiert, so umfasst auch den ganzen Kosmos Hauch und Luft." […] Es entstände alles infolge einer gewissen Verdichtung der Luft und wieder infolge von Verdünnung.

Wilhelm Capelle, deutscher Philosoph

- *Vergleichen Sie die Hypothesen über den Ursprung des Seins. Stellen Sie Unterschiede und Gemeinsamkeiten heraus.*

- *Wieso handelt es sich hier um philosophische Welterklärungsentwürfe? Begründen Sie Ihre Position, indem Sie den Unterschied zu den mythischen Entwürfen herausarbeiten.*

- *Stellen Sie die Unterschiede zwischen Mythos und Logos (als rationale Weise, die Welt zu erklären) heraus. Fertigen Sie dazu eine Mind-Map an.*

Gehört das Mythische der Vergangenheit an?

Wenn auch die mythischen Welterklärungsmodelle seit den Vorsokratikern durch rationale Weltbilder abgelöst wurden, verlor das Mythische bis in unsere Gegenwart nichts von seiner Faszination. Insbesondere Künstler ließen sich immer wieder von mythischen Stoffen zu produktiver Auseinandersetzung inspirieren. Aber nicht nur in den Künsten überlebte das Mythische: Roland Barthes vertritt die These, mythische Strukturen lebten auch im modernen, durch Wissenschaft und Rationalität bestimmten Denken fort. Er analysiert zum Nachweis dieser Feststellung unterschiedlichste Alltagsphänomene auf deren mythischen Gehalt hin. Im folgenden Beispiel macht er sich das Gehirn des deutschen Physikers und Mathematikers Albert Einstein, das dieser nach seinem Tod der Forschung zur Verfügung gestellt hat, zum Thema.

Mythos und Logos – ein Widerspruch?

Einsteins Gehirn ist ein mythisches Objekt. […] Es ist bekannt, dass in den Zukunftsromanen die Übermenschen immer etwas Versachlichtes haben. Ebenso Einstein. Man bezeichnet ihn im Allgemeinen durch sein Gehirn. […] Vielleicht aufgrund seiner
5 mathematischen Spezialisierung ist hier der Übermensch jedes magischen Charakters entkleidet. In ihm gibt es keinerlei unklare Macht, kein anderes als das mechanische Geheimnis. Er ist ein überlegenes wunderbares Organ, aber ein reales, sogar physiologisches. […]
10 Etwas Paradoxes: Je mehr das Genie des Menschen im Gehirn materialisiert war, umso mehr erreichte das Produkt seiner Erfindung eine magische conditio[1]. […] Die Bilder legen davon Zeugnis ab: Der fotografierte Einstein neben einer Wandtafel, die mit sichtlich komplizierten mathematischen Zeichen
15 bedeckt ist; aber der gezeichnete Einstein, d. h. der in die Legende eingetretene, hält die Kreide noch in der Hand, mit der er soeben auf eine sonst leere Tafel wie ohne alle Vorbereitung die magische Formel der Welt geschrieben hat. Die Mythologie respektiert auf diese Weise die Aufgaben: Die eigentliche
20 Forschung mobilisiert das mechanische Räderwerk und hat zum Sitz ein durchaus materielles Organ, an dem nichts monströs ist als seine […] Kompliziertheit. Die Entdeckung dagegen ist magischer Natur, sie ist einfach, wie eine Ursubstanz. […] Einstein ist gestorben, so heißt es, ohne dass er die „Gleichung,
25 in der das Geheimnis der Welt beschlossen ist", hat überprüfen können. Die Welt hat letzten Endes also doch widerstanden; kaum durchdrungen, hat sich das Geheimnis wieder geschlossen, die Chiffre war unvollständig. So stellt Einstein voll und ganz den Mythos zufrieden, dem Widersprüche gleichgültig
30 sind, vorausgesetzt, dass er eine euphorische Sicherheit schafft. Zugleich Magier und Maschine, ständiger Sucher und unbefriedigter Finder, das Beste und das Schlimmste entfesselnd, erfüllt Einstein die gegensätzlichsten Träume, versöhnt er auf mythische Weise die unendliche Macht des Menschen
35 über die Natur und die „Schicksalhaftigkeit" eines Sakralen, dessen Schatten er nicht abwerfen kann.

1 conditio: Bedingung

Roland Barthes, 1915–1980, französischer Philosoph

◀ Erläutern Sie, in welcher Hinsicht und mit welcher Begründung Barthes von Einsteins Gehirn als einem mythischen Objekt spricht.

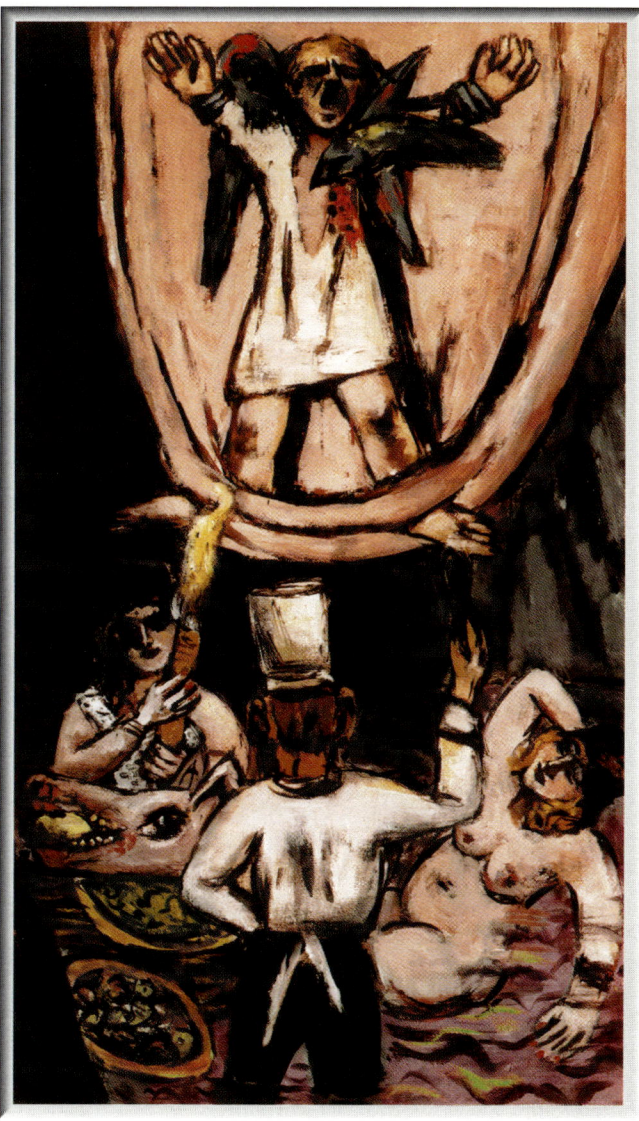

Max Beckmann, Prometheus, 1942

◀ *Informieren Sie sich über den Mythos des Titanen Prometheus, der den Göttern das Feuer stahl, um es den Menschen zu bringen, und zur Strafe an einen Felsen im Kaukasus gekettet wurde, wo ihm täglich ein Adler ein Stück aus seiner Leber riss.*

◀ *Erklären Sie, wie Max Beckmann diesen Mythos in seinem Gemälde aus dem Jahr 1942 thematisiert. Könnte man Beckmanns Werk als mythenkritisches Werk bezeichnen?*

> Der Mythos leugnet nicht die Dinge, […], er gründet sie als Natur und Ewigkeit, er gibt ihnen eine Klarheit, die nicht die der Erklärung ist. […] Wenn ich die französische Imperialität *feststelle*, ohne sie zu erklären, so bedarf es nur eines Geringen, damit ich sie auch natürlich und selbstverständlich finde.
>
> *Roland Barthes, 1915–1980, französischer Philosoph*

◀ *Reflektieren Sie, warum auch in einer rationalen Moderne unterschwellig mythische Strukturen vorherrschen.*

Die vier „Kantfragen"

- Beschreiben Sie die Wirkung der Prometheus-Gestaltung.

- Vergleichen Sie die Prometheus-Darstellung Klingers (Prometheus trägt hier Züge Beethovens) mit derjenigen Max Beckmanns und untersuchen Sie, welche Aspekte des ursprünglichen Mythos dominieren.

- Geben Sie Gründe für die Perspektivänderung Klingers an.

Philosophie als Aufklärung

Die mythenkritische, durch Xenophanes von Kolophon (ca. 570–475/70 v. Chr.) pointierte Aufklärungswelle im vorsokratischen Griechenland setzte eine Entwicklung in Gang, in der man nun mit Mitteln des Denkens nach dem Ursprung des Seins, dem Wesen der Wahrheit und des Guten, aber auch nach Maßstäben für das Handeln des Menschen suchte. Dieser Prozess führte über 2000 Jahre später in die europäische Aufklärung, welche die Legitimität jeglicher Autoritäten, seien es staatlich-gesellschaftliche, religiös-kirchliche oder konventionelle, als naturgegebene verwarf. An deren Stelle traten die menschliche Vernunft und das selbstständige, vorurteilslose Denken als oberster Maßstab. Damit einher ging die Emanzipation des Individuums, denn die Philosophen der Aufklärung gingen davon aus, dass das Wesen des Menschen vernünftig sei. Demzufolge fordert Immanuel Kant in seinem programmatischen Aufsatz „Was ist Aufklärung?", der Mensch müsse sich selbst mittels seiner Vernunft aus seiner selbst verschuldeten Unmündigkeit befreien. Als Prototyp dieses neuen Menschenbildes und des neu erwachten Selbstbewusstseins identifizierte man sich in der Folge mit Prometheus, dem Widersacher der Götter und Schöpfer des Menschen. Die für die Zeit der Aufklärung symptomatische Akzentverschiebung von dem schuldhaft dem Schicksal, der Strafe der Götter, ausgelieferten Titanen zum selbstbewussten Olympier, der sich den Göttern gleichsetzt, fand ihre Entsprechung in dem leidenschaftlichen, kompromisslosen Bekenntnis zur Vernunft, die von nun an zum Prüfstein für die Philosophie wurde.

Max Klinger, Prometheus, Beethoven-Denkmal, 1885

Drei Regeln für das Philosophieren

Für die Klasse der Denker können folgende Maximen (die als zur Weisheit führend bereits oben erwähnt worden) zu unwandelbaren Geboten gemacht werden:
1. Selbst denken.
5 2. Sich (in der Mitteilung mit Menschen) in die Stelle jedes *anderen* denken.
3. Jederzeit *mit sich selbst* einstimmig zu denken.
Das erste Prinzip ist negativ […] (auf keines Lehrers Worte zu schwören verpflichtet), das der *zwangsfreien*, das zweite positiv der *liberalen*, sich den Begriffen anderer bequemenden, 10 das dritte der *konsequenten* (folgerechten) Denkungsart; von deren jeder, noch mehr aber von ihrem Gegenteil, die Anthropologie[1] Beispiele aufstellen kann. Die wichtigste Revolution in dem Innern des Menschen ist: „der Ausgang desselben aus seiner selbst verschuldeten Unmündigkeit". 15 Stattdessen, dass bis dahin andere für ihn dachten und er bloß nachahmte oder am Gängelbande sich leiten ließ, wagt er es jetzt, mit eigenen Füßen auf dem Boden der Erfahrung, wenn gleich noch wackelnd, fortzuschreiten.

1 Anthropologie: Wissenschaft vom Menschen und seiner Entwicklung in natur- und geisteswissenschaftlicher Hinsicht

Immanuel Kant, 1724–1804, deutscher Philosoph

- An anderer Stelle fordert Kant, man solle nicht in erster Linie Philosophie, sondern philosophieren lernen. Erklären Sie, was Kant hier unter „philosophieren" versteht und inwiefern die Fähigkeit zu philosophieren grundlegend dafür sein kann, Philosophie zu lernen.

Die fundamentalen Fragen der Philosophie

Immanuel Kant bestimmt den Gegenstand der Philosophie, indem er das philosophische Fragen auf drei fundamentale Fragen zurückführt, die in eine vierte, alles umfassende Frage münden.

Philosophie ist [...] das System der philosophischen Erkenntnisse oder der Vernunfterkenntnisse aus Begriffen. Das ist der Schulbegriff dieser Wissenschaft. [...]
Was aber die Philosophie nach dem Weltbegriffe betrifft, so kann man sie auch eine Wissenschaft von der höchsten Maxime[1] des Gebrauches unserer Vernunft nennen, sofern man unter Maxime das innere Prinzip der Wahl unter verschiedenen Zwecken versteht.
Denn Philosophie in der letzteren Bedeutung ist ja die Wissenschaft der Beziehung aller Erkenntnis und alles Vernunftgebrauches auf den Endzweck der menschlichen Vernunft, dem, als dem obersten, alle anderen Zwecke untergeordnet sind und sich in ihm zur Einheit vereinigen müssen.
Das Feld der Philosophie in dieser weltbürgerlichen Bedeutung lässt sich auf folgende Fragen bringen:
1. Was kann ich wissen?
2. Was soll ich tun?
3. Was darf ich hoffen?
4. Was ist der Mensch?

Die erste Frage beantwortet die Metaphysik[2], die zweite die Moral, die dritte die Religion und die vierte die Anthropologie. Im Grunde könnte man aber alles dieses zur Anthropologie rechnen, weil sich die drei ersten Fragen auf die letzte beziehen. Der Philosoph muss also bestimmen können
1. die Quellen des menschlichen Wissens
2. den Umfang des möglichen und nützlichen Gebrauchs alles Wissens, und endlich
3. die Grenze der Vernunft.

Das Letztere ist das Nötigste, aber auch das Schwerste, um das sich aber der Philodox[3] nicht bekümmert.

1 Maxime: Hauptgrundsatz, Leitsatz, subjektiver Vorsatz für das eigene sittliche Handeln; Lebensregel
2 Metaphysik: Kant verwendet den Begriff im ursprünglichen Wortsinn (griech.: hinter dem Physischen). Heute spricht man von Erkenntnistheorie, während die Metaphysik eher auf den dritten Fragenkomplex bezogen wird.
3 Philodox: Freund des bloßen Meinens im Gegensatz zum Philosophen

Immanuel Kant, 1724–1804, deutscher Philosoph

▸ *Neben den von Kant aufgeführten Disziplinen Metaphysik, Erkenntnistheorie, Moralphilosophie, Religionsphilosophie und Anthropologie führen speziellere Fragen die Philosophie zu weiteren Differenzierungen. Informieren Sie sich z. B. im Schüler-Duden Philosophie über die philosophischen Disziplinen Metaphysik; Erkenntnis- und Wissenschaftstheorie; Moralphilosophie bzw. Ethik; Staatsphilosophie; Geschichtsphilosophie; Religionsphilosophie; Anthropologie. Ordnen Sie die Disziplinen den Ästen bzw. Verzweigungen des Begriffsbaums zu. Diskutieren Sie strittige Fälle.*

▸ *Formulieren Sie konkrete eigene Fragen, die Kants Fragen veranschaulichen.*

▸ *Ordnen Sie folgende Fragen sowie Ihre eigenen den von Kant aufgestellten Gegenstandsbereichen in dem Begriffsbaum zu: Ist sichere Erkenntnis überhaupt möglich? Welches sind Möglichkeiten, welches Grenzen der Wissenschaft? Was ist gut, was ist böse? Soll man im Zweifelsfall eher nach seinem Gewissen handeln oder nach geltendem Recht? Gibt es einen Fortschritt oder ein Ziel in der Geschichte? Gibt es einen Sinn des Lebens? Was ist Bewusstsein: eine Erscheinungsform der Materie oder ein autonomer Bereich des Seins? Beziehen Sie die auf S. 6 aufgeführten Fragen mit ein.*

▸ *Erklären Sie Kants Behauptung, die drei ersten Fragen bezögen sich auf die letzte, daher könne man alle Disziplinen zur Anthropologie rechnen.*

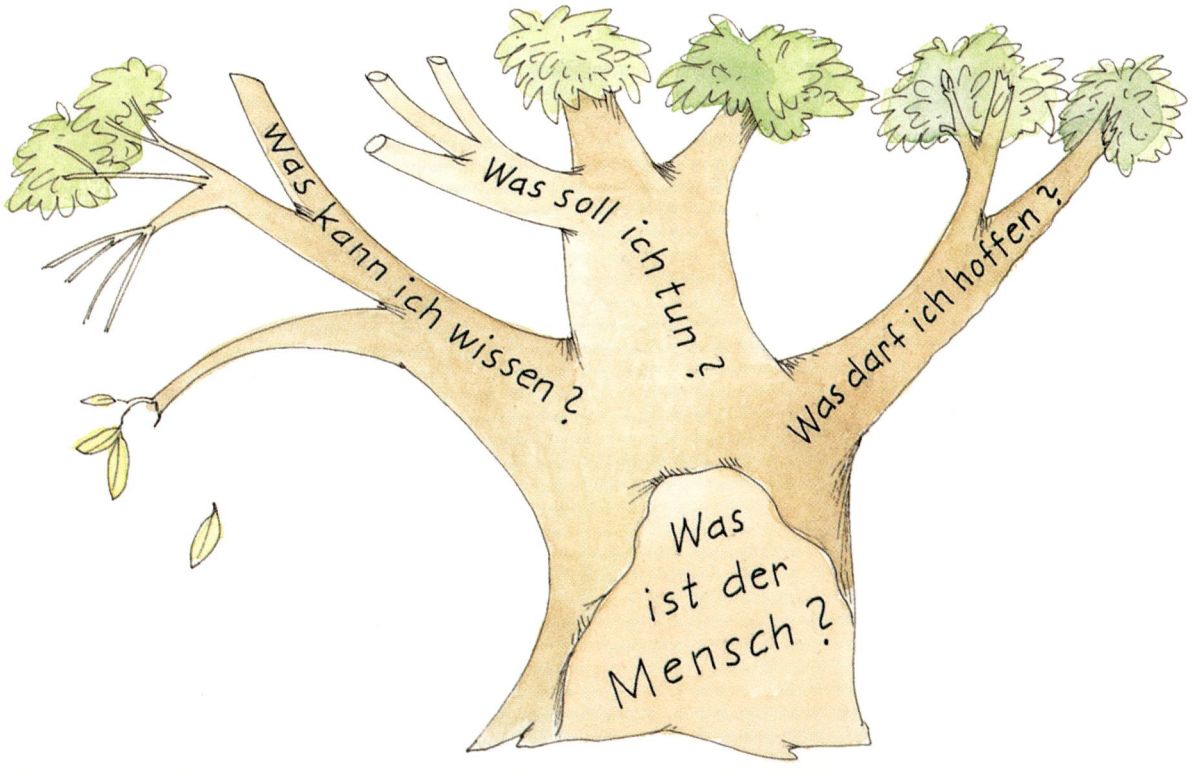

1. Was kann ich wissen?

Wenn Kant* die Frage „Was kann ich wissen?" als eine der zentralen Fragen der Philosophie formuliert, so geht es ihm nicht darum, die Kapazität des menschlichen Geistes im Sinne von „Wie viel kann ich als Mensch wissen?" auszuloten. Vielmehr formuliert er damit eines der wichtigsten Probleme der Philosophie: Wie kommt Erkenntnis überhaupt zustande, was sind die Quellen, der Umfang und die Grenzen der menschlichen Erkenntnis? Die Theorien, die versuchen auf diese Fragen eine Antwort zu formulieren, nennt man „Erkenntnistheorien" oder auch „Epistemologie".

◁ Worin bestehen jeweils die optischen Täuschungen der drei Bilder (bei Abb. 1 sollten Sie nachmessen)? Verdeutlichen Sie auch den Unterschied.

◁ Wie kommt es Ihrer Meinung nach zu den Täuschungen?

◁ Welche Schlussfolgerungen lassen sich hinsichtlich des Verhältnisses Welt und Welterkenntnis aus den Täuschungen ziehen?

Der naive Realismus

Die Vertreter dieser Erkenntnistheorie gehen davon aus, dass der Mensch die Dinge der Außenwelt genauso wahrnimmt, wie sie in Wirklichkeit sind. Menschliche Erkenntnis ist damit nichts anderes als eine genaue Kopie der Außenwelt. Diese Annahme geht von zweierlei Voraussetzungen aus: zum einen, dass die Dinge der Außenwelt wirklich existieren, zum anderen, dass der erkennende Mensch vermittels seiner Erkenntnisorgane direkten Zugang zu dieser Außenwelt hat. Der erkennende Mensch nimmt also eine passive Rolle innerhalb des Erkenntnisvorgangs ein, während den Gegenständen der Außenwelt eine aktive Rolle zukommt. Wahrgenommen werden kann damit nur das, was vorhanden ist und solange es vorhanden ist.

Erscheinung, Wahrnehmung und Erkenntnis

Solange der naive Realismus Ausdruck dafür ist, dass ohne die Annahme einer realen, wirklich existierenden Welt unser gesamter Lebenszusammenhang, alle Handlungen und alle Kommunikation völlig sinnentleert und gänzlich unbegreiflich wäre, spiegelt sich in ihm eine fundamentale Tatsache wieder. Wie sollten wir ohne solche Annahmen zusammenleben können? Daneben aber stößt diese Erkenntnistheorie schnell an ihre Grenzen. Eine davon spiegelt der folgende Dialog zwischen dem Philosophen Sokrates* und dessen Schüler Theaitetos wider.

Sokrates: Versuche also noch einmal von Anfang an, o Theaitetos, zu sagen, was Erkenntnis ist! [...]

Theaitetos: [...] Mir also scheint, wer etwas erkennt, dasjenige wahrzunehmen, was er erkennt; und wie es mir jetzt erscheint, ist Erkenntnis nichts anderes als Wahrnehmung.

Sokrates: Gut und wacker, Jüngling. [...] Wahrnehmung, sagst du, sei Erkenntnis?

Theaitetos: Jawohl.

Sokrates: Und gar keine schlechte Erklärung scheinst du gegeben zu haben von der Erkenntnis, sondern die, welche Protagoras gibt; nur dass er dieses nämlich auf eine etwas andere Weise ausgedrückt hat: Er sagt nämlich, der Mensch sei das Maß aller Dinge, der seienden, wie sie sind, der nicht seienden, wie sie nicht sind. Du hast dies doch gelesen?

Theaitetos: Oftmals habe ich es gelesen.

Sokrates: Nicht wahr, er meint dies so, dass, wie ein jedes Ding mir erscheint, ein solches ist es auch mir, und wie es dir erscheint, ein solches ist es wiederum dir. [...]

Theaitetos: So meint er es unstreitig.

Sokrates: Wahrscheinlich nun wird ein so weiser Mann doch nicht Torheiten reden. Lass uns dem also nachgehen. Wird nicht bisweilen, indem derselbe Wind weht, den einen von uns frieren, den anderen nicht? Oder den einen ein wenig, den andern sehr stark?

Theaitetos: Jawohl.

Sokrates: Sollen wir nun in diesem Falle sagen, dass der Wind an und für sich kalt ist oder nicht kalt? Oder sollen wir dem Protagoras* glauben, dass er dem Frierenden ein kalter ist, dem Nichtfrierenden nicht?

Theaitetos: So wird es wohl sein müssen.

Sokrates: Und so erscheint er doch jedem von beiden?

Theaitetos: Freilich.

Sokrates: Dieses „erscheint" ist aber eben das Wahrnehmen.

Theaitetos: So ist es.

Sokrates: Erscheinung also und Wahrnehmung ist dasselbe beim Warmen und allem, was dem ähnlich ist? Denn wie ein jeder es wahrnimmt, so scheint es für ihn auch zu sein.

Theaitetos: Das leuchtet ein.

Sokrates: Wahrnehmung ist also immer des Seienden und untrüglich, wenn sie ja Erkenntnis ist.

Theaitetos: So scheint es.

Platon, 428/27–349/48 v. Chr., griechischer Philosoph

- *Geben Sie den Standpunkt des Theaitetos in eigenen Worten wieder.*
- *Wie würden Sie ihm aufgrund Ihrer Erfahrungen mit den Grafiken von S. 20 entgegentreten?*
- *Worin sehen Sie den Unterschied zwischen Wahrnehmung und Erkenntnis?*
- *Welchen Einwand gegen den naiven Realismus formuliert Sokrates?*
- *Sammeln Sie auf Karteikarten jeweils drei Aspekte, die für die Annahmen des Naiven Realismus sprechen und drei, die dagegen sprechen. Tragen Sie diese zusammen und diskutieren Sie darüber im Kurs.*

Vom naiven Realismus zum kritischen Realismus

Die Probleme, die sich zeigen, wenn man die Annahmen des naiven Realismus kritisch hinterfragt, führten zu einer Modifizierung des Realismusbegriffs, die man in Abgrenzung als „kritischen Realismus" bezeichnet. Gleich ist beiden Theorien die Annahme einer real existierenden Außenwelt unabhängig vom erkennenden Subjekt. Der Unterschied besteht darin, dass man die Erkenntnis dieser Außenwelt im kritischen Realismus nicht mehr als getreues Abbild versteht, sondern als vermittelt durch inadäquate Vorstellungen.

Wie kann ich wissen?

Nicht nur die Frage, was ich wissen kann, steht im Zentrum der Erkenntnistheorie, sondern ebenso die Frage nach dem „Wie" des Erkenntnisvorgangs. Diese Frage führt zu der Überlegung, welche Fähigkeiten des Erkenntnissubjekts dafür verantwortlich sind, dass Menschen überhaupt sicheres Wissen von den sie umgebenden Dingen haben können. In der Beantwortung dieser Frage lassen sich zwei Ansätze unterscheiden. Der Empirismus und der Rationalismus. Im Empirismus ist die entscheidende, Erkenntnis ermöglichende Eigenschaft die sinnliche Wahrnehmungsfähigkeit, im Rationalismus ist es dagegen der Verstand bzw. die Vernunft.

Alle Erkenntnis ist Erfahrungserkenntnis

In seinem Hauptwerk „An Essay Concerning Humane Understanding" untersucht John Locke, wie sich die Erkenntnisleistung des einzelnen Menschen vollzieht. Er grenzt sich dabei ausdrücklich von der durch Platon* begründeten Erkenntnistheorie ab, wonach menschliche Erkenntnis auf angeborene, ewige Ideen zurückzuführen ist. Mit solchen Ideen sind Prinzipien gemeint wie „Was ist, das ist" oder „Ein Ding kann unmöglich zugleich sein und nicht sein". Diese Annahme weist er im ersten Buch der Untersuchungen mit dem Argument zurück, dass sich beim Menschen kein Wissen aus Nicht-Erfahrung nachweisen lässt, da beispielsweise Kinder, Geistesschwache oder Wilde und Ungebildete keinerlei Wissen von diesen Prinzipien haben. Das Einzige, was er als angeboren versteht, ist die menschliche Anlage zum Erkennen, der Verstand oder Geist. Dieser aber tritt der Welt sozusagen als unbeschriebenes Blatt entgegen.

Nehmen wir also an, der Geist sei, wie man sagt, ein unbeschriebenes Blatt, ohne alle Schriftzeichen, frei von allen Ideen; wie werden ihm diese dann zugeführt? Wie gelangt er zu dem gewaltigen Vorrat an Ideen, womit ihn die geschäftige schrankenlose Fantasie des Menschen in nahezu unendlicher Mannigfaltigkeit beschrieben hat? Woher all das *Material* für seine Vernunft und für seine Erkenntnis? Ich antworte darauf mit einem einzigen Worte: aus der *Erfahrung*. Auf sie gründet sich unsere gesamte Erkenntnis, von ihr leitet sie sich schließlich her. Unsere Beobachtung, die entweder auf äußere, sinnlich wahrnehmbare Objekte gerichtet ist oder auf innere Operationen des Geistes, die wir wahrnehmen und über die wir nachdenken, liefert unserem Verstand das gesamte *Material* des Denkens. Dies sind die beiden Quellen der Erkenntnis, aus denen alle Ideen entspringen, die wir haben oder naturgemäß haben können.

Wenn unsere Sinne mit bestimmten sinnlich wahrnehmbaren Objekten in Berührung treten, so führen sie dem Geist eine Reihe verschiedener Wahrnehmungen von Dingen zu, die der mannigfach verschiedenen Art entsprechen, wie jene Objekte auf die Sinne einwirken. Auf diese Weise kommen wir zu den Ideen, die wir von gelb, weiß, heiß, kalt, weich, hart, bitter, süß haben, und zu allen denen, die wir sinnlich wahrnehmbare Qualitäten nennen. Wenn ich sage, die Sinne führen sie dem Geist zu, so meine ich damit, sie führen von den Gegenständen der Außenwelt her dem Geist dasjenige zu, was in demselben jene Wahrnehmungen hervorruft. Diese wichtigen Quellen der meisten unserer Ideen, die ganz und gar von unseren Sinnen abhängen und durch sie dem Verstand zugeleitet werden, nenne ich *Sensation*.

Die andere Quelle, aus der die Erfahrung den Verstand mit Ideen speist, ist die Wahrnehmung der Operationen des eigenen Geistes in uns, der sich mit den ihm zugeführten Ideen beschäftigt. Diese Operationen statten den Verstand, sobald die Seele zum Nachdenken und Betrachten kommt, mit einer anderen Reihe Ideen aus, die durch Dinge der Außenwelt nicht hätten erlangt werden können. Solche Ideen sind *wahrnehmen, denken, zweifeln, glauben, schließen, erkennen, wollen* und all die verschiedenen Tätigkeiten unseres Geistes. Indem wir uns ihrer bewusst werden und sie in uns beobachten, gewinnen wir von ihnen für unseren Verstand ebenso deutliche Ideen wie von Körpern, die auf unsere Sinne einwirken. Diese Quelle von Ideen liegt ausschließlich im Inneren des Menschen, und wenn sie auch kein Sinn ist, da sie mit den äußeren Objekten nichts zu tun hat, so ist sie doch etwas sehr Ähnliches und könnte füglich als *innerer Sinn* bezeichnet werden. Während ich im ersten Fall von Sensation rede, so nenne ich diese Quelle *Reflexion*, weil die Ideen, die sie liefert, lediglich solche sind, die der Geist durch eine Beobachtung seiner eigenen Operationen gewinnt. [...] Zweierlei Dinge also, nämlich äußere materielle Dinge als die Objekte der *Sensation* und die inneren Operationen unseres Geistes als die Objekte der *Reflexion*, sind für mich die einzigen Ursprünge, von denen alle unsere Ideen ihren Anfang nehmen. [...]

Der Verstand scheint mir nicht den leisesten Schimmer von irgendwelchen Ideen zu haben, die er nicht aus einer dieser beiden Quellen empfängt. Die *äußeren Objekte* versehen den Geist mit den Ideen der sinnlich wahrnehmbaren Qualitäten; diese Ideen sind all die verschiedenen Wahrnehmungen, die die äußeren Objekte in uns erzeugen: *Der* Geist versieht den Verstand mit Ideen seiner eigenen Operationen.

Wenn wir uns einen Gesamtüberblick über sie sowie über ihre verschiedenen Modi [Kombinationen und Relationen] erworben haben, dann werden wir finden, dass darunter unser ganzer Ideenvorrat begriffen ist und dass wir nichts in unserem Geist haben, was nicht auf dem einen dieser beiden Wege hineingelangt wäre. Man prüfe einmal seine eigenen Gedanken und durchforsche gründlich seinen Verstand und sage mir dann, ob unter all den ursprünglichen Ideen, die dort vorhanden sind, irgendwelche sind, die nicht die Objekte unserer Sinne oder unsere zu Objekten der Reflexion gemachten Geistesoperationen beträfen. Wie groß man sich auch die Masse der im Geist angehäuften Kenntnisse vorstellen möge, bei genauer Betrachtung wird sich herausstellen, dass der Geist keine einzige Idee aufweist, die ihm nicht auf einem dieser beiden Wege eingeprägt wurde, wenn auch, wie wir später sehen werden, durch den Verstand in unendlicher Mannigfaltigkeit zusammengesetzt und erweitert.

John Locke, 1632–1704, englischer Philosoph

- Welche Quellen der Erkenntnis gibt es nach Locke? Benennen Sie sie und beschreiben Sie ihre Funktion im Erkenntnisprozess.

- Informieren Sie sich in Lexika über den Begriff „Empirismus". Lässt sich seine Theorie eindeutig dem Empirismus zuordnen? Begründen Sie Ihre Meinung.

- Würden Sie Lockes Theorie dem Realismus zuordnen? Begründen Sie Ihre Meinung.

Der Anfang jeder Gewissheit liegt im denkenden Ich

René Descartes* gilt als Begründer des neuzeitlichen Rationalismus. War bis zu Descartes ein Vernunftbegriff bestimmend gewesen, der durch die Identitätssetzung von Begriff und Wirklichkeit objektiv ausgerichtet war, so entsteht durch Descartes' Philosophie ein subjektiver Vernunftbegriff, mit dem die Frage nach der Sicherung der Autonomie der Vernunfterkenntnis vom erkennenden Subjekt her in den Vordergrund rückt. Ausschlaggebend dafür war vor allem Descartes' methodischer Zweifel. In seinem Hauptwerk, den „Méditations métaphysiques" stellt er alle seine bisherigen Gewissheiten infrage. Dass es körperliche Gegenstände gibt, dass er selbst einen Körper hat, dass es andere Bewusstseinsinhaber gibt, dass es vernünftige Urteile wie zum Beispiel 2+3=5 gibt. Diesen Zweifel begründet er zum einen dadurch, dass auf die Sinne, die im Allgemeinen als Vermittlungsorgan allen Wissens gelten, kein Verlass ist, denn sie können uns täuschen, darüber hinaus könnte es auch sein, dass jegliches Wirklichkeitserlebnis nur geträumt sei, und letztlich könnte ein böser Schöpfer für eine Verblendung der Vernunft gesorgt haben. Das Einzige, was am Ende dieses systematischen Zweifels als real und sicher übrig bleibt, ist, dass ich, der ich zweifle bzw. denke, bin (cogito ergo sum). In dieser Reflexion auf sich selbst wird die Welt zum Bewusstseinsphänomen. Die Welt ist nur, sofern ich bin. Damit kann wahr nur sein, was klar und deutlich im Selbstbewusstsein aufzufinden ist. Wie nach Descartes der Verstand zu sicherer Erkenntnis gelangt, machen die folgenden Textauszüge deutlich.

Intuition[1] und Deduktion[2] als Wege zum Erkennen

Damit wir aber künftig nicht in denselben Fehler verfallen, werden hier alle Handlungen unseres Verstandes durchmustert, durch die wir ohne jede Furcht, uns zu täuschen, zur Erkenntnis der Dinge kommen können. Wir lassen nur zwei zu: die Intuition nämlich und die Deduktion.
Unter Intuition verstehe ich nicht das schwankende Zeugnis der sinnlichen Wahrnehmung oder das trügerische Urteil der verkehrt verbindenden Einbildungskraft, sondern ein so müheloses und deutlich bestimmtes Begreifen des reinen und aufmerksamen Geistes, dass über das, was wir erkennen, gar kein Zweifel zurückbleibt […]. So kann jeder intuitiv mit dem Verstande sehen, dass er existiert, dass er denkt, dass ein Dreieck von nur drei Linien, dass die Kugel von einer einzigen Oberfläche begrenzt ist, und Ähnliches. […] Gerade von hier mag es bedenklich sein, weshalb wir hier außer der Intuition noch eine andere Art der Erkenntnis angefügt haben, die durch die Deduktion geschieht, worunter wir all das verstehen, was aus etwas anderem sicher Erkanntem mit Notwendigkeit erschlossen wird.

1 Intuition: hier: das unmittelbare, nicht diskursive, nicht auf Reflexion beruhende Erkennen, Erfassen eines Sachverhalts oder eines komplizierten Vorgangs
2 Deduktion: hier: Ableitung des Besonderen und Einzelnen vom Allgemeinen; Erkenntnis des Einzelfalls durch ein allgemeines Gesetz

René Descartes, 1596–1650, französischer Philosoph

Erkenntniskraft als rein geistige Kraft

Schließlich muss man sich vorstellen, dass diejenige Kraft, mit der wir die Dinge im eigentlichen Sinne erkennen, rein geistig ist und vom ganzen Körper nicht weniger verschieden als das Blut vom Knochen oder die Hand vom Auge, dass sie eine einzige ist, die einmal zugleich mit der Fantasie Figuren vom Gemeinsinn empfängt, ein andermal sich denen zuwendet, die im Gedächtnis aufbewahrt sind, oder auch neue bildet. […] Und diese Kraft wird darum auch gemäß diesen verschiedenen Funktionen einmal reiner Verstand, einmal Einbildungskraft, einmal Gedächtnis, einmal Sinn genannt. Im eigentlichen Sinne aber heißt sie „Ingenium[1]", wenn sie bald neue Ideen in der Fantasie zeichnet, bald sich mit den bereits gezeichneten beschäftigt.

1 Ingenium: natürliche Begabung, (schöpferische) Geistesanlage, Erfindungskraft, Genie

René Descartes, 1596–1650, französischer Philosoph

- Beschreiben Sie mit eigenen Worten, wie nach Descartes menschliches Erkennen abläuft.
- Setzen Sie sich kritisch mit den Ausführungen Descartes' auseinander.
- In welchem Verhältnis steht die Position Descartes' zu der Lockes und der des naiven Realismus?

Die Zusammenführung von Empirismus und Rationalismus durch Kant*

In seiner „Kritik der reinen Vernunft" untersucht Kant den menschlichen Erkenntnisapparat in seinem Verhältnis zur Außenwelt. Er kommt dabei zu dem Schluss, dass objektive Erkenntnis immer ein Zusammengesetztes aus dem, was die Vernunft von sich her an Erkenntnis mitbringt (was a priori[1] ist), und dem, was die Vernunft sich durch die sinnliche Erfahrung geben lassen muss (was a posteriori[2] ist), ist. Nach Kant verfügt der Verstand nämlich sozusagen über eine Grundausstattung, die er reine Verstandesbegriffe oder Kategorien nennt. Zu diesen gehören Leitvorstellungen wie die der notwendigen Verknüpfung von Ursache und Wirkung, wie Quantität (Messbarkeit, extensive Größe) und Qualität (Empfindbarkeit, intensive Größe), hinzu kommen noch die Anschauungsformen Raum und Zeit. Das führt zu einer Unterscheidung der Welt, wie sie unabhängig von unserer Anschauung und unserem Verstand ist (die Dinge an sich), von der Welt, die uns als räumlich-zeitlicher Geschehenszusammenhang erscheint (die Dinge als Erscheinungen). Jedes Ding in der Welt ist damit zweierlei, je nachdem ob es als ‚Ding an sich' oder als ‚Ding der Erscheinung' verstanden wird. Allerdings sind die Dinge an sich für den Menschen unerkennbar – wohl aber denkbar –, da er in seinem Erkenntnisvermögen vorgeprägt ist. Dieser Denkprozess wurde in der Philosophie die „kopernikanische Wende" genannt.

1 a priori: „vom Früheren her"; von der Erfahrung oder Wahrnehmung unabhängig, aus der Vernunft durch logisches Schließen gewonnen
2 a posteriori: „vom Späteren her", d. h., man erkennt die Ursache aus der zuerst erfahrenen späteren Wirkung: aus der Wahrnehmung gewonnen, aus der Erfahrung

Wissen als demokratischer Akt

Hatte Kant* durch die „kopernikanische Wende" bereits die subjektive Welterkenntnis ins Zentrum der Erkenntnistheorie gerückt, so kommt es im 20. Jahrhundert zu einer Radikalisierung dieser Sichtweise durch den „radikalen Konstruktivismus". Kant trennt sich nicht gänzlich von der Möglichkeit der Erkenntnis absoluter Wahrheit und meint im „Sollen" den Punkt zu erkennen, der den Menschen vor der Resignation bewahrt, die durch die von ihm selbst begründete Erkenntnistheorie hervorgerufen werden kann. „Sollen", so Kant, kommt in der Welt nicht vor, nur im Menschen. So stellt es für ihn die Verbindung zum Absoluten dar. Der radikale Konstruktivismus lehnt dagegen den Anspruch auf das Erkennen einer absoluten Wahrheit gänzlich ab. Kognition wird zum Instrument der Anpassung an die Außenwelt und verliert den Anspruch auf schrittweise Annäherung an eine objektive Wahrheit.

Wirklichkeit als Fiktion

Juan Caramuel, ein spanischer Adeliger, der in der zweiten Hälfte des 17. Jahrhunderts Bischof von Vigevano in Italien wurde, hat vielleicht als Erster ganz explizit von den begrifflichen Konstruktionen des Geistes gesprochen. Er war auch der
5 Erste, zumindest in der westlichen Welt, der erkannte, dass ein Zahlensystem nicht dezimal sein müsse. Er entwarf ein Dutzend solcher Systeme, bis zur Basis zwölf, darunter auch das binäre, das heute in Computern benutzt wird. Er schien Zahlen zu lieben und einige seiner Gedanken über die
10 Wurzeln der Mathematik und der Algebra waren seiner Zeit voraus. Über 30 Jahre vor der Veröffentlichung der Schriften Vicos und Berkeleys im Jahre 1710 wusste Caramuel bereits, dass die „Zahl ein Ding des Geistes ist". Und er demonstrierte das mit einer hübschen Geschichte.
15 Da war einmal ein Mann, der sprach im Schlaf. Als die Uhr die vierte Stunde schlug, sagte er: „Eins, eins, eins, eins – die Uhr ist ja verrückt, sie hat viermal eins geschlagen!" Der Mann hatte offensichtlich viermal je einen Schlag wahrgenommen, nicht aber, dass die Uhr viermal geschlagen hatte. Was er im
20 Sinn hatte, war nicht vier, sondern viermal eins; woraus man ersieht, dass Zählen etwas anderes ist, als mehrere Dinge gleichzeitig zu betrachten. Hätte ich vier Uhren in meiner Bibliothek und alle vier schlügen eins zur gleichen Zeit, so würde ich nicht sagen, sie hätte vier geschlagen, sondern vier-
25 mal eins. Dieser Unterschied liegt nicht in den Dingen, unabhängig von den Operationen des Geistes. Im Gegenteil, er hängt vom Geist desjenigen ab, der zählt. Der Intellekt also findet die Zahlen nicht, sondern er macht sie; er betrachtet unterschiedliche Dinge, jedes an sich verschieden, und vereinigt
30 sie willentlich im Denken.

*Ernst von Glasersfeld, *1917, österreichischer Psychologe*

◀ Welche Erklärung hätte Caramuel für die auf S. 20 dargestellten optischen Täuschungen?

◀ Warum halten Menschen scheinbar nicht existierende Dinge für real? Erörtern Sie diese Frage im Kurs und halten Sie die Gesprächsergebnisse fest.

Konstruktivistisches Fragespiel

◀ Handelt es sich bei den folgenden Begriffen um Entdeckungen oder Erfindungen?

Formeln   Ordnung   **Taxonomien**
Zahlen   Gegenstände   **Symmetrien**   Naturgesetze

Derjenige, der alle Begriffe als Erfindungen bezeichnet hat, ist ein Konstruktivist!

◀ Diskutieren Sie, bei welchen Begriffen Sie sich leicht tun, sie als Erfindungen zu akzeptieren, und bei welchen nicht.

◀ Wo sehen Sie die Gründe für die bei Ihnen auftretenden Schwierigkeiten?

◀ Betrachten Sie die Flasche und notieren Sie spontan, was Sie sehen. Vergleichen Sie im Anschluss Ihre Notizen im Kurs. Gibt es Unterschiede? Wodurch entstehen diese?

Das Gehirn als informationsschaffendes System

Der Konstruktivismus gründet seine erkenntnistheoretische Position unter anderem auf die neuere Gehirnforschung. In dieser geht man heute davon aus, dass es sich beim Gehirn um ein „semantisch geschlossenes Wahrnehmungssystem" handelt. Was das heißt und welche Konsequenzen sich aus dieser Annahme für Begriffe wie Information und Bedeutung ergeben (Verhältnis Umwelt – Erkenntnis), erläutert der Neurobiologe Gerhard Roth im folgenden Beitrag.

[...] Diese unbezweifelbare und eigentlich triviale Tatsache, dass nämlich die Umweltereignisse nicht ihre Wirkungen auf das Gehirn selbst festlegen, sondern dass diese Wirkungen ausschließlich durch den neuronalen Kontext festgelegt werden, bestimmt den Begriff der informationalen oder semantischen Geschlossenheit. [...] Natürlich ist das Gehirn nicht in physikalischer Hinsicht von der Umwelt abgeschlossen, denn es wird von Umweltereignissen über die Sinnesrezeptoren gereizt, z. B. durch Lichtquanten, Schalldruckwellen, Moleküle; nur muss es aufgrund eigener Kriterien festlegen, was diese Reizeinflüsse bedeuten.

Gerhard Roth, deutscher Neurobiologe

Ein Interview mit Gerhard Roth finden Sie unter
www.morgenwelt.de/wissenschaft/9902-roth.htm

Die konstruktivistische Erkenntnistheorie

Im Zentrum der konstruktivistischen Erkenntnistheorie, zu deren Begründern Ernst von Glasersfeld gehört, steht nicht die Herstellung von Realität, sondern die Darstellung des Wissenserwerbs und die Hinterfragung der Ursache dafür. Dabei kommt er zu dem Schluss, dass alle Erkenntnis subjektgebunden ist und lediglich der Organisation der Erfahrung des erkennenden und erfahrenden Subjekts dient. Dabei greift der radikale Konstruktivismus auf die Evolutionstheorie Darwins zurück. Dessen berühmt gewordener Satz „Survival of the fittest" wird aufgenommen und weist den Weg, die Schranken des menschlichen Erkennens nicht länger als Unzulänglichkeit zu begreifen. Wissenserwerb dient dem Überleben des Subjekts in der ihm begegnenden Welt. Wenn Wissen der Erfahrungswelt standhält, dann passt (to fit) es und wird zu einem gangbaren Weg der Organisation von Erfahrung in der Welt des Erlebens.

Die konstruktivistische Denkweise [...] setzt sich vor allem darin von der philosophischen Tradition ab, dass sie das herkömmliche Verhältnis zwischen der Welt der fassbaren Erlebnisse und der ontologischen¹ Wirklichkeit durch ein anderes begriffliches Verhältnis ersetzt. Wo die Überlieferung, trotz Kant, zwischen Erlebnis und „Wirklichkeit" stets Gleichförmigkeit, Übereinstimmung oder zumindest Korrespondenz als natürliche und unerlässliche Voraussetzung betrachtete, postuliert der radikale Konstruktivismus die grundsätzlich andersartige Beziehung der Kompatibilität oder, wie ich sie in Anlehnung an den englischen Ausdruck nennen möchte, der Viabilität². [...]

Die Relation der Viabilität ist auf den Begriff des Passens im Sinne des Funktionierens gegründet. Das heißt, etwas wird als „viabel" bezeichnet, solange es nicht mit etwaigen Beschränkungen oder Hindernissen in Konflikt gerät. [...] Das heißt, unsere Sinnesorgane „melden" uns stets nur mehr oder weniger hartes Anstoßen an ein Hindernis, vermitteln uns aber niemals Merkmale oder Eigenschaften dessen, woran sie stoßen. Diese Eigenschaften stammen ganz und gar aus der Art und Weise, wie wir Sinnessignale interpretieren.

Vom Gesichtspunkt des Handelnden ist es irrelevant, ob seine Vorstellungen von der Umwelt ein „wahres" Bild der ontischen Wirklichkeit darstellen – was er braucht, ist eine Vorstellung, die es ihm erlaubt, Zusammenstöße mit den Schranken der Wirklichkeit zu vermeiden und an sein Ziel zu kommen.

Der Begriff der Viabilität bietet einen Weg, das herkömmliche Wissensproblem zu umgehen. Dieser Weg beruht auf einer radikalen Umgestaltung des Verhältnisses zwischen Wissen und Wirklichkeit.

Wahrnehmung und Erkenntnis wären demnach also konstruktive und nicht abbildende Tätigkeiten. Diese Hypothese wirft freilich sofort die Frage nach der Beziehung auf, die zwischen den Ergebnissen der konstruktiven Tätigkeit und der ontischen Welt bestehen muss. Da wir ja nur zu gut wissen, dass in unserer Erlebenswelt Dinge, Zustände und Verhältnisse keineswegs immer so sind, wie wir sie haben möchten, können wir uns kaum in jenen Solipsismus³ flüchten, wonach nur das existiert, was wir uns vorstellen. Das ist nun aber der Punkt, wo der Begriff der Viabilität einen Ausweg schafft. Statt einer ikonischen⁴ Beziehung der Übereinstimmung oder Widerspiegelung können wir hier die Beziehung des Passens einsetzen. Das heißt, dass wir in der Organisation unserer Erlebenswelt stets so vorzugehen trachten, dass das, was wir da aus Elementen der Sinneswahrnehmung und des Denkens zusammenstellen – Dinge, Zustände, Verhältnisse, Begriffe, Regeln, Theorien, Ansichten und, letzten Endes, Weltbild –, so beschaffen ist, dass es im weiteren Fluss unserer Erlebnisse brauchbar zu bleiben verspricht.

„Brauchbar" oder „viabel" aber nennen wir in diesem Zusammenhang eine Handlungs- oder Denkweise, die an allen Hindernissen vorbei (den ontischen wie den aus der Handlung selbst erwachsenden) zum erwünschten Ziel führt.

Wer den Unterschied zwischen diesem Begriff des Passens und jenem der Übereinstimmung erfasst hat, wird nicht mehr der Illusion verfallen, dass die „empirische" (d. h. erlebensmäßige) Bestätigung eine Hypothese oder der Erfolg einer Handlungsweise Erkenntnis einer objektiven Welt bedeuten.

Wer meint, an den Grenzen seiner Bewegungsfreiheit die ontische Wirklichkeit zu erkennen, ist ebenso irregeführt wie ein Autofahrer, der die Stelle, wo ihm das Benzin ausgeht, für das Ende der Straße hält.

Da Wissen für den Konstruktivisten nie Bild oder Widerspiegelung der ontischen Wirklichkeit darstellt, sondern stets nur einen möglichen Weg, um zwischen den „Gegenständen" durchzukommen, schließt das Finden eines befriedigenden Wegs nie aus, dass da andere befriedigende Wege gefunden werden können. [...]

Was wir zumeist als „objektive" Wirklichkeit betrachten, entsteht in der Regel dadurch, dass unser eigenes Erleben von anderen bestätigt wird. Dinge, die nicht nur von uns, sondern auch von anderen wahrgenommen werden, gelten ganz allgemein, d. h. im Alltagsleben wie auch in der Epistemologie⁵, als real. Intersubjektive Wiederholung von Erlebnissen liefert die sicherste Garantie der „objektiven" Wirklichkeit. Man könnte sagen, das herkömmliche Weltbild ist durch und durch auf das demokratische Prinzip gegründet.

1 Ontologie: Lehre vom Sein, von den Ordnungs-, Begriffs- und Wesensbestimmungen des Seins
2 Viabilität: Begriff aus der Evolutionstheorie. Gangbarkeit eines Weges, der zur Überlebensfähigkeit einer Art führt
3 Solipsismus: erkenntnistheoretischer Standpunkt, der nur das eigene Ich mit seinen Bewusstseinsinhalten als das einzig Wirkliche gelten lässt und alle anderen Ichs mit der ganzen Außenwelt nur als dessen Vorstellungen annimmt
4 ikonisch: hier: bildhaft, anschaulich
5 Epistemologie: Wissenschaftslehre, Erkenntnistheorie (bes. in der angelsächsischen Philosophie)

*Ernst von Glasersfeld, *1917, österreichischer Psychologe*

◀ *Welches Verhältnis besteht für den Konstruktivisten zwischen dem erkennenden Subjekt und der Wirklichkeit?*

◀ *Gibt ein Wissen, dass so verstanden wird wie in dem Text von v. Glasersfeld, überhaupt die Möglichkeit, zwischen „subjektiven" Hirngespinsten und der „objektiven" Erlebenswelt der Gemeinschaft zu unterscheiden?*

◀ *Diskutieren Sie im Kurs, wie Sie die Aussage bewerten, dass man zu keinem sicheren Wissen der „wahren" Wirklichkeit kommen kann.*

◀ *Welche Auswirkungen hat die Annahme einer solchen Theorie auf Bereiche wie Kommunikation, Pädagogik, Schule, Gesellschaft, Globalisierung?*

2. Was soll ich tun?

Glück als Endzweck menschlichen Handelns

„Was soll ich tun?" lautet die zweite der vier Kantfragen (vgl. S. 19). Sie bildet den Ausgangspunkt derjenigen philosophischen Disziplin, die als Ethik bezeichnet wird. In der Ethik geht es um die Frage, an welchen Normen und Zielen, Zwecken und Werten die Menschen ihr Handeln orientieren sollen. Was aber hat Glück mit Ethik zu tun? Ist es nicht lediglich ein Phänomen, dessen Erfahrung man sich wünscht? Weshalb bringt man es in Verbindung mit einem Bereich, in dem das Interesse dem menschlichen Handeln gilt? Der Textauszug aus Aristoteles' „Nikomachischer Ethik" deckt diesen Zusammenhang auf.

Jede Kunst und jede Lehre, desgleichen jede Handlung und jeder Entschluss, scheint ein Gut zu erstreben, weshalb man das Gute treffend als dasjenige bezeichnet hat, weshalb alles strebt. Doch zeigt sich ein Unterschied der Ziele. […]
5 Da der Handlungen, Künste und Wissenschaften viele sind, ergeben sich auch viele Ziele. Das Ziel der Heilkunst ist die Gesundheit, das der Schiffsbaukunst das Schiff […]. Wenn es nun ein Ziel des Handelns gibt, das wir um seiner selbst wegen wollen, und das andere nur um seinetwillen, und wenn wir
10 nicht alles wegen eines anderen uns zum Zwecke setzen – denn da ginge die Sache ins Unendliche fort und das menschliche Begehren wäre leer und eitel –, so muss ein solches Ziel offenbar das Gute und das Beste sein. Sollte seine Erkenntnis nicht auch für das Leben eine große Bedeutung haben und uns
15 helfen, gleich den Schützen, die ein festes Ziel haben, das Rechte besser zu treffen? […]
Geben wir, da alles Wissen und Wollen nach einem Gute zielt, an, welches man als das Zielgut der Staatskunst[1] bezeichnen muss und welches im Gebiet des Handelns das höchste Gut ist.
20 Im Namen stimmen hier wohl die meisten überein: Glückseligkeit nennen es die Menge und die feineren Köpfe, und dabei gilt ihnen Gut-Leben und Sich-gut-Gehaben mit Glückselig-Sein als eins. Was aber die Glückseligkeit sein soll, darüber entzweit man sich, und die Menge erklärt sie ganz anders
25 als die Weisen. Die einen erklären sie für etwas Greifbares und Sichtbares wie Lust, Reichtum und Ehre, andere für etwas anderes, mitunter auch dieselben Leute bald für dies, bald für das: der Kranke für Gesundheit, der Notleidende für Reichtum, und wer seine Unwissenheit fühlt, bewundert solche, die
30 große, seine Fassungskraft übersteigende Dinge vortragen. […]
Kommen wir nun wieder auf das fragliche Gut zurück, um zu ermitteln, was es sein möge. Wir sehen, dass es in jeder Tätigkeit und Kunst immer ein anderes ist: ein anderes in der Medi-
35 zin, in der Strategik usw. Was ist nun also das eigentümliche Gut einer jeden? Doch wohl das, wegen dessen in jeder alles andere geschieht. Das wäre in der Medizin die Gesundheit, in der Strategik der Sieg, in der Baukunst das Haus, in anderen Künsten wieder ein anderes und bei allem Handeln und
40 Wollen das Ziel. Dieses ist es immer, wegen dessen man das Übrige tut. Da der Ziele zweifellos viele sind und wir derer manche nur wegen anderer Ziele wollen, z. B. Reichtum, Flöten und überhaupt Werkzeuge, so leuchtet ein, dass sie nicht alle Endziele sind, während doch das höchste Gut ein
45 Endziel und etwas Vollendetes sein muss. […]
Als Endziel im höheren Sinne gilt uns das seiner selbst wegen Erstrebte gegenüber dem eines andern wegen Erstrebten. […] Eine solche Beschaffenheit scheint aber vor allem die Glückseligkeit zu besitzen. Sie wollen wir immer wegen ihrer selbst, nie
50 wegen eines anderen, während wir die Ehre, die Lust, den Verstand und jede Tugend zwar auch ihrer selbst wegen wollen, doch wollen wir sie auch um der Glückseligkeit willen in der Überzeugung, eben durch sie ihrer teilhaftig zu werden. Die Glückseligkeit dagegen will keiner wegen jener Güter und
55 überhaupt um keines anderen willen.
Zu demselben Ergebnis mag uns der Begriff des Genügens führen. Das vollendete Gut muss sich selbst genügen. […] Als sich selbst genügend gilt uns demnach das, was für sich selbst das Leben begehrenswert macht, sodass es keines Weiteren
60 bedarf. Für etwas Derartiges aber halten wir die Glückseligkeit. […]
Also: die Glückseligkeit stellt sich dar als ein Vollendetes und sich selbst Genügendes, da sie das Endziel allen Handelns ist.

1 Staatskunst: Für Aristoteles ist die Staatskunst die maßgebendste und leitendste Wissenschaft. Sie nimmt die anderen Wissenschaften in ihren Dienst. Da ihr Ziel die Ziele der anderen als das Höhere umfassen muss, muss das höchste Gut der Staatskunst entstammen.

Aristoteles, 384–322 v. Chr., griechischer Philosoph

● Gliedern Sie den Textauszug in Sinnabschnitte und formulieren Sie zusammenfassende Überschriften.

● Für Aristoteles ist die Glückseligkeit das Endziel allen Handelns, also das höchste Gut. Zeichnen Sie die Begründung dieser Aussage stichwortartig nach.

● Warum ist es nützlich, herauszufinden, wonach der Mensch strebt?

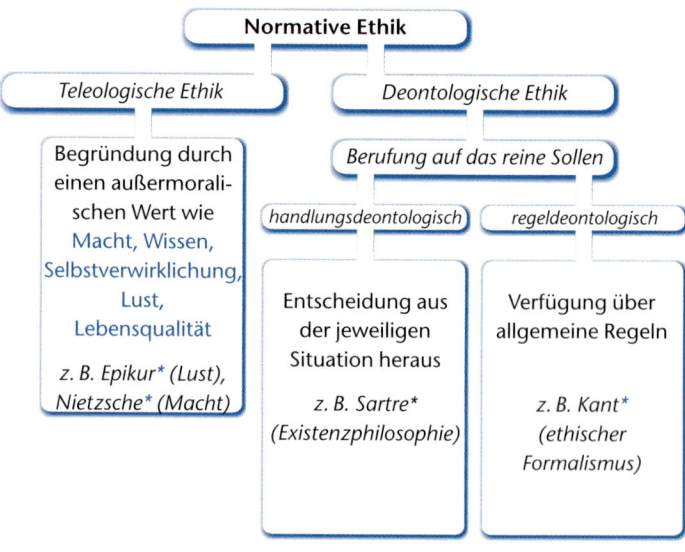

● Weshalb ist die Beschäftigung mit dem Thema Glück Teil der philosophischen Disziplin Ethik? Begründen Sie Ihre Meinung.

Was ist Glück?

Indem Aristoteles die Eudaimonia*, die Glückseligkeit, als Ziel menschlichen Handelns beschreibt, ordnet er sie den Lehren zu, die man als Eudämonismus* bezeichnet: Glück ist das Prinzip, von dem aus beurteilt wird, an welchen Normen und Zielen die Menschen ihr Handeln orientieren sollen. Kants Frage „Was soll ich tun?" ließe sich daher nach Aristoteles ergänzen: „Was soll ich tun, um Glückseligkeit zu erlangen?" Diese Fragestellung rückt ein anderes Problem in den Horizont philosophischen Fragens, das Problem, was Glück überhaupt ist.

Er hat im Leben Glück gehabt, und ist doch niemals glücklich gewesen.

Grabinschrift von Franz Freiherr von Dingelstedt, 1814–1881, deutscher Schriftsteller und Theaterintendant

◂ *Sehen Sie sich die oben fotografierten Menschen an. Wählen Sie ein Foto aus, dass für Sie am deutlichsten Glück widerspiegelt. Begründen Sie Ihre Wahl.*

◂ *Formulieren Sie für „Ihr Foto" eine Überschrift in der Form „Glück ist …".*

◂ *Ergänzen Sie die Überschriften durch persönliche Antworten auf die Frage „Was ist Glück?".*

◂ *Lesen Sie den abgedruckten Ausspruch und differenzieren Sie die darin enthaltenen Bedeutungen des Wortes „Glück". Fallen Ihnen noch weitere Bedeutungen ein?*

◂ *Entwerfen Sie eine Grafik, die die verschiedenen Bedeutungen des Wortes Glück deutlich macht. Berücksichtigen Sie dabei auch Ihre eigenen Beiträge.*

◂ *Beschreiben Sie die Schwierigkeiten, die der Begriff der Glückseligkeit impliziert.*

Wege zum Glück

> Diese Augenblicke, in denen wir in die Luft springen oder voller überschäumender Energie losrennen möchten, in denen unser Herz leicht ist – wie könnten wir nicht den Wunsch haben, unser Leben voller derartiger Augenblicke zu sehen?
>
> *Robert Nozick, *1937, amerikanischer Philosoph*

- Wie fühlen Sie sich in Augenblicken höchsten Glücks?
- Ist für Sie ein Leben ohne solche Momente lebenswert?

Wie werde ich glücklich?

Eben wegen dieses für die menschliche Natur unverzichtbaren Charakters wurde Glück lange Zeit als der zentrale Gegenstand der Philosophie betrachtet. Glück aber kann nicht unmittelbar und direkt als Ziel an sich erstrebt werden, sondern nur vermittelt über konkrete Ziele, deren Erlangung Befriedigung und damit Glück zu gewähren verspricht. Wird es nun zum philosophischen Thema, so besteht die Aufgabe der Philosophie darin, über die Bedingungen eines gelingenden, glücklichen Lebens nachzudenken und Wege dorthin aufzuzeigen.

- Welchen Weg zum Glück würden Sie einschlagen? Sammeln Sie Ihre Vorschläge und diskutieren Sie diese im Kurs.

Lusterfahrung als Weg zum Glück?

Im 4. vorchristlichen Jahrhundert gründete ein Schüler Sokrates'*, Aristipp von Kyrene*, in Athen die Schule der Hedoniker (später Kyrenaiker*). Er begründete damit den ethischen Hedonismus*. In ihm wird die Ansicht vertreten, dass der Mensch in seinem Tun nach der größtmöglichen Lusterfahrung streben soll. Der nach Glückseligkeit strebende Mensch muss demnach darauf bedacht sein, dem Leben so viel Genuss als möglich abzugewinnen. Unter Lust wird die Befriedigung von Bedürfnissen und Wünschen verstanden. Dabei sind die körperlichen Genüsse den intellektuellen vorzuziehen.

- Nehmen Sie Stellung zu dieser Theorie.

Freude als Ergebnis vernünftigen Handelns

Auch Epikur ist Hedonist, seine Lehre eine „Philosophie der Freude". Ziel all seiner Gedanken ist aufzuzeigen, worin die größte Freude des Menschen besteht und wie der Einzelne den Weg dorthin finden kann. Trotz dieser vordergründigen Übereinstimmung mit den ersten Hedonisten, den Kyrenaikern, weicht seine Theorie, wie der folgende Textauszug zeigt, entschieden von deren Gedankengut ab.

All unser Tun richten wir ja doch nur darauf, keinen Schmerz erdulden und keine Angst empfinden zu müssen. Haben wir aber diesen Zustand erst einmal erreicht, dann schwindet aller Aufruhr aus unserer Seele, da das Lebewesen sich nun nicht mehr gleichsam darauf einstellen muss, was ihm etwa noch fehle, und nichts mehr zu suchen braucht, womit es sein körperliches und seelisches Wohlbehagen erst vollkommen zu machen hätte. Denn nach Freude verlangt es uns nur, wenn wir sie schmerzlich vermissen; empfinden wir aber diesen Schmerz nicht, dann entbehren wir auch die Freude nicht mehr.
Darum behaupte ich, dass die Freude das A und O des glückselig gestalteten Lebens ist. Sie kennen wir als unser erstes angeborenes Gut, von ihr lassen wir uns bei unserem Streben und Meiden leiten und nach ihr richten wir uns, alles andere Gut mit ihrem Maßstab messend. Und gerade weil sie unser aller erstes, naturgegebenes Gut ist, darum streben wir auch nicht nach jeder Freude, sondern übergehen bisweilen viele, wenn uns von ihnen nur ein desto größeres Unbehagen droht. Ja, viele Schmerzen bewerten wir mitunter sogar höher als Freuden, nämlich dann, wenn auf eine längere Schmerzenszeit eine umso größere Freude folgt. [...] Unsere Aufgabe ist es, durch Abwägen und Unterscheiden des Zuträglichen und Abträglichen immer alles richtig zu bewerten, denn manchmal bedienen wir uns des Guten gleich wie eines Übels und umgekehrt. [...]
Wenn wir uns also sagen, dass Freude unser Lebensziel ist, so meinen wir nicht die Freude der Prasser, denen es ums Genießen schlechthin zu tun ist. Das meinen die unwissenden Leute, die unsere Lehre nicht verstehen oder sie böswillig missverstehen. Für uns bedeutet Freude: keine Schmerzen haben im körperlichen Bereich und im seelischen Bereich keine Unruhe verspüren. Denn nicht eine endlose Reihe von Trinkgelagen und Festschmäusen, nicht das Genießen schöner Knaben und Frauen, auch nicht der Genuss von leckeren Fischen und was ein reich besetzter Tisch sonst zu bieten vermag, schafft ein freudvolles Leben, vielmehr allein das klare Denken, das allem Verlangen und allem Meiden auf den Grund geht und den Wahn vertreibt, der wie ein Wirbelsturm die Seelen erschüttert.
An allem Anfang aber steht die Vernunft, unser größtes Gut. Aus ihr ergeben sich alle übrigen Tugenden von selbst, ja sie ist sogar wertvoller als das Philosophieren, weil sie uns lehrt, dass in Freude zu leben unmöglich ist, ohne dass man ein vernünftiges, sittlich hoch stehendes und gerechtes Leben führt, dass es umgekehrt aber auch unmöglich ist, ein vernünftiges, sittlich hoch stehendes und gerechtes Leben zu führen, ohne in Freude zu leben. Denn die Tugenden sind mit dem freudvollen Leben eng verwachsen, und dieses ist von jenen nicht zu trennen.

Epikur, 341–270 v. Chr., griechischer Philosoph

- Wie begründet Epikur seine These, dass die Freude das Wichtigste des glückselig gestalteten Lebens ist? Vergleichen Sie seine Begründung mit der Aristoteles'* (S. 26).

- Welche Funktion kommt der Vernunft in der Theorie Epikurs zu? Erläutern Sie dies an konkreten Beispielen.

- Welche Unterschiede und welche Gemeinsamkeiten gibt es zwischen dem Hedonismus, wie er von Aristipp entwickelt wurde, und dem Epikurs?

- Zum Thema „Hedonismus" können Sie auch nachlesen in: Philosophische Ethik, Cornelsen, Berlin 2003, S. 52–53.

Die Beförderung des allgemeinen Glücks

Der ethische Hedonismus, der die Norm aufstellt, dass die Lust das einzige oder das höchste Gut ist und jeder danach streben soll, wird am häufigsten in zwei Varianten vertreten: im individualistischen Hedonismus und im universalistischen Hedonismus, auch Utilitarismus* genannt. Während der individualistische Ansatz den Weg zum Glück darin sieht, dass jeder Einzelne für sich selbst nach dem höchsten Maß an Lusterfahrung streben soll, zeigt der universalistische Hedonismus einen Weg, bei dem die Beförderung des allgemeinen Glücks das erste und einzige Kriterium des richtigen Handelns ist. Als der geistige Vater des Utilitarismus gilt gemeinhin Jeremy Bentham*. Von ihm stammt die Forderung nach dem größten Glück der größten Zahl. Diese Theorie wurde in der Nachfolge von John Stuart Mill weiterentwickelt. Er erweitert die quantitative Forderung Benthams durch ein qualitatives Maß. Nicht nur ein Mehr oder Weniger an Wohlbefinden oder Befriedigung soll in die Einschätzung der Handlungsfolgen eingehen, sondern auch das Höher und Niedriger, Besser und Schlechter dieser Lust.

Die Auffassung, für die die Nützlichkeit oder das Prinzip des größten Glücks die Grundlage der Moral ist, besagt, dass Handlungen insoweit und in dem Maße moralisch richtig sind, als sie die Tendenz haben, Glück zu befördern, und insoweit moralisch falsch, als sie die Tendenz haben, das Gegenteil von Glück zu bewirken. […] Eine solche Lebensauffassung stößt bei vielen Menschen, darunter manchen, deren Fühlen und Trachten im höchsten Maße achtenswert ist, auf eingewurzelte Abneigung. Der Gedanke, dass das Leben (wie sie sagen) keinen höheren Zweck habe als die Lust, kein besseres und edleres Ziel des Wollens und Strebens, erscheint ihnen im äußersten Grade niedrig und gemein; als eine Ansicht, die nur der Schweine würdig wäre. […] Auf Angriffe dieser Art haben die Epikureer stets geantwortet, dass nicht sie, sondern ihre Ankläger es sind, die die menschliche Natur in entwürdigendem Lichte erscheinen lassen, da die Anklage ja unterstellt, dass Menschen keiner anderen Lust fähig sind als der, deren auch Schweine fähig sind. […]

Der Utilitarismus fordert von jedem Handelnden, zwischen seinem eigenen Glück und dem der anderen mit ebenso strenger Unparteilichkeit zu entscheiden wie ein unbeteiligter und wohlwollender Zuschauer. […] Man fordere zu viel, [sagen manche Gegner,] wenn man von den Menschen verlange, ihr einziges Handlungsmotiv solle es sein, die allgemeinen Interessen der Menschheit zu fördern. […] Es ist ein Missverständnis der utilitaristischen Denkweise, wenn man meint, sie verlange, man solle seine Gedanken auf so vage Allgemeinheiten wie die Welt oder die Gesellschaft als Ganzes richten. Die große Mehrzahl aller guten Taten hat ihren Zweck nicht im Wohl der Welt, sondern im Wohl einzelner Individuen, aus dem sich das Wohl der Welt zusammensetzt; und selbst der Tugendhafteste braucht in seinen Rücksichten nur insoweit über die jeweiligen Einzelpersonen hinauszugehen, als nötig ist, um sich davon zu überzeugen, dass er durch sein Wohltun nicht die Rechte, d. h. die berechtigten und gesetzlich legitimierten Erwartungen anderer, verletzt. Die Vermehrung des Glücks ist nach der utilitaristischen Ethik der Zweck der Tugend; aber die Gelegenheiten, in denen es – eine unter tausend ausgenommen – in der Macht einer einzelnen Person steht, dieses in größerem Umfang zu tun und zu einem öffentlichen Wohltäter zu werden, ergeben sich nur ausnahmsweise; und nur in solchen Fällen hat er die Pflicht, den öffentlichen Nutzen zu berücksichtigen. In allen anderen Fällen braucht er nur auf den privaten Nutzen, das Interesse oder das Glück einiger weniger Personen zu sehen. Allein diejenigen, die durch ihr Handeln auf die Gesellschaft als ganze Einfluss nehmen können, müssen sich ein so umfassendes Ziel setzen. […] Aber warum sollte ich verpflichtet sein, das allgemeine Glück zu befördern? Wenn mein eigenes Glück in etwas ganz anderem liegt, warum sollte ich dem nicht den Vorzug geben? […] Das gemeinschaftliche Leben ist dem Menschen so natürlich, so notwendig und so vertraut, dass er sich niemals […] Nun ist aber ein Gemeinschaftsverhältnis, ausgenommen das zwischen Sklave und Sklavenhalter, nicht anders möglich als auf der Grundlage der gleichmäßigen Berücksichtigung der Interessen aller. […] Das tief verwurzelte Selbstverständnis, demgemäß sich jedes Individuum schon jetzt als gesellschaftliches Wesen sieht, wird es ihm als eines seiner natürlichen Bedürfnisse erscheinen lassen, die eigenen Gesinnungen und Ziele mit denen der Mitmenschen in Einklang zu bringen.

John S. Mill, 1806–1873, englischer Philosoph

◁ Welche Verbindung zieht Mill zwischen „glücklich sein" und Gemeinschaft?

◁ Für Mill ist Glück die „Norm der Moral". Erläutern Sie diesen Gedanken und nehmen Sie Stellung.

◁ Wenn Sie mehr über den Utilitarismus wissen wollen, können Sie nachlesen in: Philosophische Ethik, Cornelsen, Berlin 2003, S. 58–73.

◁ Gibt es Grenzen der utilitaristischen Forderung? Finden Sie Beispiele.

New York/USA, Coney Island, 1940

Die Realisierung der Glückseligkeit

Times Square in New York, 1996

◀ *Was verspricht die Unterhaltungs- und Freizeitindustrie dem Menschen?*

◀ *Warum boomt diese Art von Industrie – unabhängig von der wirtschaftlichen Situation?*

Von der Unmöglichkeit dauerhaften Glücks

Während in den vorangegangenen Texten davon ausgegangen wurde, dass Glück sich im tätigen Vollzug einer bestimmten Praxis einstellt, problematisiert Freud das natürliche Streben des Menschen nach Glück vom psychologischen Standpunkt aus.

Wir wenden uns daher der anspruchsloseren Frage zu, was die Menschen selbst durch ihr Verhalten als Zweck und Absicht ihres Lebens erkennen lassen, was sie vom Leben fordern, in ihm erreichen wollen. Die Antwort ist kaum zu verfehlen; sie streben nach dem Glück, sie wollen glücklich werden und so bleiben. Dies Streben hat zwei Seiten, ein positives und ein negatives Ziel, es will einerseits die Abwesenheit von Schmerz und Unlust, andererseits das Erleben starker Lustgefühle. Im engeren Wortsinn wird „Glück" nur auf das Letztere bezogen. Entsprechend dieser Zweiteilung der Ziele entfaltet sich die Tätigkeit der Menschen nach zwei Richtungen, je nachdem sie das eine oder das andere Ziel – vorwiegend oder selbst ausschließlich – zu verwirklichen sucht.

Es ist, wie man merkt, einfach das Programm des Lustprinzips[1], das den Lebenszweck setzt. Dies Prinzip beherrscht die Leistung des seelischen Apparates vom Anfang an; an seiner Zweckdienlichkeit kann kein Zweifel sein, und doch ist sein Programm im Hader mit der ganzen Welt, mit dem Makrokosmos ebenso wohl wie mit dem Mikrokosmos. Es ist überhaupt nicht durchführbar, alle Einrichtungen des Alls widerstreben ihm, man möchte sagen: Die Absicht, dass der Mensch „glücklich" sei, ist im Plan der Schöpfung nicht enthalten. Was man im strengen Sinne Glück heißt, entspringt der eher plötzlichen Befriedigung hoch aufgestauter Bedürfnisse und ist seiner Natur nach nur als episodisches Phänomen möglich. Jede Fortdauer einer vom Lustprinzip ersehnten Situation ergibt nur ein Gefühl von lauem Behagen; wir sind so eingerichtet, dass wir nur den Kontrast intensiv genießen können, den Zustand nur sehr wenig. Somit sind unsere Glücksmöglichkeiten schon durch unsere Konstitution beschränkt.

Weit weniger Schwierigkeiten gibt es, Unglück zu erfahren. Von drei Seiten droht das Leiden, vom eigenen Körper her, der, zu Verfall und Auflösung bestimmt, sogar Schmerz und Angst als Wahrnehmungssignale nicht entbehren kann, von der Außenwelt, die mit übermächtigen und unerbittlichen, zerstörenden Kräften gegen uns wüten kann, und endlich aus den Beziehungen zu anderen Menschen. [...]

Das Programm, welches uns das Lustprinzip aufdrängt, glücklich zu werden, ist nicht zu erfüllen, doch darf man – nein, kann man – die Bemühungen, es irgendwie der Erfüllung näher zu bringen, nicht aufgeben. Man kann sehr verschiedene Wege dahin einschlagen, entweder den positiven Inhalt des Ziels, den Lustgewinn, oder den negativen, die Unlustvermeidung, voranstellen. Auf keinem dieser Wege können wir alles, was wir begehren, erreichen. Das Glück in jenem gemäßigten Sinne, in dem es als möglich erkannt wird, ist ein Problem der individuellen Libidoökonomie[2]. Es gibt hier keinen Rat, der für alle taugt; ein jeder muss selbst versuchen, auf welche besondere Fasson er selig werden kann.

1 Lustprinzip: bei Freud: das Streben danach, die Triebwünsche zu befriedigen. Die Abstimmung der Triebwünsche auf die Realität und ihre damit verbundene Unterdrückung bezeichnet er als Realitätsprinzip.
2 Libido: 1. Begierde, Trieb, bes. Geschlechtstrieb. 2. Energie, die allen psychischen Äußerungen zugrunde liegt.

Sigmund Freud, 1856–1939, österreichischer Psychoanalytiker

◀ *Womit begründet Freud seine These, dass die Absicht, dass der Mensch glücklich sei, im Plan der Schöpfung nicht vorgesehen ist?*

◀ *Ist dem Menschen jede Glücksempfindung nach Freud verwehrt? Begründen Sie Ihre Meinung.*

◀ *Wie beurteilen Sie die Auffassung Freuds?*

◀ *Wie würde Freud die Versprechungen der Unterhaltungs- und Freizeitindustrie bewerten?*

◀ *Wenn Sie Weiteres über Sigmund Freud wissen wollen, können Sie nachlesen in: Religion, Religionskritik, Weltethos, Cornelsen, Berlin 2002, S. 78–81. Über die von ihm entwickelte Methode der menschlichen Analyse können Sie lesen: Sigmund Freud, Abriss der Psychoanalyse, Fischer Verlag, Frankfurt/M. 1994.*

Das Glück liegt in uns selbst

In seinem Buch „The Examined Life. Philosophical Meditations" beschäftigt sich der amerikanische Philosoph Robert Nozick u. a. mit dem Thema Glück. Er kommt in seinen Reflexionen über das Glück zu der Annahme, dass Glück eine Emotion ist und diese sich in drei verschiedene Typen einteilen lässt: erstens das Glück darüber, dass etwas Bestimmtes der Fall ist, zweitens das Gefühl, dass das eigene Leben zum jetzigen Zeitpunkt gut ist, und drittens die Zufriedenheit mit dem eigenen Leben als Ganzem. Der dritte Typ von Glück ist, da er das ganze Leben betrifft, der wichtigste. Die Menschen streben demnach eine positive Bewertung ihres eigenen Lebens an. Die weiterführende Frage ist, wie man zu einer positiven Bewertung des eigenen, ganzen Lebens kommt bzw. welche Faktoren ein Leben zu einem wirklich glücklichen Leben machen.

Ein Leben kann nicht einfach glücklich sein, ohne sonst etwas Wertvolles zu enthalten. Das Glück reitet huckepack auf anderen Dingen, die korrekt als positiv bewertet werden. Ohne sie kommt das Glück nicht in Gang.

Glück kann auf der Metaebene[1] als eine Bewertung des eigenen Lebens auftreten und auf der Objektebene als ein Gefühl im Leben; es kann an beiden Stellen zugleich vorhanden sein. Es ist kein Wunder, wenn es so aussehen kann, als sei Glück der wichtigste Bestandteil eines Lebens. Denn es *ist* außerordentlich wichtig auf der Metaebene, und es tritt durchaus auch auf der Objektebene auf (und kann dort einige Bedeutung haben). Die zentrale Wichtigkeit (dieses dritten Begriffs) von Glück liegt aber auf der Metaebene als Bewertung eines Lebens als Ganzem; die entscheidende Frage ist daher, was im Einzelnen ein Leben zum besten werden lässt. Welche Merkmale muss es haben, um (korrekt) auf außerordentlich positive Weise bewertet werden zu können? Es ist nicht sehr erhellend, wenn man an dieser Stelle auf die Form der Emotion Glück verweist.

Diese Schlussfolgerung wird verstärkt, wenn wir fragen, welche besondere Bewertung in diese dritte Form der Emotion Glück eingeht. Genau, welche von den vielen verschiedenen möglichen positiven Bewertungen nimmt das Glück bei einem Leben als Ganzem vor? Nicht, dass das Leben ein *moralisches* ist, denn das braucht einen nicht glücklich zu machen; auch nicht, dass es ein glückliches ist – dieser Zirkelschluss würde nichts nützen; nicht einfach, dass es wertvoll ist, dass das Leben existiert, dass das Universum deshalb ein besserer Ort ist, denn jemand könnte diese Bewertung vornehmen, ohne glücklich zu sein; nicht einfach, dass das Leben gut ist, denn man könnte das widerstrebend zugeben, ohne zu meinen, dass es die wichtigsten Ziele, die man hatte, erfüllt habe oder dass es sehr gut sei. Vielleicht muss die Bewertung des Lebens irgendwie folgendermaßen verlaufen: dass es, auch *für* den Menschen, der es führt, in allen Dimensionen, die für ihn die wichtigsten sind, sehr gut ist, und in allen Dimensionen, die die wichtigsten sind. […]

Es gibt noch einen anderen Sinn des Ausdrucks *Glück*: dass man eine glückliche Stimmung oder Disposition hat. Dies ist nicht selbst eine Emotion, sondern eher die Neigung oder Tendenz, die eben beschriebenen drei Typen von Glücksemotionen zu haben und zu empfinden. Eine Stimmung ist eine Tendenz, gewisse Arten von Bewertungen vorzunehmen, sich auf Tatsachen zu konzentrieren, die in dieser Weise bewertet werden können, und die damit verbundenen Gefühle zu haben. In einer gedrückten Stimmung neigt man dazu, sich auf negative Tatsachen oder auf die negativen Seiten sonst positiver Situationen zu konzentrieren und daher die ihnen angemessenen Gefühle zu haben. Ein glücklicher Mensch tendiert dazu, die Dinge von ihrer erfreulichen Seite zu betrachten. (Es wäre jedoch töricht, wollte man dies in jeder Situation tun.) Die Disposition eines Menschen ist, glaube ich, eine Tendenz, die eine Ebene höher angesiedelt ist, die Tendenz, in gewissen Stimmungen zu sein. Ein Mensch mit einer glücklichen Disposition könnte gelegentlich aufgrund von besonderen Faktoren in einer traurigen Stimmung sein, aber diese spezielle Stimmung ist dann kein Ausdruck seiner allgemeinen Tendenz.

Eine glückliche Disposition kann ein wichtigerer bestimmender Faktor für glückliche Gefühle sein als irgendeine wahre Annahme und positive Bewertung des jeweiligen Menschen, wie groß auch die Rolle sein mag, die sie im Augenblick anscheinend spielt; sie kann wichtiger sein als der spezifische Charakter der tatsächlichen Situation. […] Eine bleibende Tendenz, den Blick auf positive Seiten von Situationen zu richten und die entsprechenden Gefühle zu haben – eine glückliche Disposition, mit anderen Worten –, führt mit weit höherer Wahrscheinlichkeit zu bleibenden Glücksgefühlen.

Wenn es ein „Geheimnis des Glücks" gibt, so liegt es darin, dass man regelmäßig eine Grundlinie oder einen Bezugspunkt wählt, von dem aus sich Aspekte der aktuellen Situation als gut oder besser werdend bewerten lassen. Der Hintergrund, vor dem sie hervortritt, und daher die Bewertung, die wir tatsächlich vornehmen –, wird von unseren eigenen Erwartungen, Ambitionen, Maßstäben und Forderungen gebildet. Und diese Dinge hängen von uns ab, sie sind unserer Kontrolle zugänglich. […] Ein Mensch, der entschlossen ist, sich glücklich zu fühlen, wird lernen, passende Bewertungskriterien zu wählen, die er von Situation zu Situation abwandelt. […] Wir können das Glück also dadurch befördern, dass wir an unseren Wertmaßstäben – welche wir heranziehen und welche Ausgangspunkte dabei verwendet werden – und an der Richtigkeit unserer Aufmerksamkeit – welche Tatsachen am Ende in die Bewertung einbezogen werden – herumspielen.

---

1 Metaebene: Ebene, die die Metaphysik betrifft: Lehre, die das hinter der sinnlich erfahrbaren, natürlichen Welt Liegende, die letzten Gründe und Zusammenhänge des Seins behandelt

*Robert Nozick, *1937, amerikanischer Philosoph*

- *Warum ist für Nozick ein moralisches oder ein gutes Leben nicht zwangsläufig auch ein glückliches Leben? Geben Sie seine Begründung mit eigenen Worten wieder.*

- *Was versteht Nozick unter einer glücklichen Disposition? Finden Sie eigene Beispiele.*

- *Erläutern Sie folgenden Ausspruch Nozicks vor dem Hintergrund der vorgestellten Gedanken: „Ein Leben kann nicht einfach glücklich sein, ohne sonst etwas Wertvolles zu enthalten."*

- *Beurteilen Sie aus der Perspektive Nozicks die Glückswege von S. 28–29.*

Die Frage nach dem guten Leben

Péterné Lóránt, 1959

Das intellektuelle Leben als das beste Leben?

Die Frage nach dem guten Leben ist ein beständiges Thema in der Philosophie. Einen besonderen Schwerpunkt erhielt sie bei Aristoteles*, für den das gute Leben die beste Gewähr für ein Gelingen der Eudaimonia* darstellt. Im Allgemeinen versteht man unter dem Begriff „gutes Leben" in der Philosophie eine Form der Gestaltung menschlicher Existenz, in der die wesentlichen Bedürfnisse befriedigt und die für das Menschsein als wesentlich erachteten Bestimmungen eingelöst sind. Im folgenden Textauszug setzt sich Arthur Schopenhauer mit diesem Thema auseinander.

Jeder steckt in seinem Bewusstsein wie in seiner Haut und lebt unmittelbar nur in demselben: Daher ist ihm von außen nicht sehr zu helfen […]. Weil nämlich alles, was für den Menschen da ist und vorgeht, unmittelbar immer nur in seinem Bewusst-
5 sein da ist und für dieses vorgeht; so ist offenbar die Beschaffenheit des Bewusstseins selbst das zunächst Wesentliche, und auf dieselbe kommt, in den meisten Fällen, mehr an als auf die Gestalten, die darin sich darstellen. [… Für den Menschen gilt daher:] Durch seine Individualität ist das Maß seines mög-
10 lichen Glückes zum Voraus bestimmt. Besonders haben die Schranken seiner Geisteskräfte seine Fähigkeit für erhöhten Genuss ein für alle Mal festgestellt. Sind sie eng, so werden alle Bemühungen von außen, alles, was Menschen, alles, was Glück für ihn tut, nicht vermögen,
15 ihn über das Maß des gewöhnlichen, halb tierischen Menschenglücks und Behagens hinauszuführen: auf Sinnengenuss, trauliches und heiteres Familienleben, niedrige Geselligkeit und vulgären Zeitvertreib bleibt er angewiesen: Sogar die Bildung vermag im Ganzen zur Erweiterung jenes Kreises nicht gar viel, wenngleich
20 etwas. Denn die höchsten, die mannigfaltigsten und die anhaltendsten Genüsse sind die geistigen; wie sehr auch wir, in der Jugend, uns darüber täuschen mögen […]. Ein geistreicher Mensch hat, in gänzlicher Einsamkeit, an seinen eigenen Gedanken und Fantasien vor-
25 treffliche Unterhaltung, während von einem Stumpfen die fortwährende Abwechslung von Gesellschaften, Schauspielen, Ausfahrten und Lustbarkeiten, die marternde Langeweile nicht abzuwehren vermag. […] Der Mensch von überwiegenden Geisteskräften ist der
30 lebhaftesten Teilnahme auf dem Wege bloßer Erkenntnis ohne alle Einmischung des Willens fähig, ja bedürftig. Diese Teilnahme aber versetzt ihn alsdann in eine Region, welcher der Schmerz wesentlich fremd ist, gleichsam in die Atmosphäre der leicht lebenden Götter.
35 Während demnach das Leben der Übrigen in Dumpfheit dahingeht, indem ihr Dichten und Trachten gänzlich auf die kleinlichen Interessen der persönlichen Wohlfahrt und dadurch auf Miseren aller Art gerichtet ist, weshalb unerträgliche Langeweile sie befällt, sobald die Beschäftigung mit jenen
40 Zwecken stockt und sie auf sich selbst zurückgewiesen werden, indem nur das wilde Feuer der Leidenschaft einige Bewegung in die stockende Masse zu bringen vermag: So hat dagegen der mit überwiegenden Geisteskräften ausgestattete Mensch ein gedankenreiches, durchweg belebtes und bedeutsames
45 Dasein: Würdige und interessante Gegenstände beschäftigen ihn, sobald er sich ihnen überlassen darf, und in sich selbst trägt er eine Quelle der edelsten Genüsse. […] Von diesem Gesichtspunkt erscheint nun der, welchen die Natur in intellektueller Hinsicht sehr reich ausgestattet hat, als der Glücklichste,
50 so gewiss das Subjektive uns näher liegt als das Objektive, dessen Wirkung, welcher Art sie auch sei, immer erst durch jenes vermittelt, also nur sekundär ist. […] Ein solcher innerlich Reicher bedarf von außen nichts weiter als eines negativen Geschenks, nämlich freier Muße, um seine geistigen Fähigkeiten
55 ausbilden und entwickeln und seinen inneren Reichtum genießen zu können. […] Dem entspricht auch, dass Aristoteles das philosophische Leben für das glücklichste erklärte.

Arthur Schopenhauer, 1788–1860, deutscher Philosoph

> „So glücklich wie ich", rief er aus, „gibt es keinen Menschen unter der Sonne."
>
> *Aus dem Märchen „Hans im Glück"*

- Lesen Sie das Märchen von Hans im Glück. Sie finden es im Internet unter **www.fln.vcu.edu/grimm/hans_insel.html**

- Wären Sie in seiner Situation am Ende des Märchens glücklich? Was macht sein Glück aus?

- Wie begründet Schopenhauer die Aussage, dass das philosophische Leben das glücklichste sei?
- Welche Einschränkungen gibt es nach ihm in Bezug auf das Maß des persönlichen Glücks? Diskutieren Sie diese im Kurs.
- Wie stehen Sie zu der Annahme, dass das philosophische Leben das wertvollste Leben ist?
- Würde Schopenhauer den Ausspruch Hans im Glücks ebenso beurteilen wie Nozick (vgl. S. 31)?

Lebensregeln als Wegweiser

Die Frage nach dem guten Leben macht die Verbindung der Philosophie zum Leben als solchem deutlich. Philosophie ist also nicht nur bloße Theorie, sondern auch eng verbunden mit der Frage nach der konkreten Lebensgestaltung. Vor allem antiken Philosophen war diese Verbindung wichtig. Deren Philosophie äußert sich daher nicht selten in Aphorismen, die als Lebensregeln verstanden werden können.

> Ziehe dich so viel wie möglich in dich selbst zurück!
> *Seneca, ca. 4 v. Chr.–65 n. Chr., römischer Politiker und Philiosoph*

> Man darf das Schiff nicht an einen einzigen Anker und das Leben nicht an eine einzige Hoffnung binden.
> *Epiktet, ca. 50–138, griechischer Philosoph*

> Suche nicht alles zu verstehen, sei aber auch nicht in allem unwissend!
> *Demokrit, 470–ca. 380 v. Chr., griechischer Philosoph*

> Nicht ungleich sein; nicht widersprechen in seinem Benehmen, weder von Natur noch aus Affektion. Ein verständiger Mann ist stets derselbe, in allen seinen Vollkommenheiten.
> *Baltasar Gracián, 1601–1658, spanischer Philosoph*

> Begehrest du gut zu werden, so glaub zum Ersten, dass du böse seiest.
> *Seneca, ca. 4 v. Chr.–65 n. Chr., römischer Politiker und Philiosoph*

> Es ist schwer, viele Wege des Lebens zugleich zu gehen.
> *Pythagoras, ca. 570–ca. 480 v. Chr., griechischer Philosoph*

Das gute Leben im Ganzen der Natur

Hans Jonas hat sich sehr intensiv mit konkreten Gegenwartsfragen der wissenschaftlich-technischen Welt und der Fortschrittskrise beschäftigt. Die Frage nach dem guten Leben stellt sich ihm vor diesem Hintergrund.

Bisher hat sie [die Philosophie] Fragen nach dem guten Leben des Einzelnen, nach der guten Gesellschaft, nach dem guten Staat gestellt. Sie hat sich seit je mit dem menschlichen Handeln befasst, soweit es ein Handeln von Mensch zu Mensch war, aber kaum je mit dem Menschen als einer handelnden Kraft in der Natur. Dazu aber ist jetzt Zeit. Dafür muss der Mensch in seiner geist-leiblichen Einheit neu begriffen werden, durch die er einerseits selber ein Naturwesen ist, andererseits über die Natur hinausragt. Verhehlen wir uns dabei nicht, dass der praktische Gebrauch des Geistes, also sein Verfügen über den Leib, von Anbeginn und auf lange fast ausschließlich im Dienste des Leibes stand: seine Bedürfnisse besser zu befriedigen, reicher zu bedienen, auf länger zu sichern – und dauernd um neue zu vermehren, indem er sie erfüllbar macht. Im Dienste des Leibes plagt der Geist die Natur. Dazu fügt er wachsend seine eigenen Bedürfnisse hinzu, an Würde denen des Leibes überlegen, aber stoffhungrig wie sie. [...] In der Tat hat der Geist den Menschen zur gefräßigsten aller Kreaturen gemacht. Und das in einer Progression, in der heute die ganze Gattung dazu getrieben ist, nicht mehr vom regenerierbaren Einkommen, sondern vom einmaligen Kapital der Umwelt zu zehren.
[...] Im Erwachen aus hundertjährigem technologischen Beutefest und Siegestaumel, mit seinen Glücksutopien für das ganze Geschlecht, entdeckten wir eine früher unvermutete Tragik in der Gabe des sechsten Schöpfungstages, der Verleihung des Geistes an ein Wesen der Notdurft und der Triebe. Im Geiste treffen sich Adel und Verhängnis. Er, der in seinem Selbstwert das Sein des Menschen ins Metaphysische erhöht, wird in seinem Nutzwert das Instrument brutalsten biologischen Erfolges. In sich erfüllt er die Bestimmung des Menschen, um sich verbreitet er Verderben. In ihm gipfelt das „Ja" des Seins zu sich selbst, das mit der ersten Regung fühlenden und sterblichen Lebens laut wurde, und er untergräbt die Basis, die ihn trägt.

Hans Jonas, 1903–1993, deutsch-amerikanischer Philosoph

- *Um welche Perspektive wird von Hans Jonas die Frage nach dem guten Leben und der Glückseligkeit erweitert?*
- *Worin besteht die Differenz zwischen Schopenhauer und Jonas?*
- *Lesen Sie die Lebensregeln durch und diskutieren Sie im Kurs deren Akzeptanz.*
- *Meinen Sie, dass man glücklicher wird, wenn man sich mit solchen Regeln bzw. den vorangegangenen Standpunkten zu diesem Thema auseinander setzt?*
- *Formulieren Sie eigene Lebensregeln (z. B. zum Verhalten in der Schule, der Familie, der Gesellschaft usw.).*

3. Was darf ich hoffen?

Ambrosius Holbein, Die Insel Utopia, 1516

Soziale Utopien: Hoffnung auf eine bessere Welt

▸ *Gedankenexperiment: Entwerfen Sie ein Modell Ihrer persönlichen Traumgesellschaft.*

▸ *Gedankenexperiment: Stellen Sie sich vor, Gentechnologen entwickelten ein Gen, das die menschliche Fähigkeit, sich eine bessere Welt auszumalen, zerstört. Beschreiben Sie in einem fiktiven Bericht die Konsequenzen für Individuum und Gesellschaft.*

Kants* Frage „Was darf ich hoffen?" hat nicht nur die Dimension persönlicher Daseinsorientierung, sondern wurde immer auch auf die Ebene politischen Handelns übertragen. In der Auseinandersetzung mit der gesellschaftlichen Wirklichkeit entwickelte man häufig Gegenentwürfe, die, die eigenen Wunschvorstellungen spiegelnd, diese von einem eigenen Standpunkt aus kritisierten. Gesellschaftsutopien – häufig in literarischer Form gestaltet – stellen sich die Frage nach dem Glück auf einer überindividuellen Ebene. Thomas Morus, Mitglied des Parlaments und Lord Chancellor in England zur Zeit Heinrichs VIII., stellt in seinem Werk „Utopia" aus dem Jahr 1518 die Frage nach dem bestmöglichen Staat. Das zweibändige Werk, dessen Titel eine neue literarische Gattung begründete, geht von einer kritischen Analyse der gesellschaftlichen und politischen Verhältnisse zur damaligen Zeit aus. Erst im zweiten Band wird der eigentlich utopische Staatsentwurf vorgestellt: Der fiktive Erzähler Raphael Hythlodeus berichtet über seine Reise zu der Insel Utopia.

▸ *Beschreiben Sie die geografische Situation von Utopia.*

Utopia

Die Insel hat 54 Städte, alle weiträumig und prächtig, in Sprache, Sitten, Einrichtungen und Gesetzen vollständig übereinstimmend. Alle haben dieselbe Anlage und, soweit es die geografische Lage gestattet, dasselbe Aussehen. Die einander nächsten sind 24 Meilen voneinander entfernt. Andererseits ist keine so einsam, dass man von ihr aus nicht eine andere zu Fuß in einem Tagesmarsch erreichen könnte. Aus jeder Stadt kommen jährlich drei bejahrte und erfahrene Bürger in Amaurotum zusammen, um über die gemeinsamen Angelegenheiten der Insel zu beraten. Denn diese Stadt, die gewissermaßen im Nabel des Landes und für Abordnungen aus allen Teilen des Landes günstig liegt, gilt als die erste […].
Wer eine von ihren Städten kennt, kennt alle: So völlig gleichen sie einander, soweit es das Gelände erlaubt. […] Die Straßen sind zweckmäßig angelegt: sowohl günstig für den Verkehr als auch gegen die Winde geschützt. Die Häuser sind keineswegs unansehnlich. Ihre lange und blockweise zusammenhängende Reihe übersieht man von der gegenüberliegenden Häuserfront aus. Die Fronten der Häuserblöcke trennt eine zwanzig Fuß breite Straße. An der Hinterseite zieht sich […] ein großer […] Garten hin. Es gibt kein Haus, das nicht […] eine Hinterpforte zum Garten besitzt. Diese zweiflügeligen Türen, die

---

Indessen, mein lieber Morus, scheint es mir – um offen zu sagen, was ich denke – in der Tat so, dass es überall da, wo es noch Privateigentum gibt, wo alle alles nach dem Wert des Geldes messen, kaum jemals möglich sein wird, gerechte oder erfolgreiche Politik zu treiben, es sei denn, man wäre der Ansicht, dass es dort gerecht zugehe, wo immer das Beste den Schlechtesten zufällt, oder dort glücklich, wo alles an ganz wenige verteilt wird und auch diese nicht in jeder Beziehung gut gestellt sind, die Übrigen jedoch ganz übel.
Daher erwäge ich oft die überaus klugen und ehrwürdigen Einrichtungen der Utopier, bei denen alles durch so wenige Gesetze so zweckmäßig geordnet ist, dass einerseits die Leistung ihren Lohn findet, andererseits infolge der allgemeinen Gleichheit allen alles reichlich zugemessen ist.

Thomas Morus, 1478–1535, englischer Humanist und Staatsmann

durch einen leichten Druck der Hand zu öffnen sind und sich darauf wieder von allein schließen, lassen einen jeden ein: So gibt es keinen Privatbereich. Denn sogar die Häuser wechseln sie alle zehn Jahre durch Auslosung. [...] Ein einziges Gewerbe üben alle Männer und Frauen gemeinsam aus: den Ackerbau. Von ihm ist keiner befreit; in ihm werden alle von Kindheit an unterwiesen, teils durch theoretischen Unterricht in der Schule, teils praktisch, indem die Kinder auf die der Stadt benachbarten Äcker gleich wie zum Spiel geführt werden, wo sie nicht nur zuschauen, sondern zur Übung der Körperkraft auch zupacken. Außer der Landwirtschaft, die, wie gesagt, alle gemeinsam ausüben, erlernt jeder noch ein besonderes Handwerk, das ist in der Regel die Tuchmacherei, die Leinweberei oder das Maurer-, Schmiede-, Schlosser- oder Zimmermannsgewerbe. [...] [Die Utopier bestimmen] nur sechs Stunden für die Arbeit [...]: drei vor Mittag, nach denen sie zum Essen gehen; nach der Mahlzeit ruhen sie zwei Nachmittagsstunden, widmen dann wiederum drei Stunden der Arbeit und beschließen das Tagewerk mit dem Abendessen. Da sie die erste Stunde vom Mittag ab zählen, gehen sie um die achte schlafen. Der Schlaf beansprucht acht Stunden. Die Stunden zwischen Arbeit, Schlaf und Essen sind jedem zur eigenen Verfügung überlassen, jedoch nicht, um sie mit Ausschweifungen und Faulenzerei zu vergeuden, sondern um die Freizeit, die ihm sein Handwerk lässt, nach eigenem Gutdünken zu irgendeiner nützlichen Beschäftigung zu verwenden. Die meisten benützen diese Unterbrechung zu geistiger Weiterbildung. [...] An dieser Stelle müssen wir jedoch, um einen Irrtum zu vermeiden, einen bestimmten Punkt genauer betrachten. Weil sie nämlich nur sechs Stunden an der Arbeit sind, könnte man vielleicht auf den Gedanken kommen, es müsse sich daraus ein Mangel an lebensnotwendigen Dingen ergebe. Weit gefehlt! Diese Arbeitszeit genügt vielmehr zur Erzeugung aller Dinge, die lebensnotwendig sind oder zur Bequemlichkeit dienen, ja, es bleibt sogar noch Zeit übrig. Auch ihr werdet das begreifen, wenn ihr bedenkt, ein wie großer Teil des Volkes bei anderen Völkern untätig dahinlebt. [...] Weil nun aber alle nützliche Gewerbe betreiben und dabei wiederum mit weniger Arbeit auskommen, ist es verständlich, dass sie Überfluss an allen Erzeugnissen haben und zeitweise eine gewaltige Menge von Arbeitern zur Ausbesserung der Staatsstraßen, wenn diese überholungsbedürftig sind, heranziehen können, sehr oft auch, wenn kein Bedarf an derartigen Arbeiten vorliegt, von Staats wegen die Verkürzung der Arbeitszeit verkünden. Denn die Behörden plagen die Bürger nicht gegen ihren Willen mit überflüssiger Arbeit, da die Verfassung dieses Staates vor allem nur das eine Ziel vor Augen hat, soweit es die öffentlichen Belange zulassen, allen Bürgern möglich viel Zeit von der körperlichen Fron für die Freiheit und Pflege des Geistes sicherzustellen. Darin liegt nämlich nach ihrer Meinung das Glück des Lebens.

Thomas Morus, 1478–1535, englischer Humanist und Staatsmann

- Untersuchen Sie, auf welcher Idealvorstellung Thomas Morus' utopisches Staatsmodell basiert und mit welchen Mitteln es verwirklicht werden soll.
- Halten Sie Morus' Modell für wünschenswert und realisierbar? Setzen Sie sich kritisch mit seinen Vorschlägen auseinander und begründen Sie Ihre Meinung.
- Sind Ihnen jüngere Gesellschaftsutopien, die ähnliche Ziele anstreben, bekannt? Informieren Sie sich über die politischen Ziele des Sozialismus/Kommunismus nach Marx* und Engels* (z. B. in: Karl Marx, Friedrich Engels*, Manifest der Kommunistischen Partei, Reclam, Ditzingen 1989) und vergleichen Sie die Modelle.
- Nach dem Zusammenbruch des sozialistischen Regimes im Jahr 1989 sprach man allgemein auch von einem Scheitern der sozialistischen Ideen, also ihres utopischen Entwurfs. Halten Sie diese These für zutreffend? Diskutieren Sie darüber und begründen Sie Ihre Meinung.

Über die Bedeutung der Utopie

Nicht nur nachts, auch noch im Wachen wird geträumt. Beiden Arten Traum ist gemeinsam, dass sie von Wünschen bewegt sind und sie zu erfüllen suchen. Doch unterscheiden sie sich schon dadurch, dass im Tagtraum das „Ich" ständig erhalten ist. Als dasjenige, das sich bewusst Zustände, Bilder eines erwünschten, eines besser erscheinenden Lebens privat ausmalt, sich als künftig vorführt. So legt der Tagtraum also auch inhaltlich keine Reise zurück, wie der Nachttraum, zurück in verdrängte Erlebnisse und ihre Einkleidungen. Er begibt sich vielmehr auf eine tunlichst ungehemmte Fahrt nach vorwärts. [...] Jedenfalls werden Luftschlösser errichtet, auf Spaziergängen oder in ruhigen Pausen bezogen. Oft windige, weil da ja nicht mit viel Überlegung des Drum und Dran gebaut wird, oft schweifend kühne und schöne, weil die Baukosten bei dergleichen keine Rolle spielen. [...] Gleichwohl bleibt leicht ein Schwärmen, das liebend gern die Mittel und die Lage überfliegt. Das uns dadurch freilich ebenso gespannt halten kann, nämlich voll Leben und dadurch auch möglichem Streben nach vorwärts. Besonders dann, wenn der Tagtraum aus seinem Schein heraustritt. Der verfolgt ihn gewiss auch als gestalteten weithin, hat dazu gerade einen gesellschaftlichen Auftrag. Alle ablenkenden, schönfärbenden, gimpelfängerischen, X für U vorspiegelnden Verführungen gehören hierher, alle Wachträume aus Magazingeschichten, mit unmöglichen Glücksfällen armer Teufel, verlogenem Happy End. Ganz anders jedoch, nämlich nicht ablenkend und à la Zaungast stillend, sondern aufreizend und bei der eigenen Stange bleibend, spielt der Tagtraum von Glück in der ältesten utopischen Erzählung vor, die es überhaupt gibt: im Märchen. Das „Tapfere Schneiderlein" besiegt den Riesen durch die chaplinsche Waffe der Armen, die List, gewinnt die schöne Prinzessin. Überfluss ohne Arbeit, dies Grenzmotiv lebt im Märchen vom Schlaraffenland, wenn auch grotesk, wie es sich gehört: die Berge in Käse verwandelt, die Weinstöcke mit Bratwürsten zugebunden, die Bäche fließen mit bestem Muskatellerwein. Die geografischen Utopien sind davon nicht so weit: Das Land, wo Milch und Honig fließt, ist die bekannteste, das irdische Paradies, das Kolumbus im Westen glaubte, die folgenreichste.

Ernst Bloch, 1885–1977, deutscher Philosoph

- Führen Sie auf, von welchen Utopie-Typen Bloch spricht, und beschreiben Sie deren Funktionsweise.
- Worin liegt für Bloch die eigentliche Bedeutung des utopischen Denkens?

Schaffen Wissenschaft und Technik eine bessere Welt?

Im Jahr 1624 schrieb Francis Bacon* seinen utopischen Roman „Nova Atlantis" in Form eines fiktiven Reiseberichts, in dem er die Entwicklung von Wissenschaft und Technik zur Voraussetzung eines idealen Staats macht. Reisende gelangen nach stürmischer Seefahrt auf die Insel Bensalem im Stillen Ozean. Der Vorsteher des Hauses Salomon, einer Gesellschaft, die die Lebensumstände auf der Insel reguliert, unterrichtet die Reisenden über Geschichte und Struktur des Inselstaats. Auf dem Titel von Bacons Hauptwerk „Instauratio Magna" (Die große Erneuerung) fährt ein Schiff durch die Meerenge von Gibraltar auf den grenzenlos erscheinenden Ozean hinaus. Die Bildunterschrift „Multi pertransibunt & augebitur scientia ..." (Viele werden hindurch- und hinüberfahren und das Wissen wird zunehmen) symbolisiert Bacons Programm wissenschaftlicher Modernisierung.

- *Bacon steht mit seinem Vertrauen in die Wissenschaft in der Tradition der sich dem Studium der Natur zuwendenden europäischen Renaissance, deren Lebensgefühl Brecht in dem Stück „Leben des Galilei" in die oben zitierten Worte fasst. Informieren Sie sich über das Weltbild der Renaissance, insbesondere über die hier einsetzende Entwicklung in Wissenschaft und Forschung.*

- *Zeigen Sie auf, mit welcher Rechtfertigung und mit welcher Zielsetzung im Haus Salomon Wissenschaft und Forschung vorangetrieben werden.*

Nova Atlantis

Vor neunzehnhundert Jahren regierte auf dieser Insel ein König, dessen Andenken wir mehr als das aller anderen pflegen und verehren, nicht abergläubisch, sondern gleichsam als das eines göttlichen Werkzeugs, wenn auch eines sterblichen
5 Menschen. Sein Name war Solamona. In ihm sehen wir den Gesetzgeber dieses Volkes. […] Ihr werdet sehen, meine lieben Freunde, dass unter den Taten jenes Königs eine besonders hervorsticht. Es handelt sich um die Gründung oder Einrichtung eines gewissen Ordens oder einer Gesellschaft, die wir
10 das Haus Salomons nennen. Es ist das, sage ich euch, unserer Meinung nach die großartigste Gründung aller derartigen auf der Erde und eine große Leuchte dieses unseres Landes. Dieses Haus ist der Forschung und Betrachtung der Werke und Geschöpfe Gottes geweiht. […] Der Zweck unserer Gründung
15 ist die Erkenntnis der Ursachen und Bewegungen sowie der verborgenen Kräfte in der Natur und die Erweiterung der menschlichen Herrschaft bis an die Grenzen des überhaupt Möglichen. […] Was die Ämter und Dienste unserer Brüder betrifft, so gibt es zwölf, die unter fremdem Namen – denn
20 den Namen unseres Landes verraten wir nie – in fremde Länder fahren und Bücher und Versuchsmuster zu uns bringen. Diese nennen wir die ‚Lichthändler' […]. Drei gibt es, die alle Versuche, die in Büchern zu finden sind, sammeln. Diese nennen wir die ‚Beutesammler'. Drei gibt es, die Versuche in
25 allen mechanischen Künsten, ferner in allen freien und auch in allen angewandten Wissenschaften, die sich nicht zu einer besonderen Kunst verbunden haben, anstellen. Diese nennen wir die ‚Jäger' […]. Drei gibt es, die sich an neue Versuche machen, sofern sie ihnen ausführbar erscheinen. Diese nennen
30 wir die ‚Gräber-' oder ‚Grubenarbeiter' […]. Drei gibt es, die die Versuchsergebnisse der genannten anderen in Lehrsätze und Tabellen bringen, damit der Verstand sich besser danach

Francis Bacon, Instauratio Magna, 1620

richten kann, um daraus Beobachtungsmöglichkeiten und Grundsätze zu entnehmen. Diese nennen wir die ‚Aufteiler' […]. Drei gibt es, die dazu bestimmt sind, die Versuche ihrer 35 Brüder zu überwachen, Auszüge davon zu machen und betreffs der Ergebnisse zu überlegen, was dem täglichen Gebrauch und der Praxis dient, was den Wissenschaften nicht nur als Tatsache, sondern auch als Ausgangspunkt geläufiger Erklärungen der Ursachen dienlich ist, die ferner den Mitteln 40 nachsinnen, mit denen natürliche Erleuchtungen und die einfache und einleuchtende Unterrichtung, welches die in den einzelnen Körpern verborgenen Teile, welches die Kräfte sind, zustande gebracht werden können. Diese nennen wir die ‚Wohltäter' […]. Dann aber nach vielen Zusammenkünften 45 und Beratungen der Gesamtheit der Brüder, die die bisherigen Arbeiten und Sammlungen eingehend begutachten und gleichsam wiederkäuen, gibt es drei, deren Aufgabe es ist, aufgrund der bereits vorliegenden Versuchsergebnisse neue, tiefer in das Wesen der Natur dringende Versuche von höherer 50 Bedeutung anzuregen und zu leiten. Diese nennen wir die ‚Leuchter' […]. Drei gibt es, die die so empfohlenen und aufgetragenen Versuche praktisch ausführen und über ihre Erfolge berichten. Diese nennen wir die ‚Pfropfer' […]. Schließlich gibt es drei, die die bisherigen Erfindungen und Entdeckungen 55 in der Natur durch Versuche zu umfassenderen Beobachtungen, zu Axiomen[1] und Aphorismen ausbauen und zusammenfassen; dies tun sie jedoch nicht ohne vorherige Beratung und Unterredung mit der Gesamtheit der Brüder. Diese nennen wir die ‚Ausleger der Natur' […]. Wir haben auch, wie es das Unternehmen erfordert, einige Novizen und Schüler, damit die Kette der zu Versuchen und Forschungen bestimmten Männer nicht abreißt, außerdem zahlreiche männliche und weibliche Diener und Gehilfen. […] Was unsere Lebensweise und unsere Bräuche betrifft, so haben wir zwei geräumige und schöne Säulenhallen. In der einen von ihnen stellen wir der Reihe nach Musterstücke aller seltenen und hervorragenden Erfindungen auf, in der anderen aber die Standbilder berühmter Erfinder. […] Und wir verehren alle diese Erfinder bei uns aus einer gesicherten und getreueren Überlieferung, als ihr sie habt. […] Wir geben auch Ratschläge: Was das Volk am besten tut, um vorzubeugen und gegen das Unheil einzuschreiten.

1 Axiom: als absolut richtig anerkannter Grundsatz

Francis Bacon, 1561–1626, englischer Philosoph

◀ *Vergleichen Sie Bacons utopisches Modell mit dem von Thomas Morus* (S. 34/35). Unterscheiden Sie die Mittel, die einen guten und gerechten Staat garantieren sollen, und geben Sie Gründe für deren Plausibilität an.*

◀ *Propagiert Bacon uneingeschränkte Wissenschafts- und Technikgläubigkeit oder weist er diese in Grenzen? Belegen Sie Ihren Eindruck durch Textbeispiele.*

◀ *Zeigen Sie, wie die im Titelbild visualisierte Aufbruchstimmung sich in der Gesellschaftsordnung von Nova Atlantis spiegelt.*

Utopie

Staats-Utopien sind Wunschvorstellungen einer besseren Gesellschaft oder eines besseren Staats, meist im Kontrast zur bestehenden Gesellschaft zum Zweck der Gesellschaftskritik oder als Richtschnur gesellschaftlicher Veränderung. Insofern haben Staatsutopien idealen Charakter und Orientierungsfunktion. Das zugrunde liegende Menschenbild ist wesentlich durch Vertrauen in die Eingriffsmöglichkeit und die gestalterischen Fähigkeiten des Menschen, auf Gesellschaft und Geschichte einzuwirken, geprägt. Man kann zwischen zwei Grundtypen staatlicher Utopie-Modelle unterscheiden: der Sozialutopie, die auf dem Ideal der Gütergemeinschaft beruht, und der Technik- oder Wissenschaftsutopie. Der von Thomas Morus erstmals formulierte Gedanke der sozialen Utopie wurde um die Wende zum 19. Jh. von den Frühsozialisten (Claude Henri de Saint-Simon, Charles Fourier, Robert Owen und Pierre-Joseph Proudhon) aufgegriffen und weitergeführt. In unterschiedlicher Weise engagierten sich diese für die unterprivilegierte Arbeiterschicht und propagierten die Abschaffung des Privateigentums als Voraussetzung für eine gerechtere Gesellschaft. Karl Marx* und Friedrich Engels* gingen mit ihrer Theorie des Klassenkampfs und der Forderung nach Revolution des Proletariats über die theoretischen Ansätze der Frühsozialisten hinaus, bleiben aber dem ursprünglichen Gedanken der Gütergemeinschaft als Voraussetzung für Glück und Gerechtigkeit treu.

Lassen sich Menschen zum Guten erziehen?

In seinem utopischen Roman Futurum II aus dem Jahr 1948 bindet der amerikanische Psychologe Burrhus F. Skinner ähnlich wie Bacon Zukunft und Funktionsfähigkeit des Staats an die Entwicklung der Wissenschaft. Dabei konzentriert sich Skinner besonders auf die wissenschaftliche Erforschung des Menschen, seiner psychischen Strukturen und Mechanismen. Auf der Grundlage der intensiven Beobachtung menschlichen Verhaltens will er mit Hilfe eines ethischen Trainings Kinder im frühen Alter zu guten, bescheidenen und aggressionsfreien Staatsbürgern erziehen.

Futurum II

„Nehmen Sie einmal diesen Fall: Eine Kinderschar kommt nach längerer Wanderung müde und hungrig zurück. Sie freuen sich auf ein Abendessen, stattdessen erwartet sie eine Lektion Selbstzucht: Sie müssen fünf Minuten lang vor einer dampfenden Suppenschüssel stehen bleiben. Die Zumutung wird wie ein arithmetisches Problem aufgefasst. Jedes Murren und Klagen wäre eine falsche Reaktion. Nein, die Kinder beginnen sofort, dem Unglücksgefühl während der Verzögerung entgegenzuarbeiten. Eines macht vielleicht einen Witz. Wir ermuntern sie überhaupt zum Sinn für Humor als ein gutes Mittel, Widerwärtigkeiten nicht tragisch zu nehmen. Der Witz braucht, an Erwachsenen-Maßstäben gemessen, kein guter zu sein. Vielleicht tut das Kind ganz einfach so, als wollte es sich die Suppe in den Mund gießen. Ein anderes stimmt vielleicht irgendeinen Singsang mit vielen Strophen an. Die anderen fallen ein; sie wissen, dass damit die Zeit rasch verstreicht." Frazier warf Castle, der nicht überzeugt schien, einen unruhigen Blick zu. „Sie sehen darin eine Art Tortur, Mr Castle?", fragte er. „Lieber läge ich auf der Folterbank", sagte Castle. „Dann haben Sie eben nicht das gründliche Training gehabt, das ich voraussetze. Sie können sich gar nicht vorstellen, wie leicht die Kinder eine solche Erfahrung nehmen. Dabei ist es biologisch eine ziemlich schwere Frustration, denn die Kinder sind müde und hungrig und müssen nun dastehen und die Mahlzeit anstarren; und doch kommen sie so leicht darüber hinweg wie über eine Fünfminutenverzögerung vor dem Theaterbeginn. Wir sehen das als eine ziemlich elementare Erprobung an. Es kommen später viel schwerere Probleme."

Byrrhus F. Skinner, 1904–1990, amerikanischer Psychologe

◀ *Reflektieren Sie am Beispiel des Verhaltenstrainings die Problematik von Skinners utopischem Modell und diskutieren Sie grundsätzlich das Problem von Utopien, die auf Wissenschaft und Technik als Grund für Glück und Gerechtigkeit setzen.*

◀ *Diskutieren Sie, inwiefern Gedanken von Skinner in den zeitgenössischen Debatten um Gentechnologie und Klonen wiederkehren.*

◀ *Verfasser von Utopien siedeln ihre Idealstaaten meist in abgelegenen Gegenden – oft Inseln – an. Verdeutlichen Sie sich die Gründe hierfür, indem Sie sich die Überzeugungskraft der vorgestellten utopischen Modelle vor allem hinsichtlich ihrer Realisierbarkeit vor Augen führen.*

◀ *Worin sehen Sie die gesellschaftliche Bedeutung von Utopien? Hat jeder Mensch seine eigene Utopie?*

Negative Utopien als Statthalter utopischen Denkens

Ludwig Meidner, Apokalyptische Landschaft (beim Bahnhof Halensee), 1913

◀ *Beschreiben Sie die Wirkung des Gemäldes und finden Sie eine Erklärung für den Titel.*

Der Maler und Grafiker Ludwig Meidner thematisiert in seinem Gemälde eines der zentralen Themen seiner Zeit, den Weltuntergang. Tief beeindruckt durch die Entwicklung der modernen Zivilisation mit wachsenden Städten und zunehmender Dynamik durch Verkehr und Kommunikationsmittel und verstört durch die Erfahrung des Ersten Weltkriegs entwerfen die Vertreter des Expressionismus, der führenden Kunstrichtung jener Epoche, apokalyptische Visionen vom Ende der Welt. Als Apokalypsen bezeichnet man ursprünglich Schriften des Alten und Neuen Testaments, die Weltlauf und Weltende prophetisch voraussagen.

> Die Idee der Apokalypse hat das utopische Denken seit seinen Anfängen begleitet [...]. Die Vorstellung vom Weltuntergang ist nichts anderes als eine negative Utopie.
>
> Hans Magnus Enzensberger, *1929, deutscher Schriftsteller

◀ *Informieren Sie sich über die in den alten Apokalypsen* (z. B. in der Johannesapokalypse) im Neuen Testament vertretene Welt- und Geschichtsauffassung. In älteren apokalyptischen Darstellungen wird der Weltuntergang oft durch Boten Gottes – die vier apokalyptischen Reiter – symbolisiert. Inwiefern kann man Meidners Gemälde als säkularisierte Apokalypse bezeichnen? Finden Sie Gründe für die veränderte Sichtweise.*

Im Jahr 1948 erschien „1984", ein utopischer Roman des unter dem Pseudonym George Orwell bekannten englischen Schriftstellers Eric N. Blair (1903–1950). Der Roman entstand unter dem Eindruck von Faschismus und Nationalsozialismus und entwirft das Bild eines totalen Überwachungsstaats, der aus der Sicht der Hauptperson, Winston Smiths, geschildert wird.
Die Herrschaft in diesem Staat wird durch den „Großen Bruder" und seine Partei mit den Mitteln eines Systems totaler Kontrolle ausgeübt. Diese beschränkt sich jedoch nicht auf die Kontrolle des beobachtbaren Verhaltens, sondern wird mit Hilfe einer neu eingeführten Sprache, die abweichende Gedanken nicht mehr zulässt, zu einem System der Gedankenkontrolle ausgeweitet.

Der Große Bruder sieht dich!

Es war ein strahlend-kalter Apriltag, und die Uhren schlugen dreizehn. Winston Smith […] schlüpfte rasch durch die Glastüren der Victory-Mietskaserne. […]
Winston steuerte auf die Treppe zu. Es mit dem Lift zu probieren war zwecklos. Selbst zu günstigen Zeiten funktionierte er selten, und momentan wurde der Strom tagsüber abgestellt. Dies war Teil der Sparsamkeitskampagne zur Vorbereitung der Hasswoche. Die Wohnung lag im siebenten Stock, und Winston, der neununddreißig war und über dem rechten Fußknöchel ein Krampfadergeschwür hatte, ging langsam und verschnaufte unterwegs mehrmals. Auf jedem Treppenabsatz starrte dem Liftschacht gegenüber das Plakat mit dem riesigen Gesicht von der Wand. Es war eines jener Bilder, die einem mit dem Bück überallhin zu folgen scheinen. DER GROSSE BRUDER SIEHT DICH, lautete die Textzeile darunter.
In der Wohnung verlas eine sonore Stimme eine Zahlenstatistik, bei der es irgendwie um die Roheisenproduktion ging. Die Stimme kam aus einer länglich-rechteckigen Metallplatte, die wie ein blinder Spiegel in die Wand zur Rechten eingelassen war. Winston drehte an einem Knopf und die Stimme klang gedämpfter, blieb aber dennoch verständlich. Man konnte das Gerät (den so genannten Teleschirm) zwar leiser stellen, aber ganz ausschalten ließ es sich nicht. Er trat ans Fenster: […]
Draußen sah die Welt sogar durch das geschlossene Fenster kalt aus. Unten auf der Straße wirbelten kleine Windstrudel Staub und Papierfetzen in Spiralen hoch, und obwohl die Sonne schien und der Himmel grellblau war, wirkte doch alles außer den überall angeklebten Plakaten farblos. Das schwarzschnurrbärtige Gesicht starrte von jeder dominierenden Ecke herab. Eines hing an der Hauswand unmittelbar gegenüber. DER GROSSE BRUDER SIEHT DICH, verkündete die Unterzeile und die dunklen Augen blickten tief in Winstons. Auf der Straße unten flappte ein eingerissenes Plakat willkürlich im Wind und deckte das Wort Engsoz abwechselnd auf und zu. In der Ferne glitt ein Helikopter zwischen den Dächern herunter, schwebte für einen Moment lauernd wie eine Schmeißfliege und schwirrte dann in einem weiten Bogen wieder ab. Es war die Polizeistreife, die an den Fenstern der Leute schnüffeln kam. Die Streifen waren jedoch nicht weiter schlimm. Schlimm war die Gedankenpolizei. In Winstons Rücken plapperte die Stimme aus dem Teleschirm noch immer von Roheisen und der Übererfüllung des IX. Dreijahresplans. Der Teleschirm war Sende- und Empfangsgerät zugleich. Jedes von Winston verursachte Geräusch, das über ein gedämpftes Flüstern hinausging, würde registriert werden; außerdem konnte er, solange er in dem von der Metallplatte kontrollierten Sichtfeld blieb, ebenso gut gesehen wie gehört werden. Man konnte natürlich nie wissen, ob man im Augenblick gerade beobachtet wurde oder nicht. Wie oft oder nach welchem System sich die Gedankenpolizei in jede Privatleitung einschaltete, darüber ließ sich bloß spekulieren. Es war sogar denkbar, dass sie ständig alle beobachtete. Sie konnte sich jedenfalls jederzeit in jede Leitung einschalten. Man musste folglich in der Annahme leben, […] dass jedes Geräusch, das man verursachte, gehört und, außer bei Dunkelheit, jede Bewegung beäugt wurde.
Winston kehrte dem Teleschirm weiter den Rücken zu. Es war sicherer so; obgleich, wie er sehr wohl wusste, selbst ein Rücken verräterisch sein konnte. Einen Kilometer entfernt türmte sich das Ministerium für Wahrheit, seine Arbeitsstätte, weiß und gewaltig über der rußigen Landschaft auf. […]
Das Ministerium für Wahrheit – Miniwahr in Neusprech[1] – unterschied sich verblüffend von allem, was man sonst sah. Es war ein riesiges, pyramidales Gebilde aus schimmernd weißem Beton, das, Terrasse auf Terrasse, dreihundert Meter hoch in die Luft stieg. Von Winstons Standort aus konnte man eben noch die von der weißen Front in eleganter Schrift farblich abgesetzten drei Parolen der Partei lesen:

KRIEG IST FRIEDEN.
FREIHEIT IST SKLAVEREI.
UNWISSENHEIT IST STÄRKE.

Das Ministerium für Wahrheit beherbergte, so erzählte man sich, dreitausend oberirdische Räume und eine entsprechende Anzahl unterirdischer Verästelungen. Über ganz London verstreut gab es nur noch drei andere Bauwerke von ähnlichem Aussehen und Ausmaß. Vor ihnen schrumpfte die Architektur ringsum so zwergenklein, dass man vom Dach der Victory-Mietskaserne alle vier auf einmal sehen konnte. Sie bildeten den Sitz der vier Ministerien, unter die der gesamte Regierungsapparat aufgeteilt war: das Ministerium für Wahrheit, das sich nur mit dem Nachrichten-, Unterhaltungs- und Erziehungswesen sowie mit den schönen Künsten beschäftigte; das Ministerium für Frieden, das sich mit dem Krieg befasste; das Ministerium für Liebe, das Gesetz und Ordnung aufrechterhielt. Und das Ministerium für Überfülle, das ihr Wirtschaftsbelange zuständig war. Ihre Namen in Neusprech: Miniwahr, Minipax, Minilieb und Minifülle. Das Ministerium für Liebe war zweifellos das beängstigendste von allen. Es hatte überhaupt keine Fenster. Winston war weder jemals im Ministerium für Liebe gewesen noch hatte er sich ihm jemals auch nur auf einen halben Kilometer genähert. Man konnte es lediglich in Dienstangelegenheiten betreten, und auch dann musste man durch ein Gewirr von Stacheldrahtverhauen, Stahltüren und versteckten Maschinengewehrnestern hindurch. Und sogar in den Straßen, die zu seinen Außensperren führten, patrouillierten gorillagesichtige, schwarz uniformierte Wachen, die mit Gelenkschlagstöcken bewaffnet waren.

1 Neusprech ist die Amtssprache Ozeaniens.

George Orwell (Pseudonym für Eric N. Blair), 1903–1950, englischer Schriftsteller

- *Informieren Sie sich über die staatliche Kontrolle in faschistischen und nationalsozialistischen Systemen. Inwiefern greift Orwell Erscheinungsweisen dieser Systeme auf, inwiefern überzeichnet er?*

- *Beschreiben Sie die Wirkung der Textpassage auf Sie persönlich und finden Sie Gründe für die Überzeichnungen.*

- *Reflektieren Sie, inwiefern es sich im Romanauszug und Gemälde (S. 38) um Utopien handelt. Inwiefern unterscheiden sich diese von den bereits vorgestellten Utopietypen und welche Intentionen verfolgen sie?*

- *Diskutieren Sie darüber, worin Sie die Ursachen dafür sehen, dass heute zunehmend negative Utopien verfasst werden. Wäre es nicht konstruktiver und ermutigender, Utopien in traditioneller Form als Wunschbilder der kritisierten Wirklichkeit entgegenzustellen?*

Fortschrittskritik in negativen Utopien

Im Jahr 1977 veröffentlicht der deutsche Schriftsteller Hans Magnus Enzensberger eine Komödie mit dem Titel „Der Untergang der Titanic". Enzensberger nimmt Bezug auf den Luxusdampfer, der als Inbegriff des Fortschritts zur Überfahrt in die USA gestartet war und in der Nacht des 14. 4. 1912 nach der Kollision mit einem Eisberg versank. In 33 Gesängen wird die historische Katastrophe dargestellt, immer wieder unterbrochen durch Reflexionen auf die Gegenwart, die gleich einer imaginären Titanic immer noch auf ihr unvermeidliches Ende zusteuert. Vergleichen Sie zu diesem Text auch das Bild „Das Eismeer" auf S. 64.

Der Untergang der Titanic
Dreiunddreißigster Gesang

Ich mache, bis auf die Haut naß,
Personen mit nassen Koffern aus.
Auf schiefer Ebene seh' ich sie stehen,
gegen den Wind gelehnt, schrägen Regen,
5 undeutlich, am Rande des Abgrunds.
Nein, es ist nicht das Zweite Gesicht.
Das Wetter ist schuld, daß sie so bleich sind.
Ich warne sie, ich rufe z. B. Die Bahn ist schief,
meine Damen und Herren,
10 Sie stehen am Rande des Abgrunds.
Jene freilich lachen nur matt und rufen tapfer
zurück.
Danke gleichfalls.

Ich frage mich,
15 sind es wirklich nur ein paar Dutzend Personen,
oder hanget da drüben das ganze
Menschengeschlecht,
wie auf einem x-beliebigen Musikdampfer,
der schrottreif und nur noch einer Sache geweiht ist,
20 dem Untergange?
Ich weiß es nicht. Ich triefe und horche.
Schwer zu sagen,
wer jene Personen sind,
von denen jede sich an einen Koffer klammert.
25 An einen lauchgrünen Talisman,
einen Dinosaurier,
einen Lorbeerkranz.

Ich höre sie lachen und rufe ihnen
unverständliche Worte zu.
30 In dem Unbekannten
mit den feuchten Zeitungen über dem Kopf vermute
ich K., der Reisender ist in Knäckebrot von Beruf;
keine Ahnung, wer der mit dem Bart ist;
der Mann mit dem Malstock heißt Salomon P.;
35 die Dame, die niest und niest,
muß Marilyn Monroe sein;
der Weißgekleidete aber,
der mit dem Manuskript,
in schwarzes Wachstuch gewickelt,
40 ist sicherlich Dante.

Die Personen sind voller Hoffnungen,
voll krimineller Energie.
Im strömenden Regen führen sie
ihre Dinosaurier an der Leine,
45 öffnen auch ihre Koffer und schließen sie wieder,
und singen im Chor:
„Am 13. Mai ist der Weltuntergang,
wir leben nicht mehr lang, wir leben nicht mehr
lang."
50 Schwer zu sagen,
wer da lacht,
wer mich beachtet, wer nicht,
in dieser Waschküche,
und wie breit und wie tief der Abgrund ist.

55 Ich sehe, wie sie langsam versinken,
die Personen, und folgende Worte rufe ich ihnen zu:
Ich sehe, wie ihr langsam versinkt.
Keine Antwort.
Auf fernen Musikdampfern,
60 matt und tapfer, spielen Orchester.
Ich bedau're das sehr,
es ist mir nicht recht,
wie sie alle sterben,
durchnäßt in diesem Nieselwetter,
65 schade ist es,
ich könnte heulen, ich heule:
„Doch keiner weiß", heule ich,
„in welchem Jahr, und das ist,
und das ist wunderbar."

70 Aber die Dinosaurier, wo sind sie geblieben?
Und woher rühren diese Tausende und
Abertausende von klatschnassen Koffern,
die da leer und herrenlos auf dem Wasser treiben?
Ich schwimme und heule.

75 Alles, heule ich,
wie gehabt, alles schlingert,
alles unter Kontrolle,
alles läuft, die Personen vermutlich ertrunken
im schrägen Regen, schade, macht nichts,
80 zum Heulen, auch gut,
undeutlich, schwer zu sagen,
warum, heule und schwimme ich weiter.

*Hans Magnus Enzensberger, *1929, deutscher Schriftsteller*

▸ Zeigen Sie auf, welche Anhaltspunkte der Text über Ausmaß und Ursachen des Untergangs gibt. (Beziehen Sie in Ihre Überlegungen ein, dass es sich bei der untergegangenen Titanic um einen Mythos der modernen Technik und des Fortschritts handelt.)

▸ Begründen Sie, inwiefern es sich hier um eine negative Utopie handelt. Inwiefern geht sie über Orwells „1984" (vgl. S. 39) hinaus?

▸ Beschreiben Sie die Reaktionen der beteiligten Personen nach dem Text von Enzensberger.

▸ Erklären Sie im Detail die Reaktionen des beobachtenden Ichs. Inwiefern berührt Enzensberger hier ein Grundsatzproblem von Utopien, deren Absicht und deren Wirkung, in der heutigen Zeit?

Im folgenden Text präzisiert Enzensberger seine Sicht der Bedeutung der Utopie in heutiger Zeit, indem er sie in die Tradition der Apokalypse* stellt.

Apokalypse als ideologisches Handgepäck

Die Apokalypse gehört zu unserem ideologischen Handgepäck. Sie ist ein Aphrodisiakum. Sie ist ein Angsttraum. Sie ist eine Ware wie jede andere. Sie ist, meinetwegen, eine Metapher* für den Zusammenbruch des Kapitalismus, der bekanntlich seit über hundert Jahren unmittelbar bevorsteht. Sie tritt uns in allen möglichen Gestalten und Verkleidungen entgegen, als warnender Zeigefinger und als wissenschaftliche Prognose, als kollektive Fiktion und als sektiererischer Weckruf, als Produkt der Unterhaltungsindustrie, als Aberglauben, als Trivialmythos, als Vexierbild, als Kick, als Jux, als Projektion. Sie ist allgegenwärtig, aber nicht „wirklich": eine zweite Realität, ein Bild, das wir uns machen, eine unaufhörliche Produktion unserer Fantasie, die Katastrophe im Kopf.

Sie ist all dies und noch mehr, nämlich eine der ältesten Vorstellungen des Menschengeschlechts. Über ihre Ursprünge ließen sich ganze Folianten schreiben, und selbstverständlich sind diese Folianten auch geschrieben worden. Über ihre wechselvolle Geschichte wissen wir ebenfalls allerhand, über ihr periodisches Hervor- und Zurücktreten und über den Zusammenhang dieser Schwankungen mit dem materiellen Prozeß der Geschichte. Die Idee der Apokalypse hat das utopische Denken seit seinen Anfängen begleitet, sie folgt ihm wie ein Schatten, sie ist seine Kehrseite, sie läßt sich nicht von ihm ablösen: ohne Katastrophe kein Millenium, ohne Apokalypse kein Paradies. Die Vorstellung vom Weltuntergang ist nichts anderes als eine negative Utopie.

Aber auch der Untergang ist nicht mehr das, was er einmal war. Der Film, der in unsern Köpfen und noch viel hemmungsloser in unserem Unterbewußtsein läuft, unterscheidet sich in vieler Hinsicht von den alten Träumen. In ihren historischen Ausprägungen war die Apokalypse eine ehrwürdige, ja geheiligte Vorstellung. Die Katastrophe, mit der wir umgehen (oder vielmehr: die in uns umgeht!) ist dagegen eine ganz und gar säkularisierte Erscheinung. Wir lesen ihre Zeichen von den Häuserwänden ab, an denen sie, ungelenk gesprüht, über Nacht auftauchen, oder von den Zahlenschlangen, die der Computer auswirft. Unser siebenköpfiges Ungeheuer hört auf viele Namen: Polizeistaat, Paranoia, Bürokratie, Terror, Wirtschaftskrise, Rüstungswahn, Umweltvernichtung; die vier Reiter[1] sehen aus wie Westernhelden und verkaufen Zigaretten, und die Posaunen, die den Weltuntergang ankündigen, dienen einem Werbespot als Begleitmusik. Früher sahen die Menschen in der Apokalypse die unerforschliche, rächende Hand Gottes am Werk, heute erscheint sie als methodisch kalkuliertes Produkt unserer eigenen Anstrengungen, und die Geister, deren Wirken wir ihr Herannahen zuschreiben, rufen wir selbst: die „Roten", die Ölscheiks, die Terroristen, die Multis; die Gnome von Zürich und die Frankensteins der biologischen Labors; Ufos und Neutronenbomben; Dämonen aus dem Kreml oder aus dem Pentagon: eine Unterwelt unvorstellbarer Verschwörungen und Machinationen[3], an deren Fäden die allmächtigen Kretins[4] der Geheimdienste ziehen.

Auch war die Apokalypse einst ein singuläres Ereignis, das plötzlich, aus heiterem Himmel, zu gewärtigen war: eine undenkbare Weltminute; nur die Seher und Propheten konnten sie voraussahen, auf deren Warnungen und Weissagungen freilich niemand hören wollte. Dagegen pfeifen unsern eigenen Untergang die Spatzen von den Dächern; das Moment[2] der Überraschung fehlt; er scheint nur eine Frage der Zeit zu sein. Wir stellen uns ein schleichendes, quälend langsam voranschreitendes Verhängnis vor: die Apokalypse in Zeitlupe. Sie erinnert an jenen ergrauten Klassiker der Stummfilm-Avantgarde, in dem ein riesiger Fabrikschlot zu sehen ist, wie er geräuschlos auf der Leinwand zerbricht und in sich zusammenstürzt, zwanzig Minuten lang, während die Zuschauer, in einer Art schläfrigen Komforts, sich zurücklehnen in ihren abgeschabten Samtsesseln und Popcorn und gebrannte Mandeln knabbern. Nach der Vorstellung betritt der Futurologe die Bühne. Er sieht aus wie eine schlechte Imitation von Dr. Strangelove, dem wahnsinnigen Wissenschaftler, nur daß er abscheulich fett ist. In aller Gemütsruhe teilt er uns mit, daß der Ozongürtel der Atmosphäre in zwanzig Jahren verschwunden sein wird, so daß wir unfehlbar von der kosmischen Strahlung geröstet werden, falls wir bis dahin noch unter den Lebenden weilen sollten. Unfaßbare Substanzen in der Milch treiben uns der Psychose in die Arme, und angesichts des Tempos, mit dem die Weltbevölkerung sich vermehrt, werden bald nur noch Stehplätze frei sein auf unserem Planeten. Dies alles mit der Habana-Zigarre in der Hand, in wohlgesetzter, logisch einwandfreier Rede. Das Publikum unterdrückt ein Gähnen, obgleich das Desaster, dem Professor zufolge, unmittelbar bevorsteht. Allerdings nicht für heute nachmittag. Heute nachmittag nämlich wird alles genauso weitergehen wie bisher, ein wenig schlechter vielleicht als letzte Woche, aber unmerklich schlechter. ®

1 vier Reiter: In älteren apokalyptischen Darstellungen wird der Weltuntergang oft durch Boten Gottes – die vier apokalyptischen Reiter – angekündigt und symbolisiert.
2 das Moment: ausschlaggebender Umstand, Merkmal
3 Machinationen: Machenschaften
4 Kretin: Schwachsinniger; auch: Trottel

Hans Magnus Enzensberger, *1929, deutscher Schriftsteller

▸ *Verdeutlichen Sie, worin für Enzensberger der Unterschied zwischen historischen und modernen apokalyptischen Vorstellungen besteht, und erklären Sie seine Formulierung, die Apokalypse gehöre zu unserem „ideologischen Handgepäck".*

▸ *Erklären Sie den Zusammenhang zwischen apokalyptischen Darstellungen und utopischem Denken und erläutern Sie die Bedeutung der Utopie in historischen und in modernen Apokalypsen. Sehen Sie Unterschiede?*

▸ *Trotz der Unterschiede lassen sich Enzensbergers Analysen zufolge prinzipielle Gemeinsamkeiten zwischen historischen und modernen Apokalypsen erkennen, insbesondere was die Einstellung und Reaktion der betroffenen Menschen betrifft. Zeigen Sie diese auf und nehmen Sie Stellung dazu.*

▸ *Unter welchen Bedingungen halten Sie Utopien für ethisch bedeutsam? Fertigen Sie eine Mind-Map zur Utopie an und beziehen Sie sich in Ihren Überlegungen auf Kants* „Regeln für das Philosophieren". Halten Sie es für sinnvoll, von negativen Utopien als „Apokalypsen" zu sprechen?*

Gibt es ein Leben nach dem Tod?

Edvard Munch, Tote Mutter und Kind, 1897–1899

◖ *Beschreiben Sie die Reaktionen, die die Begegnung mit dem Tod bei den anwesenden Personen auslöst, und versuchen Sie Gründe dafür anzugeben.*

◖ *Beziehen Sie in Ihre Überlegungen auch folgende Gedanken Arthur Schopenhauers zur existenziellen* Dimension des Phänomens Tod ein.*

Der Tod als Erlösung

Jeder Todesfall stellt sich gewissermaßen als eine Art Apotheose[1] oder Heiligsprechung dar; daher wir den Leichnam auch des unbedeutendsten Menschen nicht ohne Ehrfurcht betrachten und sogar, so seltsam an dieser Stelle die Bemerkung klingen mag, vor jeder Leiche die Wache ins Gewehr tritt. Das Sterben ist allerdings als der eigentliche Zweck des Lebens anzusehen; im Augenblick desselben wird alles das entschieden, was durch den ganzen Verlauf des Lebens nur vorbereitet und eingeleitet war. Der Tod ist das Ergebnis, das Resumee des Lebens, oder die zusammengezogene Summe, welche die gesammelte Belehrung, die das Leben vereinzelt und stückweise gab, mit einem Male ausspricht, nämlich diese, dass das ganze Streben, dessen Erscheinung das Leben ist, ein vergebliches, eitles, sich widersprechendes war, von welchem zurückgekommen zu sein eine Erlösung ist. Wie die gesamte, langsame Vegetation der Pflanze sich verhält zur Frucht, die mit einem Schlage jetzt hundertfach leistet, was jene allmählich und stückweise; so verhält sich das Leben, mit seinen Hindernissen, getäuschten Hoffnungen, vereitelten Plänen und stetem Leiden, zum Tode, der alles, alles, was der Mensch gewollt hat, mit einem Schlage zerstört und so der Belehrung, die das Leben ihm gab, die Krone aufsetzt.

1 Apotheose: hier: Verherrlichung

Arthur Schopenhauer, 1788–1860, deutscher Philosoph

◖ *Erläutern Sie Schopenhauers Verständnis des Todes als Erlösung, indem Sie seine Einstellung zu individuellen Wünschen und Interessen aufzeigen.*

◖ *Welchen Stellenwert hat für Sie persönlich das Wissen um Ihre eigene Sterblichkeit bzw. die Endlichkeit alles Lebens? Tauschen Sie Ihre Ansichten dazu aus.*

Der Tod im Alltagsbewusstsein

Das Phänomen des Todes hat Menschen aller Kulturen seit je beschäftigt. Dabei reagierten sie auf ihre Betroffenheit und Beklemmungen hinsichtlich der Unwiderruflichkeit von Tod und Vergänglichkeit mit unterschiedlichen Vorstellungen und Theorien einer Weiterexistenz nach dem Tod, die häufig in den religiösen Vorstellungen der Kulturräume ihren Niederschlag fanden. In der Auseinandersetzung mit Religionen und dem Alltagsbewusstsein entwickelte auch die Philosophie metaphysische[1] Modelle, die die Frage eines Lebens nach dem Tod problematisierten. Kant* fasst diese elementare philosophische Beschäftigung in den Fragekomplex „Was darf ich hoffen?". Auch im Alltagsbewusstsein haben sich Vorstellungen etabliert, anhand derer die Menschen versuchen, mit dem Schrecken und Leid der Todeserfahrung kompensatorisch umzugehen. Solche metaphysischen Alltagsmodelle weisen oft Analogien zu ihren religiösen oder philosophischen Vorbildern auf. So schildert die schwedische Kinder- und Jugendbuchautorin Astrid Lindgren in ihrem Roman „Die Brüder Löwenherz", wie Krümel, der sterbenskranke Ich-Erzähler, von seinem Bruder Jonathan über seinen bevorstehenden Tod getröstet wird.

1 Metaphysik: Lehre, die das hinter der sinnlich erfahrbaren, natürlichen Welt Liegende, die letzten Gründe und Zusammenhänge des Seins behandelt

Das Jenseits im Volksglauben

Die Volksreligionen streben die Existenz des Einzelnen über die Dauer im Diesseits hinaus an. So entwickelten sich unterschiedlichste Jenseitsvorstellungen, die ein Weiterleben nach dem Tod verheißen. Vielfach wird ein unvergängliches Element des Menschen, z. B. seine Seele, vorausgesetzt, das in verschiedenartigen Ausprägungen nach dem Tod fortlebt. Häufig erscheint das Leben im Jenseits eher negativ, traurig und trübe als Schattenreich in der Unterwelt. Es finden sich aber auch Vorstellungen, die hervorragenden Einzelnen ein glückliches Leben nach dem Tod verheißen. Im indischen Weda-Glauben sind im Jenseits die Wünsche des Menschen erfüllt, in ägyptischen Vorstellungen wächst im Jenseits das Korn um ein Vielfaches höher als auf der Erde und im Christentum wird das Jenseits als gesteigertes Diesseits verstanden. Als Ort des Jenseits erscheinen ferne Gegenden, die häufig durch einen Fluss oder ein Meer vom Diesseits getrennt sind. In diesem Zusammenhang erscheint auch das Himmelreich als selige Existenz der Gottheit.

„Du selber fliegst ganz woandershin."

Jetzt will ich von meinem Bruder erzählen. Von ihm, Jonathan Löwenherz, will ich erzählen. Es ist fast wie ein Märchen, finde ich, und ein klein wenig auch wie eine Gespenstergeschichte, und doch ist alles wahr. Aber das weiß keiner außer mir und Jonathan.

Anfangs hieß Jonathan nicht Löwenherz. Er hieß mit Nachnamen Löwe, genau wie Mama und ich.

Jonathan Löwe hieß er. Ich heiße Karl Löwe und Mama Sigrid Löwe. Papa hieß Axel Löwe, doch als ich zwei Jahre alt war, ging er weg von uns und fuhr zur See, und seitdem haben wir nichts mehr von ihm gehört.

Aber ich wollte ja erzählen, wie es kam, dass mein Bruder Jonathan Löwenherz wurde. Und all das Seltsame, was dann geschah.

Jonathan wusste, dass ich bald sterben würde. Ich glaube, alle wussten es, nur ich nicht. Sogar in der Schule wussten sie es, denn ich lag ja nur zu Hause, weil ich hustete und immer krank war. Das letzte halbe Jahr hatte ich überhaupt nicht mehr zur Schule gehen können. Alle Frauen, für die Mama Kleider näht, wussten es auch. Einmal redete eine mit ihr darüber, und obwohl es nicht beabsichtigt war, hörte ich es zufällig. Sie dachten, ich schliefe. Ich lag aber nur mit geschlossenen Augen da. Und das tat ich auch weiterhin, denn ich wollte mir nicht anmerken lassen, dass ich dieses Schreckliche gehört hatte – dass ich bald sterben würde.

Natürlich wurde ich traurig und bekam furchtbare Angst, und das wollte ich Mama nicht zeigen. Aber als Jonathan nach Hause kam, erzählte ich es ihm.

„Weißt du, dass ich bald sterben muss?", fragte ich und weinte.

Jonathan dachte ein Weilchen nach. Er antwortete mir wohl nicht gern, doch schließlich sagte er: „Ja, das weiß ich."

Da weinte ich noch mehr.

„Wie kann es nur so was Schreckliches geben?", fragte ich. „Wie kann es so etwas Schreckliches geben, dass manche sterben müssen, wenn sie noch nicht mal zehn Jahre alt sind?"

„Weißt du, Krümel, ich glaube nicht, dass es so schrecklich ist", sagte Jonathan. „Ich glaube, es wird herrlich für dich."

„Herrlich?", sagte ich. „Tot in der Erde liegen, das soll herrlich sein?!"

„Aber geh", sagte Jonathan. „Was da liegt, ist doch nur so etwas wie eine Schale von dir. Du selber fliegst ganz woandershin."

„Wohin denn?", fragte ich, denn ich konnte ihm nicht recht glauben.

„Nach Nangijala", antwortete er.

Nach Nangijala – das sagte er so einfach, als wüsste das jeder Mensch. Aber ich hatte noch nie etwas davon gehört.

„Nangijala", sagte ich, „wo liegt denn das?"

Da sagte Jonathan, das wisse er auch nicht genau. Es liege irgendwo hinter den Sternen. Und er fing an, von Nangijala zu erzählen, sodass man fast Lust bekam, auf der Stelle hinzufliegen.

Astrid Lindgren, 1907–2002, schwedische Schriftstellerin

- *Analysieren Sie, unter welcher Voraussetzung Krümel nach Nangijala gelangen kann.*
- *Versuchen Sie aufzuzeigen, in welcher Tradition Jonathans Erklärungsmodell steht.*
- *Worin besteht der Zweck von Jonathans Geschichte?*
- *Halten Sie es für überzeugend, einen Unterschied zwischen dem toten Körper und dem eigentlichen Selbst zu machen? Vergleichen Sie Ihre Ansichten.*

44 Ist die Seele unsterblich?

William Blake, The Soul hovering over the Body reluctantly parting with Life, plate 6 of Robert Blair's *The Graves*, 1808

> Wenn sie sich in reinem Zustande vom Leibe trennt und nichts mehr von ihm mit sich schleppt, […] dann gelangt sie doch gewiss zu dem, was ihr selber ähnlich ist.
>
> *Platon, 427–348/47 v. Chr., griechischer Philosoph*

Platon geht von der Unsterblichkeit der Seele aus. Er begründet diese Überzeugung mit seiner Ideenlehre: einem Modell, nach dem das Sein aus ewigen und unveränderlichen Ideen – z. B. der Idee des Guten oder des Schönen – besteht, während die für den Menschen wahrnehmbaren Dinge bloße Abbilder der Ideen sind. In seinem Dialog „Phaidon" versucht Sokrates* (vgl. S. 62/63) seine Gesprächspartner von der Unsterblichkeit der Seele zu überzeugen.

Ein Beweis für die Unsterblichkeit der Seele?

„Ob die Seele aber auch nach unserem Tode weiterexistieren wird, Sokrates, das halte auch ich noch nicht für bewiesen. Vielmehr besteht, wie Kebes eben gesagt hat, noch immer die Befürchtung, die auch die Menge hegt, dass beim Tode des Menschen die Seele sich auflöst und dass das für sie das Ende ihrer Existenz ist. Denn was hindert, dass sie zwar irgendwoher entsteht und sich bildet und dass sie vor ihrem Eintritt in unseren Leib schon existiert, dass sie dann aber, wenn sie in ihn gelangt ist und sich nun wieder von ihm getrennt hat, selbst auch ihr Ende findet und zugrunde geht?" „Du hast ganz Recht, Simmias", sagte Kebes. „Es scheint, es sei gewissermaßen nur die Hälfte von dem bewiesen, was nötig ist, dass nämlich unsere Seele schon vor unserer Geburt existiert hat. Es muss aber noch bewiesen werden, dass, wenn wir gestorben sind, die Seele nicht weniger existieren wird, als sie vor der Geburt existiert hat – wenn anders der Beweis vollständig sein soll." „Bewiesen ist es zwar auch jetzt schon, Simmias und Kebes", sagte Sokrates. „Ihr braucht nur diesen letzten Beweis mit den anderen zu verbinden, den wir gerade vorhin als richtig anerkannt haben, dass nämlich alles Lebende aus dem Toten entstehe. Denn wenn die Seele früher schon existierte und wenn sie ferner, um ins Leben einzutreten und geboren zu werden, nirgend anderswoher kommen kann als aus dem Tode und dem Totsein, so muss sie doch auch nach dem Tod weiterexistieren, da sie doch wieder geboren werden soll.

Platon, 427–348/47 v. Chr., griechischer Philosoph

- Analysieren Sie die Argumente von Simmias und Kebes, indem Sie Ihre Voraussetzungen aufzeigen. Verfahren Sie ebenso mit den Argumenten des Sokrates. Halten Sie die Argumente für plausibel? Diskutieren Sie.

- Die in Blakes Bild allegorisch* veranschaulichte Vorstellung von der Loslösung der Seele nach dem Tod und deren Weiterexistenz beruht auf der platonischen Vorstellung. Wie wird diese Vorstellung begründet und von welchem Menschenbild geht sie aus?

- Vergleichen Sie das Bild mit dem Bild über die Auferstehung auf S. 46 und überlegen Sie, wie sich die christliche Denkweise von der platonischen Denkweise unterscheidet. Ein Gemälde zur Auferstehung Jesu, das auf der Grundlage der neutestamentlichen Überlieferung hergestellt wurde, finden Sie unter **home.t-online.de/home/chartres/licht3.htm** (Matthias Grünewald, Isenheimer Altar).

Im weiteren Verlauf des Gespräches mit Simmias und Kebes präzisiert Sokrates seinen Beweis von der Unsterblichkeit der Seele, indem er ihren Stellenwert im Bereich des Seins untersucht.

Das Sichtbare und das Unsichtbare

„Wir müssen uns doch wohl", begann Sokrates, „etwa folgende Frage stellen: Welcher Art von Dingen kommt es zu, dieses Schicksal zu erleiden, dieses Aufgelöstwerden nämlich? [...] Anschließend müssen wir untersuchen, von welcher Art die Seele ist. Und demgemäß können wir für unsere Seele entweder getrost sein oder müssen für sie fürchten." „Du hast Recht." „Kommt denn nicht allem, was zusammengesetzt wird [...], natürlicherweise zu, dass es wieder in der Weise aufgelöst wird, wie es zusammengesetzt ist? Gibt es dagegen etwas, das nicht zusammengesetzt ist, so bleibt doch wohl dem allein, wenn überhaupt einem, dieses Schicksal erspart." „Mir scheint das richtig", sagte Kebes. „Ist nun aber nicht sehr wahrscheinlich das, was stets sich selbst gleich und unveränderlich bleibt, das nicht Zusammengesetzte; was aber bald so, bald anders und nie sich selbst gleich ist, das ist das Zusammengesetzte?" „Mir scheint das richtig." „Kommen wir wieder auf das zurück", fuhr er fort, „wovon wir vorhin gesprochen haben! Ist die Wesenheit, der wir in unseren Fragen und Antworten das wahre Sein zugesprochen haben, unveränderlich und sich selber gleich, oder ist sie bald so, bald wieder anders? Das Gleiche an sich, das Schöne an sich und jedes andere Ding an sich, das wirklich ist – ist dies je irgendeinem Wechsel unterworfen, welcher Art er auch sein mag? Oder bleibt jedes dieser wahren Wesen gleichförmig und sich selber gleich und verhält sich dementsprechend immer gleich und lässt niemals und in keiner Weise eine Veränderung zu?" „Auf gleiche Weise", sprach Kebes, „und auf dieselbe Art muss es sich verhalten, Sokrates." „Wie ist es aber mit den vielen Einzeldingen, wie Menschen und Pferden und Kleidern und solchem mehr, das wir als gleichartig oder als schön oder ähnlich bezeichnen? Sind diese Dinge sich selber gleich, oder bleiben sie sich, im Gegensatz zu jenen, weder in Bezug auf sich selbst noch in Bezug aufeinander sozusagen überhaupt nie gleich?" „Ja, so ist es wiederum", antwortete Kebes, „sie bleiben sich niemals gleich." „Das sind aber doch die Dinge, die du anfassen und sehen oder sonst mit einem Sinnesorgan wahrnehmen kannst; das andere aber, das sich immer gleich bleibt, kannst du einzig durch vernünftiges Denken fassen; denn es ist unsichtbar und unhörbar." „Du hast völlig Recht", erwiderte er. „Bist du also damit einverstanden", fuhr Sokrates fort, „dass wir zwei Arten von Dingen annehmen, das Sichtbare und das Unsichtbare?" „Ja", sagte er. „Und dass das Unsichtbare immer sich selber gleich bleibt, während das Sichtbare nie gleich bleibt?" „Auch das", sagte er, „können wir annehmen." „Nun denn", sagte Sokrates, „sind wir selbst nicht zum Teil Leib, zum anderen Teil Seele?" „Ja, freilich", sagte er. „Welcher der beiden Arten nun ist nach unserer Meinung der Leib ähnlicher und verwandter?" „Ganz offenbar dem Sichtbaren", sagte er. „Was aber ist die Seele? Sichtbar oder unsichtbar?" „Für Menschen wenigstens ist sie nicht sichtbar, Sokrates", sagte er. „Wir sprechen aber doch vom Sichtbaren oder Unsichtbaren im Hinblick auf die menschliche Natur – oder meinst du, in Bezug auf irgendeine andere?" „Nur für die menschliche. Was sagen wir also von der Seele? Ist sie sichtbar oder nicht sichtbar..." „Nicht sichtbar." „Also unsichtbar?" „Ja." „Die Seele ist also mehr als der Leib dem Unsichtbaren ähnlich; jener aber ist dem Sichtbaren ähnlicher." „Genau so muss es sein, Sokrates." „Haben wir nicht schon früher festgestellt, dass, wenn sich die Seele des Leibes bedient, um etwas wahrzunehmen, sei es mit dem Gesicht oder mit dem Gehör oder mit irgendeinem anderen Sinn – denn das heißt mittels des Leibes etwas wahrnehmen –, dass sie dann vom Leibe zu dem hingezogen wird, was niemals sich gleich bleibt, und dass sie selbst dann schwankt und verwirrt wird und taumelt, als ob sie trunken wäre, weil sie solche Dinge berührt." „Ja, gewiss." „Stellt sie aber durch sich selbst eine Betrachtung an, dann erhebt sie sich zum Reinen und immer Seienden und Unsterblichen und Unveränderlichen. Und da sie diesem verwandt ist, bleibt sie mit ihm verbunden, sooft sie für sich selbst bleibt und es ihr vergönnt ist. Und das Umherirren hat aufgehört und sie bleibt sich selber gleich, da sie immerfort Dinge berührt, die auch so beschaffen sind. Das ist doch der Zustand der Seele, den wir mit vernünftiger Einsicht bezeichnen, oder nicht?" „Ja, Sokrates; was du sagst, ist durchaus schön und wahr." „Welcher der beiden Arten scheint dir nun die Seele ähnlicher und verwandter zu sein nach dem, was wir früher, und nach dem, was wir jetzt eben gesagt haben?" „Mir scheint, Sokrates", sagte Kebes, „dass jeder, auch der Ungelehrigste, nach deiner Methode zugeben muss, dass die Seele in jeder Hinsicht dem immer Gleichbleibenden ähnlicher ist als dem, was nicht gleich bleibt." „Und der Leib?" „Dem anderen." „Überlege es aber auch von dieser Seite: Wenn Seele und Leib vereinigt sind, so befiehlt ihm die Natur zu dienen und sich beherrschen zu lassen, ihr aber, zu herrschen und zu befehlen. Was scheint dir nun dem Göttlichen ähnlich zu sein, und was dem Sterblichen? Oder glaubst du nicht, dass das Göttliche zum Befehlen und zum Führen, das Sterbliche aber zum Beherrschtwerden und zum Dienen geschaffen ist?" „Jawohl." „Welchem gleicht nun die Seele?" „Die Seele offenbar dem Göttlichen, Sokrates, der Leib aber dem Sterblichen." „So sieh denn, Kebes, ob nicht aus all dem Gesagten hervorgeht, dass dem Göttlichen, dem Unsterblichen, durch Vernunft Erkennbaren, dem Eingestaltigen, dem Unauflöslichen und dem, was stets unveränderlich sich selber gleich bleibt, die Seele am ähnlichsten ist, dass aber dem Menschlichen und Sterblichen und Vielgestaltigen und durch Vernunft nicht Erkennbaren, dem Auflösbaren und dem, was nie sich selber gleich bleibt, wiederum der Leib am ähnlichsten ist. Kann es für uns darüber eine andere Ansicht geben, lieber Kebes, dass es sich nicht so verhält?" „Nein." „Unter diesen Umständen kommt es doch wohl dem Leibe zu, sich in kurzer Zeit aufzulösen. Die Seele dagegen muss völlig oder doch nahezu unauflöslich sein?"

Platon, 427–348/47 v. Chr., griechischer Philosoph

- *Vollziehen Sie die Gedankenführung in ihren Schritten genau nach und beurteilen Sie ihre Schlüssigkeit.*

- *Veranschaulichen Sie sich Sokrates' Seinsverständnis, indem Sie eine Zeichnung anfertigen. Wie ließe sich dieses Seinsverständnis charakterisieren?*

- *Wird Ihrer Meinung nach die Zuordnung von Leib und Seele zu zwei Seinsbereichen der Existenz des Menschen gerecht? Kann diese Zuordnung erklären, wie die Seele auf den Körper und umgekehrt der Körper auf die Seele wirkt? Problematisieren Sie Sokrates' Seinsverständnis durch eigene Beispiele.*

Unsterblichkeitsvorstellungen

Luca Signorelli, Die Auferstehung des Fleisches, 1499–1504

▸ *Beschreiben und vergleichen Sie die Bilder hinsichtlich der dargestellten Unsterblichkeitsvorstellungen und zeigen Sie Gemeinsamkeiten und Unterschiede zu Platons* Seelentheorie (S. 45) auf.*

Die griechische Philosophie hatte eine starke Ausstrahlung auf die christlichen Wissenschaftler und über diese vermittelt auch auf die Denker des Islam. Seit dem Ende des 7. Jahrhunderts wurden unzählige Werke griechischer Wissenschaftler ins Arabische übersetzt. Zu den Werken, die man sich erschloss, gehörten u. a. auch die Platons und Aristoteles*. Platons* Seelentheorie war durch Plotin, den ersten großen Systematiker des mit dem 1. Jahrhundert n. Chr. sich entwickelnden Neuplatonismus*, in eine hierarchische Ordnung des Seins eingesetzt worden, die mit dem monotheistischen[1] Weltbild des Islam und des Christentums vereinbar war und christliche und muslimische Denker zum Austausch und produktiver Auseinandersetzung mit griechisch-christlichem Gedankengut anregte. Nach Plotins „Hypostasenmodell[2]" gliedert sich das Sein in Stufen, die sich immer weiter von dem eigentlichen Guten entfernen, jedoch in abnehmender Intensität von ihm dennoch durchdrungen sind. Somit spiegelt sich für Plotin das Weltall in jedem Wassertropfen. Dies Hervorgehen aller Dinge aus dem unveränderlichen, vollkommenen, göttlichen Einen wird als Emanation (Ausströmen) bezeichnet. Die Seele repräsentiert ein formendes Moment, welches den Prozess der Emanation ermöglicht.

1 monotheistisch: Religionen, deren Anhänger einen einzigen Gott verehren
2 Hypostasen: hier: Vereinigung von Göttlichem und Materiellem

Die Seele als Formkraft

So hat denn der Geist, indem er ein Stück von sich in die Materie dargab, still und ohne Erschütterung das All gewirkt. Es ist aber dies Stück rationale Form (Logos), die aus dem Geiste floß, denn was aus dem Geist erfließt, ist rationale Form, und die erfließt immerdar, solange denn der Geist in der Wirklichkeit gegenwärtig ist. So aber wie in der Formkraft, die im Samenkeime ruht, zunächst alle Momente am selben Punkte beisammen liegen und keines dem anderen widerstreitet oder uneins oder hinderlich ist, dann aber in der Masse die einzelnen Teile an verschiedene Stellen kommen und dann auch einander wohl hemmen und gar aufzehren – gleichermaßen

Iran, 16. Jh., Himmelfahrt des Propheten Mohammed

ist auch aus dem einheitlichen Geist und der aus ihm kommenden Formkraft unser All erstanden und auseinander getreten, und so sind die Dinge (in ihm) notwendigerweise nur zum Teil einander freundlich und hold, zum andern Teil aber verhasst und feindselig, sie schädigen sich wechselseitig teils absichtlich, teils unabsichtlich, die Vernichtung der einen bewirkt die Entstehung der andern; und indem sie solches unter sich wirken und leiden, bringen sie dennoch einen einheitlichen Zusammenklang hervor, jedes Einzelne tönt freilich nach der eigenen Weise, die Formkraft aber, die über ihnen waltet, erwirkt den Zusammenklang, die einheitliche Einfügung ins Ganze. Dies unser All ist ja nicht wie das dort droben Geist und rationale Form, sondern es hat nur Anteil an Geist und rationaler Form. Deswegen bedurfte es auch einer harmonischen Fügung, in welcher sich zusammenschlossen ‚Geist und Notwendigkeit', wobei die Notwendigkeit, als vernunftlose, zum Niederen hinzieht und zum Vernunftwidrigen treibt, dennoch aber ‚der Geist über die Notwendigkeit gebietet'. Denn das geistige Weltall ist ausschließlich Vernunft, und da ist es untunlich, dass noch eine zweite nur vernunfthafte Wesenheit entstehen sollte, sondern wenn noch etwas anderes entstehen sollte, so musste es geringer sein als jenes, es durfte also nicht Vernunft sein, andererseits auch nicht bloße Materie, denn dann wäre es ohne Ordnung und Schönheit; mithin musste es aus beiden gemischt sein. Und so läuft es denn aus in eine Mischung von Materie und rationaler Form, hebt aber an bei der Seele, welche diesem Gemisch vorsteht und nicht etwa Unheil dabei leidet, sondern sie regiert dies All auf leichteste Weise, gewissermaßen durch ihr bloßes Zugegensein.

Plotin, ca. 205–270 n. Chr., römisch-ägyptischer Philosoph

▸ *Veranschaulichen Sie sich Plotins Seinsmodell durch eine Grafik. Wie erklärt sich nach Plotins Emanationsmodell die Selbstständigkeit und Unsterblichkeit der Seele?*

▸ *Inwiefern spiegelt sich Plotins Emanationsgedanke in den auch sinnlichen Auferstehungsvorstellungen der Religionen?*

▸ *Zeigen Sie auf, inwiefern Plotins hierarchische Seinsordnung über Platons Zweiteilung der Welt in Ideen und Erscheinungen hinausgeht.*

Die Unsterblichkeit der Seele als Problem?

Seit dem beginnenden 16. Jahrhundert wurde die Frage nach der Unsterblichkeit der Seele zum zentralen und umstrittenen metaphysischen¹ Problem. Während im Mittelalter die Unsterblichkeit der Seele vorausgesetzt wurde, wurde sie nun zum Gegenstand einer äußerst kontroversen Diskussion. Man kann im Streit um die Unsterblichkeit der Seele drei Richtungen unterscheiden. Zunächst vertrat man die Auffassung, die Unsterblichkeit sei philosophisch nachzuweisen (z. B. Thomas von Aquin*, Albertus Magnus*), eine andere Gruppe glaubte, die Unsterblichkeit könne nicht mit Hilfe der Philosophie bewiesen werden, sie sei eine Sache des Glaubens. Eine dritte Gruppe ging ähnlich wie die erste Gruppe zwar von der philosophischen Nachweisbarkeit der Unsterblichkeit der Seele aus, meinte aber eher den allgemeinen Intellekt als die individuelle Seele: Vertreter dieser Gruppe hielten es für mit der Unsterblichkeitslehre durchaus vereinbar, dass der individuelle Intellekt bzw. die Seele losgelöst von Körper nicht selbstständig weiterexistieren kann (Alexander von Aphrodisias*). Später setzte sich allgemein – auch bei den Vertretern der Unsterblichkeitsthese – die Ansicht durch, diese sei philosophisch nicht zwingend zu belegen, sondern ginge als metaphysisches Problem weit über Erfahrbarkeit und Beweisbarkeit hinaus. Während man auf der einen Seite die Unsterblichkeitslehre als Ergebnis menschlichen Wunschdenkens psychologisierte und philosophisch verabschiedete, hielten andere Richtungen an ihr fest, da sie erfahrungsmäßig oder argumentativ auch nicht widerlegbar schien.

1 Metaphysik: Lehre, die das hinter der sinnlich erfahrbaren, natürlichen Welt Liegende, die letzten Gründe und Zusammenhänge des Seins behandelt

Unsterblichkeit: unabweislicher Glaube und unerweisliche Hypothese

Der Glaube an die Unsterblichkeit besagt, dass die einmal bestehenden Seelen in Ewigkeit fortdauern. In ihrem Vereintsein mit dem Körper ist die Seele der Zeitlichkeit unterworfen, in ihrem Eigensein aber nicht. Das würde bedeuten: Die Seele ist einerseits zeitlich und damit endlich und andererseits zeitlos und damit unendlich. Für das an den Naturwissenschaften orientierte Denken ist jedoch die Annahme einer in der Zeit befindlichen und doch nicht selbst zeitlich bestimmten Seele unvorstellbar. Es ist eine faktische Unmöglichkeit, dass dasselbe etwas zugleich in diesem und in jenem Moment ist. Und es ist eine logische Unmöglichkeit, dass etwas in einem bestimmten Moment ist und zugleich nicht ist.

Weil die Seele weder durch die Begriffe des Raumes und der Zeit eindeutig denkbar noch durch das Mittel der Erfahrung eindeutig fassbar ist, entzieht sie sich strengem Wissen, obwohl sie selbst jegliches Wissen innehat. Insbesondere übersteigt die Lehre von der Unsterblichkeit der Seele den Bereich zuverlässigen Wissens. Die Unsterblichkeit ist mit den Mitteln des Verstandes nicht zu beweisen. Denn sie behauptet einen unerfahrenen Zustand der unerweislichen Seele außer der erfahrungsbekannten Zeit und außer dem erfahrungsbekannten Raum. Aber die Lehre von der Unsterblichkeit ist mit den Mitteln des Verstandes auch nicht […] zu widerlegen. Diese Auffassung vertrat namentlich Kant*. Wenn auch die Lehre von der Unsterblichkeit […] nicht spekulativ beweisbar ist, so stellt sie für Kant doch ein Postulat¹ der praktischen Vernunft dar.

Im Problem der Unsterblichkeit treffen somit zwei Fragestellungen zusammen, nämlich einerseits die theoretische Frage, ob die unendliche Fortdauer eines geschaffenen Seienden möglich ist, und andererseits die praktische, d. h. auf die Stellung des Menschen in der Welt bezogene Frage, was die postulierte unendliche Fortdauer für uns persönlich bedeutet. Die Unsterblichkeit ist mithin nicht eine bloß theoretische Streitfrage. Sondern sie ist zugleich die praktische Kernfrage nach der Stellung des Menschen in der Welt. Sie geht uns selbst etwas an. In ihr ballt sich die Problematik der Metaphysik mit letzter, unerbittlicher Konsequenz auf uns selbst zusammen. Denn mögen wir von den Fragen nach Gott, der Welt und der Freiheit als unabänderlichen Gegebenheiten absehen, so können wir nicht in gleicher Weise von der Frage der Unsterblichkeit absehen, weil diese uns selbst betrifft.

Kein anderes Problem der Metaphysik ist in seinen Konsequenzen so stark auf den Menschen und die von ihm zu bewältigende Zukunft bezogen wie das der Unsterblichkeit und mithin für die individuelle Lebensgestaltung wie für das Kulturleben von gleich ausschlaggebender Bedeutung. Denn keines hängt so eng und unmittelbar zusammen mit den letzten Hoffnungen und Ängsten des Menschen. Von keinem hängt so unzweideutig die Sinngebung des Lebens ab wie von ihm. […]

Im Unsterblichkeitsglauben sträubt sich der Mensch gegen die Annahme, dass er mit dem Tode des Körpers in ein absolutes Nichts zergehe, dass die Seele in völliger Nichtigkeit zerfalle. Denn anders als für den Buddhisten* besteht für den abendländischen Menschen das Ziel seiner existenziellen* Sehnsucht eben nicht im Nirwana*, in der Rückkehr ins All und Nichts, nicht in der Verlöschung alles Geformten und nicht in der Resignation über die Sinnlosigkeit des Weltseins. Sondern es besteht im Glauben an die unendliche Fortdauer der Seele in einem von den Mühsalen des Weltseins befreiten und aller weiteren Veränderung enthobenen Dasein.

Damit erweist sich der Unsterblichkeitsglaube im echten Sinn als unabweislicher Glaube. Denn der Verzicht auf ihn ließe eine Forderung der Vernunft gegenüber dem Sein unerfüllt. Zugleich erweist er sich als unausweichlicher Glaube. Denn er ist gegenüber dem Verstande nicht als gesichertes Wissen gerechtfertigt. In seiner praktischen Frage erwächst er aus einem Wunschgedanken. Und in seiner theoretischen Frage stellt er eine unerweisliche Hypothese dar.

Das Unsterblichkeitsproblem übersteigt die Grenze möglicher Erfahrung. Andererseits ist es innerhalb der Grenzen der theoretischen Vernunft […] nur in Analogie zur Erfahrung sinnvoll zu beantworten. Denn wenn es nicht ausschließlich […] auf religiösem Glauben beruhen soll, ist es nur aus der Annahme der Gültigkeit des Erhaltungssatzes auch im Bereich des Seelischen zu begründen: Wie die Energie im Wandel der physischen Prozesse über einen bestimmen Zustand hinaus erhalten bleibt, so bleibt auch die Seele, als die aktive „Energie" des Menschen, im Wandel des Leibes und über seinen Tod hinaus erhalten.

1 Postulat: unbedingte (sittliche) Forderung

Wilhelm Risse, 1931–1998, deutscher Philosoph

Vollziehen Sie Risses Argumentation nach.

Zeigen Sie auf, wie Risse den besonderen Stellenwert der Unsterblichkeitsfrage als metaphysisches Problem begründet.

Stirbt im Tod das Bewusstsein?

Frida Kahlo, Der Traum oder das Bett, 1940

Die mexikanische Malerin Frida Kahlo war durch chronische Krankheiten und einen schweren Unfall lebenslangem Leiden ausgesetzt. Auf diesem Bild ist das Bett, in dem sie schlief und krank lag, genau abgebildet. Die so genannte Judasfigur in Gestalt eines Skeletts gehört zu einem der berühmten mexikanischen Feuerwerkskunstwerke, die oft eine halbe Stunde brauchen, um nach und nach abzubrennen. Am Ostersamstag lassen viele Mexikaner mit Knallkörpern umwickelte Pappmaché-Judasfiguren explodieren. Die Bezeichnung Judasfigur geht zurück auf Judas Iskariot, der sich nach seinem Verrat an Jesus erhängt hatte (Matthäus 27, 3–11). Frida Kahlo hatte auf ihrem Bett eine solche Figur liegen. 1940, in dem Jahr, in dem das Bild entstanden ist, hatte Frida Kahlo sich wegen der Untreue ihres Mannes von ihm getrennt. Die Farbe Gelb symbolisierte für sie Wahnsinn, Krankheit und Angst; die Farbe Blau war für sie die lebendigste aller Farben.

- Beschreiben Sie die Wirkung der Farben im unteren Bildbereich im Gegensatz zum oberen. Gibt es weitere Gegensätze, die das Bild bestimmen?

- Vergleichen Sie die Darstellung des Todes auf Frida Kahlos Gemälde mit derjenigen William Blakes auf S. 44.

- Vergleichen Sie auch die hier zum Ausdruck kommende Einstellung zur Bedeutung des Todes und finden Sie mögliche Erklärungen.

Das griechisch-antike Verständnis von der Seele als vom Körperlichen unabhängiger Seinsbereich wurde von der naturwissenschaftlichen Forschung heftig bestritten und somit auch die Lehre von der Unsterblichkeit der Seele in Frage gestellt. Stattdessen vertreten die Naturwissenschaften eher die Position, Körperliches und Seelisches seien in einem Verhältnis gegenseitiger Abhängigkeit und untrennbar miteinander verbunden. Teilweise gehen moderne Forscher sogar so weit, seelische Probleme von physischen abzuleiten bzw. einen qualitativen Unterschied zwischen Seele und Körper abzustreiten. Im Ansatz nahm schon im 19. Jahrhundert der Philosoph Arthur Schopenhauer manche Thesen der modernen Hirnforschung vorweg.

Die Seele: bloß eine Funktion des Gehirns

Denn im Tode geht allerdings das Bewusstsein unter [...]. Das Bewusstsein nämlich beruht zunächst auf dem Intellekt, dieser aber auf einem physiologischen Prozess. Denn er ist augenscheinlich die Funktion des Gehirns und daher bedingt durch das Zusammenwirken des Nerven- und Gefäßsystems; näher, durch das vom Herzen aus ernährte, belebte und fortwährend erschütterte Gehirn, durch dessen künstlichen und geheimnisvollen Bau [...] das Phänomen der objektiven Welt und das Getriebe unserer Gedanken zustande kommt. Ein individuelles Bewusstsein, also überhaupt ein Bewusstsein, lässt sich an einem unkörperlichen Wesen nicht denken, weil die Bedingung jedes Bewusstseins, die Erkenntnis, notwendig Gehirnfunktion ist, eigentlich, weil der Intellekt sich objektiv als Gehirn darstellt.

Arthur Schopenhauer, 1788–1860, deutscher Philosoph

- Verfassen Sie parallel zu Schopenhauers Ausführungen ein Statement aus der Sicht eines Befürworters der Lehre von einer Fortexistenz der Seele.

- Vergleichen und charakterisieren Sie die zugrunde liegenden Vorstellungen vom Sein.

- Diskutieren Sie das Pro und Contra der gegensätzlichen Positionen.

Körper und Seele – Einheit oder Zweiheit?

Die moderne Anthropologie[1] setzt sich mit der Frage nach der Selbstständigkeit des Psychischen, also nach dem Verhältnis von Körper und Seele auseinander. Die dualistische Vorstellung von den entgegengesetzten autonomen Seinsbereichen Körper und Psyche wird in der Sprache der Anthropologie auch als nicht reduktionistische und die monistische Vorstellung, welche geistig-seelische Phänomene auf Körperfunktionen zurückführt (reduziert), als reduktionistische bezeichnet. Der folgende Text des amerikanischen Philosophen Derek Parfits ist ein Plädoyer für die reduktionistische Theorie vom Sein und fragt besonders nach deren Auswirkungen auf das persönliche Lebensgefühl.

1 Anthropologie: Wissenschaft vom Menschen und seiner Entwicklung in natur- und geisteswissenschaftlicher Hinsicht

Befreiung vom Selbst

Als ich glaubte, dass meine Existenz eine […] zusätzliche Tatsache sei, schien es, als ob ich in mir selbst gefangen wäre. Mein Leben kam mir vor wie ein Glastunnel, durch den ich mich mit jedem Jahr schneller bewegte, und am Ende des Tunnels war Finsternis. Als ich meine Sicht der Dinge änderte, verschwanden die gläsernen Wände des Tunnels. Jetzt lebe ich in freier Luft. […] Als ich noch die nichtreduktionistische Sicht vertrat, kümmerte mich mein unausweichlicher Tod mehr. Nach meinem Tod wird niemand leben, der ich sein wird. Diese Tatsache kann ich jetzt anders beschreiben. Obwohl es auch später viele Erfahrungen gibt, wird keine dieser Erfahrungen so direkt mit meinen gegenwärtigen verbunden sein, wie es bei der Erinnerung an Erfahrungen oder bei der Ausführung einer früheren Absicht der Fall ist. Einige dieser zukünftigen Erfahrungen beziehen sich vielleicht auf meine jetzigen in weniger direkter Art. So wird es später Erinnerungen an mein Leben geben. Vielleicht gibt es auch Gedanken, die von meinen Ideen beeinflusst sind, oder Taten, die auf meinen Rat hin erfolgen. Mein Tod wird die direkteren Verknüpfungen zwischen meinen jetzigen Erfahrungen und denen der Zukunft lösen, aber viele andere Verknüpfungen bleiben bestehen. Darin erschöpft sich die Tatsache, dass niemand leben wird, der ich ist. Jetzt, da ich es so sehe, erscheint mir mein Tod weniger schlimm. Statt „Eines Tages bin ich tot" sollte ich besser sagen: „Es wird keine zukünftigen Erfahrungen geben, die auf bestimmte Weise mit den jetzigen verknüpft sind." Diese neue Beschreibung macht die Tatsache des Todes weniger deprimierend, weil sie mich daran erinnert, was Tod bedeutet. Oder angenommen, ich muss ein großes Unglück erleben. Anstatt zu denken: „Ich werde die leidende Person sein", sollte ich mir sagen: „Es wird Leiden geben, die auf bestimmte Weise mit meinen jetzigen Erfahrungen zusammenhängen." Auch hier erscheint mir die neu beschriebene Tatsache nicht mehr so schlimm. […] Weil er meine Gefühle auf diese Weise berührt, bin ich froh, dass der reduktionistische Standpunkt der richtige ist.

*Derek Parfit, *1942, amerikanischer Philosoph*

- Erklären Sie, inwiefern Parfit den Tod als Befreiung empfindet, und vergleichen Sie seine Position mit den von Risse angeführten Motiven des Unsterblichkeitsglaubens.

- Beschreiben Sie die Emotionen, die eine Position, die die Seele als eigenständigen Seinsbereich leugnet, in Ihnen auslöst. Hat die Beantwortung der Frage Auswirkungen auf Ihre Vorstellungen vom Sinn des Lebens?

Credo eines wissenschaftlichen Humanisten

Das Unsterblichkeitsproblem galt lange als Schlüssel für die Frage nach dem Sinn des Lebens. Wo sich in religiöser Sicht erst durch das Weiterleben der Seele nach dem Tod der eigentliche Sinn des Lebens erfüllt, muss man sich mit der Erfahrung des Sinnverlusts auseinander setzen, die sich als Konsequenz aus der Ablehnung der Unsterblichkeitstheorie ergab. Im Folgenden streitet Julian Huxley einen zwingenden Zusammenhang zwischen der Lehre vom Leben nach dem Tod und der Frage nach dem Sinn des Lebens ab.

Ich glaube, dass es eine Reihe von Fragen gibt, die zu stellen sich nicht lohnt, weil sie nie beantwortet werden können. Nichts als Zeitverschwendung, Traurigkeit oder Ärger sind die Folge, wenn man sich an der Lösung unlösbarer Probleme versucht. […] Ich erinnere an die Geschichte von dem Philosophen und dem Theologen. Die beiden kriegten sich bei einer Diskussion in die Haare, und der Theologe tischte den alten Spruch über die Philosophen auf: Ein Philosoph sei wie ein Blinder, der in einem dunklen Raum eine schwarze Katze suche, die es nicht gebe. „Das mag schon sein", entgegnete der Philosoph, „aber ein Theologe hätte sie gefunden." […] Mit der Unsterblichkeit verhält es sich ähnlich. Unsere jetzigen Fähigkeiten erlauben keine eindeutige Antwort auf die Frage, ob wir unseren Tod überleben; und erst recht keine Aussage darüber, wie ein Leben nach dem Tod aussehen würde. Da das nun mal so ist, vergeudet Zeit und Energie, wer seine Kraft auf das Problem verwendet, in einem zukünftigen Leben Erlösung zu erlangen. Aber wie die Gottesvorstellung besteht auch die Idee der Erlösung aus Elementen unserer Erfahrung. Übersetzt man „Erlösung" in Begriffe dieser Welt, wird die Bedeutung klar: Herstellung eines harmonischen Gleichgewichts zwischen den verschiedenen Facetten unserer Natur, einschließlich ihrer unbewussten Tiefen und selten berührten Höhen; Erreichen eines befriedigenden Zustands der Anpassung an die Welt – Welt hier nicht nur als die Natur, sondern auch als die soziale Welt des Menschen verstanden. Ich glaube, es ist möglich, in diesem Sinn „Erlösung zu erlangen", und richtig, sich darum zu bemühen; ich halte es auch für möglich und wertvoll, sich mit einer dem gewöhnlichen Leben übergeordneten Sache vereinigt zu fühlen, auch wenn diese Sache kein Gott ist, sondern eine Erweiterung unseres engen Selbst, durch die wir mit einem Mal bislang unberührte Regionen unserer inneren und äußeren Erfahrungswelt entdecken. […] Entscheidend ist, dass Frauen und Männer auch ohne diese Glaubenssätze zu einem ausgefüllten und zweckvollen Leben fähig sind und ebenso fest wie die bravsten Gläubigen der Überzeugung sein können, dass es sich lohnen kann, zu leben.

Julian Huxley, 1887–1975, englischer Biologe

- Versuchen Sie die Frage nach dem Sinn des Lebens aus der Perspektive Huxleys zu beantworten.

- Nehmen Sie Stellung zu Huxleys Argumenten für eine Entkopplung der Fragen nach einem Leben nach dem Tod und nach dem Sinn des Lebens.

- Halten Sie die Frage nach dem Leben nach dem Tod für Zeitverschwendung? Diskutieren Sie darüber und begründen Sie Ihre Meinung.

4. Was ist der Mensch?

Push red wa blue ko

„Push red wa blue ko", brabbelt es aus dem Computerlaptop, in dem die Sprachroboter miteinander plaudern, „wabaku" und „wawosido". [Der Leiter des Sony-Labors für Computerwissenschaft in Paris Luc] Steels hat seinen Robotern einge-
5 pflanzt, was zum allerletzten Schrei unter KI-Forschern[1] gehört: ein realistischer Lautgenerator, ein Gedächtnis und ein Programm zur Erkennung von Mustern. Doch einen Sinn für Syntax, Vokabular oder Grundkenntnisse von Semantik hat Steels ihnen vorenthalten:
10 Sprechen müssen die Maschinen schon selber lernen – und zur Verblüffung der Linguisten tun sie das auch. [...] Im Digitaltalk der Maschinenwesen entstanden nicht nur Wörter, die alle Roboter gemeinsam verwendeten. Der soziale Austausch gebar sogar eine primitive Form von Grammatik.
15 Zu Beginn des Versuchs zeigte Steels seinen Automatengeschöpfen lediglich Gegenstände, die sie mit ihrer Mustererkennungssoftware identifizieren sollten. Der eine Roboter fungierte sodann als Sprecher und versuchte, dem anderen zu erklären, welches Objekt er gerade sieht.
20 Damit die künstlichen Gestalten zum Gedankenaustausch angeregt wurden, bekamen sie immer dann eine virtuelle Belohnung, wenn sie sich auf einen gemeinsamen Begriff geeinigt hatten. Immer mehr wuchs auf diese Weise ein gemeinsamer
25 Wortschatz.

1 KI: künstliche Intelligenz

Gerald Traufetter, deutscher Redakteur

🔵 *Nehmen Sie Stellung zu den im Artikel vorgestellten Thesen. Diskutieren Sie die Bewertung der Lautproduktion von Computern als Gedankenaustausch.*

🔵 *Untersuchen Sie, wo hier Beobachtungen und wo Interpretationen vorliegen, und formulieren Sie eine Gegendarstellung zu den hier präsentierten Forschungsergebnissen aus der Sicht eines Anhängers der Seelentheorie (vgl. S. 42–47).*

🔵 *Führen Sie ein Streitgespräch zwischen Vertretern der künstlichen Intelligenz und der Seelentheorie. Auf welchen Vorstellungen vom Menschen beruhen die unterschiedlichen Positionen?*

🔵 *Gedankenexperiment: Angenommen, Steels Auslegung träfe zu, ...*

Die anthropologische Frage

Die drei zentralen Fragen der Philosophie „Was kann ich wissen?", „Was soll ich tun?" und „Was darf ich hoffen?" beziehen sich laut Kant* alle auf eine übergeordnete Frage: „Was ist der Mensch?" Die philosophische Disziplin, die sich diese Frage stellt, ist die Anthropologie. Sie ist im Vergleich zu anderen wie Metaphysik oder Ethik eine verhältnismäßig junge Disziplin, die vor allem im Zusammenhang mit zwei das traditionelle Weltbild erschütternden Theorien Bedeutung erlangte: Darwins Evolutionstheorie und der modernen Hirnforschung. Die philosophische Anthropologie fragt nach den spezifischen Eigenschaften des Menschen, die ihn z. B. im Unterschied zum Tier zum Menschen machen, die also sein Wesen begründen.

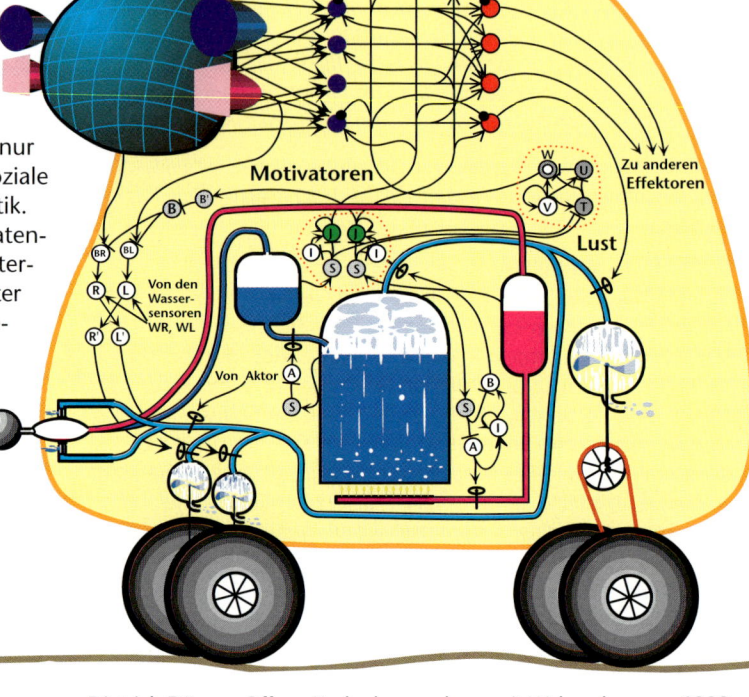

Dietrich Dörner, Offene Kaskadenregelung mit Wahrnehmung, 1998

> Wir haben ein Maschinenwesen programmiert, das wir Emo getauft haben. Emo ist eine Art fühlende Dampfmaschine und bewegt sich in einer künstlichen Computerwelt. Es soll wie ein Mensch empfinden und reagieren. Es hat also gelernt sich zu versorgen. Es hat Durst, wenn sich sein Kessel leert, es lässt sich reparieren, wenn Öl ausläuft, es ärgert sich über holprige Wege.

Dietrich Dörner, *1938, deutscher Psychologe

🔵 *Erklären Sie unter Bezug auf die Abbildung, wie sich für Dörner psychische Prozesse darstellen lassen könnten. Erklärt Dörners „Bauplan der Seele", was die Seele ist?*

🔵 *Zeigen Sie unter Berücksichtigung der in den vergangenen Abschnitten erläuterten Fragen der Philosophie, inwiefern sich diese alle auf die Frage nach dem Menschen und seinem Wesen beziehen.*

Künstliche Intelligenz

Für die Vertreter der künstlichen Intelligenz ist Denken nichts anderes als Symbolverarbeitung und kann daher auch auf einem Computer simuliert werden. Da jede Denkoperation auf Computer übertragbar ist, kann im Prinzip jeder Computer zu einem denkenden Wesen werden.

Die Seele als Informationsverarbeitung?

Dietrich Dörner setzt sich in folgendem inneren Dialog kritisch mit der Frage auseinander, ob sich die Gefühle als Informationsverarbeitungsprozesse darstellen lassen, die man im Computer leicht nachmodellieren könnte.

Wahrnehmen und Erkennen, Urteilen und Handeln, Lieben, und Hassen, Traum, Intuition, Denken, Lernen und Empfinden ... Die moderne Kognitionswissenschaft baut darauf auf, dass sich all das als Gefüge von Prozessen der Informationsverarbeitung darstellen lässt.

Die Seele als Informationsverarbeitung? Informationsverarbeitung bedeutet doch, dass in einem Computer aus einem Speicherwort 0010 0100 ein Speicherwort 0101 1010 wird. Die Seele als Gefüge von 0-1-Umwandlungen? Das kann doch nicht wahr sein. Vielleicht können bestimmte Formen des Denkens so dargestellt werden. Aber die Reichhaltigkeit und die verschiedenen Formen und die Wandelbarkeit menschlichen Denkens: das ist doch nicht 0-1! Und wie steht es mit den Gefühlen, mit der Fantasie, Intuition, Bewusstsein? Ein thymianduftender Vollmondabend auf der Terrasse eines alten Schlosses in der Provence: 0 und 1! Wütender Hass, glühende Liebe: 0 und 1? Nein!

Rosen und gotische Dome, Hängebrücken, Ozeandampfer, die Eiswüsten der Arktis, Wolken, knorrige Eichen, duftender Kaffee: All das besteht aus sehr wenigen Arten von Elementarteilchen, aus Elektronen, Protonen und Neutronen. Die Vielfalt kommt durch die unendlichen Verknüpfungen und Wiederholungen des Einfachen zustande. Könnte es nicht vielleicht beim menschlichen Seelenleben ähnlich sein?

Viel mehr als 0-1 machen unsere Nervenzellen ja gar nicht. Kann man denn so die Liebe als gleichsam digitalen Prozess beschreiben? Wenn man darangeht und Liebe einmal in ihre Bestandteile zerlegt, sie analysiert, dann kann man erkennen, dass solch hochkomplexes psychisches Geschehen durchaus aus einzelnen Informationsverarbeitungsprozessen zusammengesetzt ist. Liebe ist nichts Einfaches und taucht außerdem in vielfältigen Erscheinungsformen auf. Aber es gibt bestimmte Prozesse und Zustände, die man durchaus als Prozesse der Informationsverarbeitung erkennen kann. Motive zum Beispiel. Bei Liebe spielt natürlich Sexualität eine Rolle. Nehmen wir das Bedürfnis nach Vertrautheit, nach Bindung hinzu und die Neugier. Solche Motivationen lassen sich als Prozesse der Informationsverarbeitung darstellen. Man braucht dazu ein bestimmtes Konzept der Ist-/Sollwert-Abweichung, der Zielsetzung, der Aktivierung, der Berechnung von Handlungsprozessen, Erwartungen. Kognitive Prozesse spielen eine Rolle. Was wäre Liebe ohne Idealisierung? Was wäre Liebe, wenn man den Geliebten oder die Geliebte nicht makellos und fehlerfrei sehen würde? Wie kommen solche Fehlwahrnehmungen zustande? Beispielsweise durch Informationsabkapselung; man baut sich das Idealbild der geliebten Person so auf, wie man es haben möchte. Und diese Konstruktion eines Idealbildes kann man durchaus als Informationsverarbeitung beschreiben, die unter bestimmten Bedingungen stattfindet, etwa unter der Bedingung der Kontaktverweigerung. Man darf, damit ein solches Idealbild entsteht, nicht allzu viel Kontakt mit dem Objekt seiner Liebe haben. Und das kommt bei Liebesbeziehungen leicht dadurch zustande, dass sich das Ziel der eigenen Bestrebungen der Annäherung entzieht. Zurückhaltung, Scham, Scheu: Mechanismen zur Erzeugung eines Idealbildes und damit Mechanismen zur Verstärkung der Liebe; nicht allein dadurch, dass die Frustration die Stärke des Begehrens erhöht, sondern auch dadurch, dass mangelnder Kontakt zur Idealisierung und damit zur Steigerung des Wertes führt.

Und wenn man das angestrebte Ziel nicht erreichen kann? Wenn das Einzige, worum es sich lohnt zu kämpfen, unerreichbar erscheint, dann zeigen sich hier die Begrenztheiten der eigenen Fähigkeiten. Resignation und Verzweiflung sind die Folge.

Man kann also durchaus die Mechanismen und die dahinter stehenden Informationsverarbeitungsprozesse aufzählen, die eine glückliche oder unglückliche Liebesbeziehung ausmachen. Man muss nur sezieren, „Seelenanatomie" betreiben. Wenn man so beginnt und fortfährt, kann man Liebe durchaus als Informationsverarbeitung beschreiben.

Und das Gefühl für die Schönheit? Wie soll es Informationsverarbeitung sein, dass man etwas schön findet?

Wie nicht? Wenn man Lebewesen mit einem Bedürfnis nach Bestimmtheit, Regelmäßigkeiten, Voraussagbarkeit ausstattet (und man muss das tun, damit sie überleben können), dann leiden Lebewesen unter Unbestimmtheit und streben nach Bestimmtheit. Ästhetische Objekte aber zeichnen sich [...] durch ihre Rätselhaftigkeit, ihre Unbestimmtheit aus. Und der Kern des ästhetischen Genusses ist die Beseitigung der Unbestimmtheit, das Auflösen des Rätsels. [...]

Und Bewusstsein? Oder gar das Gefühl des „Selbstseins"?

[...] Der Schwerpunkt im Alltagsgebrauch des Wortes [Bewusstsein] scheint mir darin zu liegen, dass man sagt, man sei bei Bewusstsein, wenn man sich selbst, sein Wahrnehmen, Denken, Tun, zum Objekt der Betrachtung machen kann. Technisch läuft das darauf hinaus, dass man die Protokolle des vergangenen Verhaltens und der inneren Prozesse zum Objekt der Betrachtung macht. [...] Und aus dieser Betrachtung des eigenen Logbuchs kann man auch Kenntnisse über sich selbst beziehen. [...]

Auch die „Seele" ist ein Gefüge von Prozessen, die einander kausal beeinflussen. Es gibt keine Notwendigkeit dafür, bei Seelenprozessen irgendetwas wie „Indeterminiertheit[1]" anzunehmen. Vielmehr fügt sich auch das Seelenleben vollständig der kausalen Determination.

1 Indeterminiertheit: Unbestimmtheit

*Dietrich Dörner, *1938, deutscher Psychologe*

Führen Sie in Partner- oder Gruppenarbeit Dörners inneren Dialog fort. Diskutieren Sie das Pro und Contra beider Positionen.

Stellen Sie, ausgehend von Dörners Artikel, eine Mind-Map zur Frage nach dem Menschen her, in der Sie die Beziehungen zwischen Gefühlen, Bewusstsein, Selbstbewusstsein, Bedürfnissen, Motiven, Nervenzellen usw. veranschaulichen. Beziehen Sie gegebenenfalls auch eigene Überlegungen mit ein.

Ergebnis der Evolution?

Der Mensch stammt vom Affen ab

Im Jahr 1859 erfährt das traditionelle christlich geprägte Menschenbild eine fundamentale Erschütterung: Charles Darwins „On the Origin of Species" erscheint. Der englische Botaniker und Zoologe führt die Entwicklung aller Lebewesen auf zufällige Veränderungen im Erbgut und auf natürliche Auslese zurück. In seiner Schrift „The Descent of Man" von 1871 bezieht Darwin den Menschen ausdrücklich in diesen Prozess ein.

Die große Ähnlichkeit zwischen dem Menschen und den unter ihm stehenden Tieren sowohl in der Embryonalentwicklung als auch in unzähligen bedeutungsvollen oder auch bedeutungslosen Punkten der Struktur und der Konstitution, die Rudimente, die er noch bewahrt, und die abnormen Rückschläge, denen er zuweilen unterworfen ist – das sind Tatsachen, die nicht bestritten werden können. [...]
Es ist unglaublich, dass alle diese Tatsachen eine falsche Sprache reden sollten. Wer nicht gleich einem Wilden damit zufrieden ist, die Naturerscheinungen als unzusammenhängende Geschehnisse zu betrachten, der kann nicht länger mehr glauben, dass der Mensch seinen Ursprung einem separaten Schöpfungsakt verdanke. Er wird sich zur Erkenntnis gezwungen sehen, dass die große Ähnlichkeit eines Menschenembryos mit dem Embryo z. B. eines Hundes, der Bau seines Schädels, seiner Gliedmaßen und seines ganzen Körpers nach demselben Plan wie bei den anderen Säugetieren, unabhängig von dem Gebrauch, zu dem die Teile bestimmt sind, dass das gelegentliche Wiedererscheinen verschiedener Strukturen, z. B. verschiedener Muskeln, die der Mensch normalerweise nicht besitzt, die jedoch bei den Quadrumanen[1] gewöhnlich sind, und eine Menge analoger Tatsachen in der deutlichsten Weise zu dem Schluss führen, dass der Mensch und die anderen Säugetiere von derselben Stammform abstammen. [...]
Wir erkennen so, dass der Mensch von einem haarigen, geschwänzten Vierfüßer abstammt, der wahrscheinlich auf Bäumen lebte und die Alte Welt bewohnte. Würde dieses Geschöpf in seinem ganzen Bau von einem Naturforscher untersucht, so würde es unter die Quadrumanen eingereiht werden, ebenso sicher wie der noch ältere Ahne der alt- und neuweltlichen Affen. Die Quadrumanen und alle höheren Säugetiere haben sich wahrscheinlich von alten Beuteltieren abgezweigt, diese durch eine lange Reihe verschiedener Formen von amphibienähnlichen Geschöpfen, diese wieder von fischähnlichen. In einer sehr weit zurückliegenden Zeit muss die Stammform aller Wirbeltiere ein im Wasser lebendes Tier gewesen sein, welches durch Kiemen atmete, hermaphroditisch[2] war und bei dem die wichtigsten Organe (wie das Herz und das Gehirn) noch unvollkommen oder auch gar nicht entwickelt waren. Dieses Tier wird den Larven der jetzt lebenden Ascidien[3] ähnlicher gewesen sein als irgendeiner anderen bekannten Form.
Wenn wir zu dieser Schlussfolgerung vom Ursprung des Menschen gekommen sind, so stellt sich uns der hohe Zustand unserer intellektuellen Fähigkeiten und moralischen Disposition als die größte Schwierigkeit dar. Jeder aber, der das Prinzip der Entwicklung annimmt, muss sehen, dass die geistigen Fähigkeiten der höheren Tiere, welche zwar dem Grade nach, aber nicht der Art nach von denen des Menschen verschieden sind, entwicklungsfähig sind. Der Unterschied zwischen den geistigen Fähigkeiten der höheren Affen und eines Fisches, oder zwischen einer Ente und einer Schildlaus, ist ungeheuer; aber ihre Entwicklung bietet keine besondere Schwierigkeit; denn bei unseren Haustieren sind die geistigen Fähigkeiten sicher variabel, und die Variationen werden auch vererbt. Niemand zweifelt, dass sie für Tiere im Naturzustand von der größten Bedeutung sind. Somit sind die Bedingungen ihrer Entwicklung durch natürliche Zuchtwahl günstig. Dieselbe Schlussfolgerung kann auf den Menschen angewendet werden; der Intellekt muss für ihn alles bedeutend gewesen sein, selbst in einer sehr weit zurückliegenden Periode, da er ihn in den Stand gesetzt hat, die Sprache zu erfinden und anzuwenden, Waffen, Werkzeuge, Fallen usw. herzustellen, wodurch er, unterstützt durch seine sozialen Gewohnheiten, schon seit langem das über alle anderen Geschöpfe herrschende Tier geworden ist.
Ein großer Schritt in der Entwicklung des Intellekts muss erfolgt sein, sobald die halb künstliche und halb instinktive Sprache in Gebrauch kam, denn der beständige Gebrauch der Sprache wird auf das Gehirn zurückgewirkt und eine vererbliche Wirkung hervorgebracht haben; und dies wieder wird der Vervollkommnung der Sprache zugute gekommen sein.

1 Quadrumanen: Vierhänder
2 Hermaphrodit: Zwitter
3 Ascidien: Seescheiden (Ordnung der ‚primitiven' Manteltiere)

Charles Darwin, 1807–1882, englischer Botaniker und Zoologe

- Mit welchen Argumenten stützt Darwin seine These und wie belegt er sie methodisch?

- Informieren Sie sich über das Prinzip der natürlichen Zuchtwahl oder Auslese im Lexikon oder im Biologieunterricht.

- Vollziehen Sie Darwins Erklärung des menschlichen Intellekts nach und zeigen Sie, welche Konsequenzen dies für sein Menschenbild hat.

- Verdeutlichen Sie sich, welche provokative Wirkung Darwins Thesen auf das zeitgenössische Publikum gehabt haben müssen. Versetzen Sie sich in das zeitgenössische Weltbild und verfassen Sie einen Leserbrief zu Darwins Thesen.

- Wie beurteilen Sie persönlich Darwins Erklärungen zu den intellektuellen Fähigkeiten des Menschen? Begründen Sie Ihre Position und diskutieren Sie darüber.

Evolutionstheorie

Die vom englischen Wissenschaftler Charles Darwin begründete biologische Evolutionstheorie fußt auf zwei Grundannahmen: Die Entwicklung von Leben vollzieht sich in Stufen. Die erste Stufe ist geprägt durch die Veränderungen in einer Population. Diese entstehen durch Fortpflanzung und Mutation (spontane Veränderung im Erbgefüge). Die somit zufällige Ungleichförmigkeit (Variabilität) von Populationen enthält auf der zweiten Stufe der Entwicklung eine bestimmte Richtung, und zwar durch das Prinzip der natürlichen Auslese (Selektion), die diejenigen bevorzugt, die am besten angepasst sind. Langfristig werden so die am besten angepassten genetischen Strukturen dominant.

Vom Grunzen zur Poesie

Sprachentwicklung am Stammbaum des Menschen

Sahelanthropus tchadensis
ältester Vormensch

vor 6 Millionen Jahren

Vor mehr als sechs Millionen Jahren trennte sich der evolutionäre Weg des Menschen von dem des afrikanischen Menschenaffen. Seitdem beginnen sich die körperlichen Voraussetzungen für die Sprache zu bilden: der aufrechte Gang, der Stimmapparat und der vergrößerte Rachenraum.

Australopithecus afarensis

Im Gegensatz zu den frühen Hominiden könnte der **Homo erectus** bereits über Ansätze eines Sprachapparats verfügt haben, mit dem er Grunzlaute besser modulieren konnte als seine Vorfahren. Der Homo erectus benutzte keilartige Werkzeuge, was ein bestimmtes Maß an abstrakter Denkfähigkeit voraussetzte. Seitdem dürfte die Herausbildung von Lauten und ersten Worten einer Protosprache begonnen haben.

Homo habilis

Homo erectus

Moderner Homo sapiens

vor 1 Millionen Jahren

Gorilla
Bonobo, Schimpanse
Klassischer Neandertaler

Nachdem der moderne Homo sapiens vor rund 150 000 Jahren die Weltbühne betrat, vollzog sich eine regelrechte kulturelle Revolution: Er fertigte Werkzeuge aus Holz und Knochen, stellte Schmuck her und malte. Ob diese geistigen Fähigkeiten Voraussetzung oder Folge der Sprachfähigkeit waren, ist noch unklar. Sicher ist, dass der Homo sapiens bereits eine komplette Sprache mit Wörtern und Grammatik entwickelt hatte, die er vor etwa 50 000 Jahren von Afrika aus in andere Kontinente brachte.

◀ *Informieren Sie sich über die Eigenschaften und Leistungen der Vorstufen des Homo sapiens. Worin unterscheiden sie sich von den Menschenaffen und inwiefern gehören sie in unterschiedlicher Ausprägung zur Gattung Mensch?*

◀ *Geben Sie an, welche Merkmale für Sie die qualitative Differenz zwischen Mensch und Menschenaffen ausmachen.*

Wie kommt Homo sapiens zur Seele?

Im Folgenden setzt sich Darwin mit den Kritikern seiner Evolutionstheorie aus dem Kreis der Vertreter eines christlichen Menschenbildes auseinander. Ein gravierender Einwand bestand für diese in der Unmöglichkeit, mit Darwins Entwicklungsmodell die Theorie einer unsterblichen Seele zu beweisen.

Wer an die Entwicklung des Menschen aus einer niederen Form glaubt, wird natürlich auch fragen, was dies für den Glauben an die Unsterblichkeit der Seele bedeutet. [...] Manche Personen fühlen sich bedrückt durch die Unmöglich-
5 keit, zu bestimmen, auf welcher Stufe der individuellen Entwicklung, von der ersten Spur eines winzigen Keimbläschens an, der Mensch zu einem unsterblichen Wesen wird; aber ebenso unmöglich ist eine solche Bestimmung bei der allmählich aufsteigenden organischen Stufenleiter. [...]
10 Mein Erstaunen beim ersten Anblick einer Herde Feuerländer an einer wilden und zerklüfteten Küste werde ich nie vergessen; denn ganz plötzlich fuhr es mir durch den Kopf: so waren unsere Vorfahren. Diese Menschen waren absolut nackt und mit Farbe beschmiert, ihre langen Haare waren durcheinander
15 gewirrt, ihr Mund schäumte in der Erregung und ihr Ausdruck war wild, erschreckt und misstrauisch. Sie kannten kaum irgendeine Kunst und gleich wilden Tieren lebten sie von dem, was sie gerade erlangen konnten. Sie hatten keine Regierung und waren erbarmungslos gegenüber allen, die nicht ihrem
20 eigenen kleinen Stamm angehörten. Wer einen Wilden in seiner Heimat gesehen hat, wird sich nicht mehr schämen, anzuerkennen, dass in seinen Adern das Blut noch niedriger Kreaturen fließt. [...]
Es ist begreiflich, dass der Mensch einen gewissen Stolz empfindet darüber, dass er sich, wenn auch nicht durch seine 25 eigenen Anstrengungen, auf den Gipfel der organischen Stufenleiter erhoben hat; und die Tatsache, dass er sich so erhoben hat, anstatt von Anfang an dorthin gestellt [worden] zu sein, mag ihm die Hoffnung auf eine noch höhere Stellung in einer fernen Zukunft erwecken. [Aber] wir müssen, wie mir 30 scheint, jedenfalls zugeben, dass der Mensch mit allen seinen edlen Eigenschaften, mit seiner Sympathie für die Niedrigsten, mit seinem Wohlwollen nicht nur gegenüber anderen Menschen, sondern auch gegenüber dem niedrigsten Lebewesen, mit seinem gottähnlichen Verstand, der ihn die Bewegungen 35 und die Einrichtung des Sonnensystems erkennen ließ, dass der Mensch mit all diesen Fähigkeiten und Kräften in seinem Körperbau immer noch den unaustilgbaren Stempel seines niedrigen Ursprungs erkennen lässt.

1 distinkt: klar und deutlich (abgegrenzt)

Charles Darwin, 1807–1882, englischer Botaniker und Zoologe

◀ *Erklären Sie, inwiefern die Theorie der unsterblichen Seele durch Darwins Modell erschüttert wurde.*

◀ *Vergegenwärtigen Sie sich, von welchem Menschenbild die Theorie der Unsterblichkeit zwingend ausgehen muss, und vertiefen Sie von hier aus die Unvereinbarkeit der beiden Theorien.*

◀ *Halten Sie auch das Phänomen Geist/Seele für unvereinbar mit Darwins Evolutionstheorie? Vergleichen Sie Ihre Ansichten und diskutieren Sie darüber.*

Erzeugt das Gehirn den Geist?

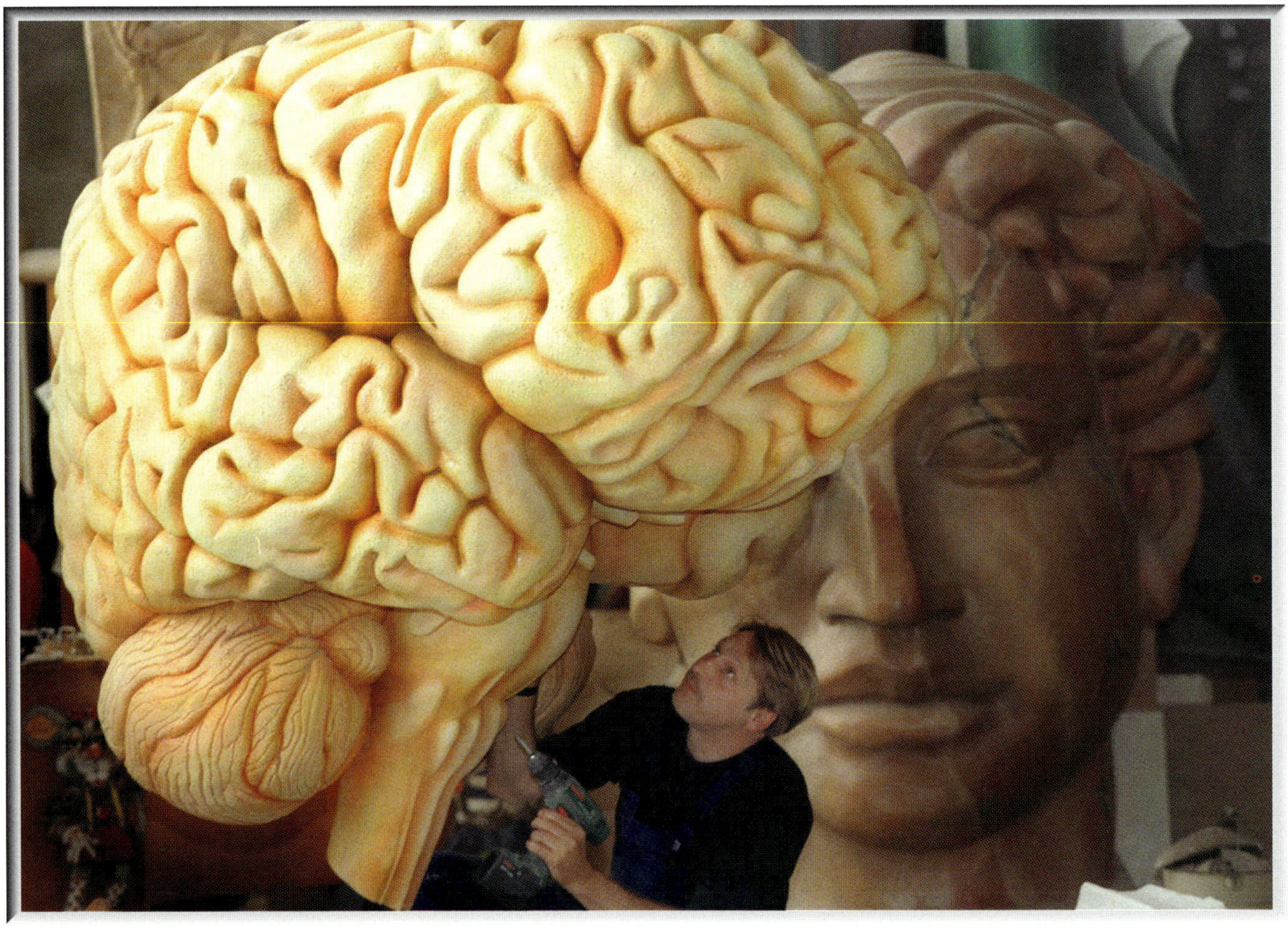

Der Figurenbauer Peter Ardelt hat in seiner Werkstatt ein zwölffach vergrößertes, anatomisch detailgetreues Gehirn komplettiert, das anlässlich eines neurowissenschaftlichen Kongresses Ende Juni 1998 im Deutschen Hygiene-Museum von Dresden präsentiert wurde.

> Sie, Ihre Freuden und Leiden, Ihre Erinnerungen, Ihre Ziele, Ihr Sinn für Ihre eigne Identität und Willensfreiheit – bei alledem handelt es sich in Wirklichkeit nur um das Verhalten einer riesigen Ansammlung von Nervenzellen und dazugehörigen Molekülen. Lewis Carrols Alice aus dem Wunderland hätte es vielleicht so gesagt: „Sie sind nichts weiter als ein Haufen Neuronen."
>
> *Francis Crick, *1916, englischer Mediziner, Nobelpreis für Medizin*

- Ist das Wesen des Menschen in seinem Gehirn konzentriert? Begründen Sie Ihren Standpunkt.

- Gedankenexperiment: Angenommen, der Mensch ist durch sein Gehirn festgelegt und Wissenschaftler „knacken" den genetischen Code und die hirnimmanenten Abläufe, ...

- Wie lassen sich aus der Perspektive eines modernen Naturwissenschaftlers, der die Identität des Menschen mit seinen Gehirnstrukturen gleichsetzt, Phänomene wie Selbstbewusstsein, -reflexion und Freiheit der Entscheidung begründen?

Neurophilosophie

Auf der Basis der neuesten Forschungen der Neurobiologie entwickelte sich seit dem letzten Jahrzehnt des 20. Jahrhunderts ausgehend von den USA ein philosophischer Forschungszweig, der den Zusammenhang zwischen geistigen Prozessen und neuronalen Prozessen im Gehirn untersucht: die Neurophilosophie oder „philosophy of mind". Geht man wie die moderne Neurobiologie davon aus, dass ausnahmslos allen geistigen Akten ein physiologischer Gehirnprozess entspricht, dann muss man die Frage stellen, ob der menschliche Geist überhaupt ein eigenständiger Bereich des Seins ist oder ob er nicht einfach nur ein veralteter und irreführender Begriff für bestimmte sich verändernde und individuell variable Neuronenkonstellationen ist. Der amerikanische Forscher Benjamin Libet vertritt sogar die These, „geistige" Prozesse – wie z. B. Willensentschlüsse – folgten den eigentlichen Handlungen in kurzem Abstand. Experimente hätten bewiesen, dass das Gefühl, eine Bewegung mit Absicht herbeigeführt zu haben, sich erst 350 Millisekunden nach der Bewegung einstellt. Somit steht die uralte Wesenseigenschaft des Menschen als freies Wesen seit der Auseinandersetzung mit Neurobiologie und Neurophilosophie auf dem Prüfstand.

Bewusstsein als „Kopfkino"

Der amerikanische Neurologe Antonio R. Damasio, der weltweit durch seine Untersuchungen über den Zusammenhang von Hirnschädigungen und entsprechender Beeinträchtigung des Fühlens, Denkens und Handelns auf sich aufmerksam gemacht hat, stellt in folgendem Text seine Theorie der Empfindungen, des Bewusstseins und des Selbstbewusstseins dar. Auf der Suche danach, wie das Gehirn den Geist erzeugt, kommt Damasio zu ungewöhnlichen Hypothesen über die Entstehung und Natur von Geist bzw. Bewusstsein.

Die Forscher können heute die Aktivität einer einzelnen Nervenzelle oder einer Gruppe von Neuronen direkt aufzeichnen und diese Aktivität mit Aspekten eines bestimmten Bewusstseinszustands in Verbindung bringen, zum Beispiel mit der Wahrnehmung der Farbe Rot oder der einer gekrümmten Linie. Bildgebende Verfahren wie PET (Positronenemissionstomografie) und Kernspintomografie (auch funktionelle Magnetresonanztomografie, fMR) zeigen, wie bei einer gesunden, wachen Person verschiedene Gehirnbereiche durch bestimmte geistige Aufgaben aktiviert werden – zum Beispiel, während die Person ein Wort auf einen Gegenstand bezieht oder ein Gesicht kennen lernt. Was ich hier knapp veranschaulicht habe, lässt sich durch andere Befunde aus den Bereichen Sprache, Gefühl und Entscheidungsverhalten erweitern. Welche Bewusstseinstätigkeit wir auch betrachten, stets lassen sich bestimmte Teile des Gehirns identifizieren, die gemeinsam dazu beitragen, diese Tätigkeit hervorzubringen: Zwischen dem Auftreten eines Bewusstseinszustands oder -vorgangs und der Aktivität bestimmter Hirnregionen besteht ein enger Zusammenhang. [...] Zellen in der Niere oder der Leber erfüllen ihre jeweiligen Aufgaben, ohne andere Zellen oder Körpervorgänge zu repräsentieren. Doch Hirnzellen leisten genau dies: Sie repräsentieren Entitäten[1] oder Ereignisse, die anderswo im Körper stattfinden. Sie sind so konstruiert, dass sie quasi von etwas anderem handeln. Sie sind geborene Kartografen der Geografie des Körpers und der Ereignisse, die darin stattfinden. [...] Das Gehirn verfügt über Vorrichtungen, die das Leben des Organismus so regeln, dass das für dessen Fortbestehen unverzichtbare chemische Gleichgewicht zu jeder Zeit aufrechterhalten bleibt. Diese Vorrichtungen sind weder hypothetisch noch abstrakt; sie sind im Kern des Gehirns lokalisiert, im Hirnstamm und im Hypothalamus[2]. Dieselben Vorrichtungen bilden notwendigerweise die sich laufend verändernden Zustände des Organismus ab. Mit anderen Worten: Das Gehirn verfügt über natürliche Mittel, um den Aufbau und Zustand des gesamten lebenden Organismus zu repräsentieren. Wie ist es nun aber möglich, von einem solchen biologischen Selbst zu dem Gefühl zu gelangen, Eigner der persönlichen Gedanken zu sein, zu dem Eindruck, dass diese aus je eigener Sicht aufgebaut werden – ohne irrtümlich einen allwissenden Homunculus[3] anzunehmen, der die jeweils eigene Wirklichkeit interpretiert? Wie kann man etwas über sich selbst und seine Umgebung wissen? Ich habe in meinem Buch „The Feeling of What Happens" zu begründen versucht, dass die biologische Grundlage für das Ich-Bewusstsein in jenen Gehirnstrukturen steckt, die in jedem Augenblick das Fortbestehen desselben individuellen Organismus repräsentieren. In vereinfachter Form besagt meine Vermutung, dass das Gehirn Strukturen nutzt, die dem Abbilden sowohl des eigenen Körpers wie der Außenwelt dienen, um eine neue Abbildung zweiter Ordnung zu erstellen. Diese zeigt dann an, dass der Organismus, so wie er im Gehirn repräsentiert ist, sich in Interaktion mit einem Objekt befindet, das ebenfalls im Gehirn abgebildet ist. Die Abbildung zweiter Ordnung ist keine Abstraktion; sie findet in neuralen Strukturen wie Thalamus und Cingulum statt. Ein solcherart umgemünztes Selbst-Wissen fügt der sich entwickelnden Geistestätigkeit wichtige Informationen hinzu. Insbesondere stellt es innerhalb der Geistestätigkeit die Information dar, dass der Organismus der Eigner des mentalen Vorgangs ist. Es beantwortet spontan eine nie gestellte Frage: Wem geschieht dies? Auf diese Weise wird im Akt des Wissens ein Ich-Gefühl erzeugt, das die Grundlage der für bewusstes Erleben charakteristischen subjektiven Perspektive bildet. [...] Halten wir uns die Kino-Metapher* vor Augen, so besteht meine Lösung des Bewusstseinsproblems darin, dass das Ich-Bewusstsein beim Wissenserwerb innerhalb des Films selbst entsteht. Bewusstsein von sich selbst ist Teil des Films und erzeugt zugleich das Gesehene und den Sehenden, den Gedanken und den Denker. Es gibt im Kopfkino keinen separaten Zuschauer. Die Idee des Zuschauers wird innerhalb des Films konstruiert, und kein geisterhafter Homunculus spukt in einem Zuschauerraum herum. Objektive Hirnvorgänge weben die Subjektivität des bewussten Geistes aus dem Stoff der Sinnesabbildungen. Und weil die fundamentalsten Sinnesabbildungen sich auf Körperzustände beziehen und als Gefühle imaginiert werden, entsteht das Ich-Erleben beim Wissenserwerb als ein besonderes Gefühl – als ein Gefühl dafür, was in einem Organismus vorgeht, der gerade mit einem Objekt wechselwirkt.

1 Entitäten: Dasein im Unterschied zum Wesen eines Dinges
2 Hypothalamus: unterhalb des Thalamus (größter Bereich des Zwischenhirns) gelegener Gehirnteil
3 Homunculus: künstlicher Mensch

Antonio R. Damasio, amerikanischer Neurologe

- Vollziehen Sie Damasios Argumentation in einzelnen Schritten nach und erklären Sie, was unter Kopfkino zu verstehen ist.

- Wie ließe sich aus evolutionstheoretischer Sicht die Vorteilhaftigkeit des Selbst-Bewusstseins begründen?

- Lässt sich Ihrer Meinung nach mit Damasios Ansatz die Freiheit der persönlichen Entscheidung begründen oder ist diese vielleicht auch nur eine Illusion? Nehmen Sie Stellung dazu und begründen Sie Ihren Standpunkt.

- Halten Sie Damasios Erklärung des Bewusstseins als Abbildung zweiter Ordnung für plausibel? Beziehen Sie in Ihre Überlegungen folgenden Einwand von Günter Schulte (vgl. S. 56) ein:

> Zwar [...] finde [ich] mich bis in die Inhalte meiner Gedanken, die Arten meines Gefühls und die Nuancen meiner Stimmung von meinem Körper bestimmt. [...] Aber die Tatsache, dass ich es bin, der sich da erlebt [...] – diese Tatsache ist nichts Objektives.
>
> *Günter Schulte, *1937, deutscher Philosoph*

Gibt es eine Differenz zwischen Körper und Geist?

Nichts anderes als Reflex?

Dann ist da noch die Sache mit der Willensfreiheit. Als seriöser Geisteswissenschaftler muss man heute zur Kenntnis nehmen, dass immer mehr Hirnforscher öffentlich kundtun, dass es so etwas nicht gäbe und dass psychologische Experimente existieren, die einem das felsenfeste Erlebnis vermitteln, man habe gerade eine Handlung selbst durchgeführt, zu der man sich bewusst entschloss – und weder das Erste noch das Letzte ist wahr. Die Frage ist, wie eine begrifflich genaue Interpretation all dieser Daten aussehen müsste. Handlungsfreiheit ist – wie etwa Schopenhauer* deutlich machte – nicht dasselbe wie Willensfreiheit: Vielleicht können wir tun, was wir wollen, aber nicht wollen, was wir wollen! Und es geht auch nicht um Determinismus[1] oder Indeterminiertheit, die interessante Frage ist die nach der Autonomie des Subjekts. Bei solchen Fragen helfen Baupläne wenig weiter. Und vielleicht gilt auch, was Henrik Walter in seinem Buch „Neurophilosophie der Willensfreiheit" schreibt: Unsere Willenshandlungen sind zwar determiniert, aber dennoch authentisch. Solche Unterschiede sind wichtig.

1 Determinismus: 1. Lehre von der kausalen (Vor)bestimmtheit alles Geschehenen; 2. Die der Willensfreiheit widersprechende Lehre von der Bestimmung des Willens durch innere oder äußere Ursachen

*Thomas Metzinger, *1958, deutscher Philosoph*

◀ *Analysieren Sie Metzingers Hypothese „Vielleicht können wir tun, was wir wollen, aber nicht wollen, was wir wollen!" ausgehend von dem Argumentationsansatz der Neurophilosophie. Worin bestünde nach dieser Hypothese die Authentizität des Subjekts?*

Günter Schulte, Gehirnerforschung, 2000

◀ *Beschreiben Sie die Gefühle, die das Bild in Ihnen auslöst. Schreiben Sie einen philosophischen Essay (vgl. S. 88/89), in dem Sie die Provokation durch die Neurophilosophie berücksichtigen. Thema des Essays: Was bin ich selbst? Lassen Sie sich durch folgende Zitate anregen:*

> Was die Gehirnforschung über die materiellen Voraussetzungen und damit über die Manipulation des Geistes herausgefunden hat, ist erschütternd. Muss man sich nicht schämen darüber, dass es so steht mit dem eigenen Geist: Gehirnausscheidung zu sein, sonst nichts?
>
> *Günter Schulte, *1937, deutscher Philosoph*

> Die Menschen heute in der so genannten dritten Kultur wissen nun genauer, wie das Gehirn es anstellt, dass wir froh und glücklich sind und sogar: wie sie ihr Gehirn so beeinflussen können, dass es Freude, Glück und Fröhlichkeit beschert, auch wenn sie allen Grund hätten, traurig und deprimiert zu sein. Aber liegen die Gründe auch dafür nicht ebenso im Gehirn? Was hat denn dann der Mensch überhaupt für Gründe, da einzugreifen?
>
> *Günter Schulte, *1937, deutscher Philosoph*

◀ *Welche Antwort würden Sie dem Verfasser geben? Schreiben Sie einen Leserbrief.*

◀ *Erläutern Sie, inwiefern die letzte Frage die Thesen der Neurophilosophie ernsthaft erschüttern kann.*

Wir müssen mehr sein als bloß Körper ...

Trotz der überzeugenden Forschungsergebnisse der Neurobiologie und der Plausibilität vieler neurophilosophischer Theorien wehrt sich der amerikanische Philosoph Thomas Nagel gegen die Annahme, wer und was der Mensch sei, ließe sich durch seine Hirnstrukturen beschreiben. Nagel fordert stattdessen auf, zwischen von außen beobachtbaren, naturwissenschaftlich erklärbaren Hirnprozessen und den nur aus der Innenperspektive wahrnehmbaren, physikalisch nicht beschreibbaren Vorgängen zu unterscheiden.

Ist unser Geist etwas, das zwar mit unserem Gehirn in Verbindung steht, aber doch von ihm verschieden ist, oder ist er unser Gehirn? Sind unsere Gedanken, Gefühle, Wahrnehmungen, Empfindungen und Wünsche Ereignisse, die zu den physikalischen Vorgängen in unserem Gehirn noch hinzukommen, oder machen sie ihrerseits eine Teilmenge dieser physikalischen Vorgänge aus? Was geschieht beispielsweise, wenn man in einen Schokoladenriegel beißt? Die Schokolade schmilzt auf unserer Zunge und verursacht chemische Reaktionen in unseren Geschmackszellen; die Geschmackszellen senden elektrische Impulse durch die Nerven hindurch, die von unserer Zunge zu unserem Gehirn führen, und wenn diese Impulse das Gehirn erreichen, so erzeugen sie dort weitere physikalische Reaktionen; und schließlich empfinden wir den Geschmack von Schokolade. Was ist jedoch er? Kann er schlicht mit einem physikalischen Ereignis in einigen unserer Hirnzellen identisch sein, oder muss es sich bei ihm um etwas Grundverschiedenes handeln? Würde ein Wissenschaftler unsere Schädeldecke entfernen und in unser Gehirn hineinsehen, während wir den Schokoladenriegel essen, so würde er nichts weiter sehen als eine graue Masse von Nervenzellen. Würde er mit Messinstrumenten bestimmen, was dort vor sich geht, so würde er komplizierte physikalische Vorgänge der unterschiedlichsten Art entdecken. Fände er jedoch den Geschmack von Schokolade? Es sieht so aus, als könnte er ihn in unserem Gehirn nicht finden, da unsere Empfindung des Geschmacks von Schokolade in unserem Geist auf eine Weise eingeschlossen ist, die sie für jeden anderen unzugänglich macht – auch wenn er unseren Schädel öffnet und in unser Gehirn hineinblickt. Unsere Erlebnisse sind im Innern unseres Geistes in einem anderen Sinn von ‚innen' als jenem, in dem unser Gehirn sich im Innern unseres Kopfes befindet. Ein anderer kann unseren Schädel öffnen und sich sein Innenleben ansehen, er kann jedoch nicht unseren Geist öffnen und in ihn hineinblicken – zumindest nicht auf die gleiche Weise. Es handelt sich nicht bloß darum, dass der Geschmack von Schokolade ein Geschmack ist und daher nicht gesehen werden kann. Angenommen, ein Wissenschaftler wäre verrückt genug, den Versuch zu wagen, meine Empfindung des Geschmacks von Schokolade zu beobachten, indem er an meinem Gehirn leckte, während ich von einem Schokoladenriegel koste. Zunächst einmal würde mein Gehirn für ihn vermutlich nicht nach Schokolade schmecken. Doch selbst wenn dies der Fall wäre, es wäre ihm nicht gelungen, in mein Bewusstsein einzudringen und meine Empfindung des Geschmacks von Schokolade zu beobachten. Er hätte lediglich herausgefunden, dass sich kurioserweise mein Gehirn immer dann, wenn ich Schokolade esse, so verändert, dass es für andere Leute nach Schokolade schmeckt. Er hätte seinen Geschmack von Schokolade, und ich den meinen. Wenn unsere Erlebnisvorgänge auf eine andere Weise in unserem Bewusstsein sind, als sich die entsprechenden Gehirnprozesse in unserem Hirn befinden, so sieht es so aus, als könnten unsere Erlebnisse und andere psychische Zustände nicht einfach bloß physikalische Zustände unseres Gehirns sein. Wir müssen demnach mehr sein als bloß ein Körper mit seinem brausenden Nervensystem. Eine mögliche Schlussfolgerung lautet, dass es eine Seele geben muss, die so an unseren Körper gebunden ist, dass beide aufeinander einwirken können. Trifft dies zu, so bestehen wir aus zwei sehr verschiedenartigen Dingen: einem komplexen physischen Organismus und einer rein psychischen Seele. (Diese Auffassung bezeichnet man aus offensichtlichen Gründen als Dualismus.) [...] Es scheint in der Welt zwei sehr verschiedene Arten von Vorgängen zu geben: Vorgänge, die zur physikalischen Wirklichkeit gehören, die also von vielen unterschiedlichen Personen von außen beobachtet werden können, sowie jene anderen Vorgänge, die zur psychischen Wirklichkeit gehören und die ein jeder von uns in seinem eigenen Fall aus der Innenperspektive erlebt. Dies gilt nicht nur für den Menschen; Hunde, Katzen, Pferde und Vögel sind offenbar bewusste Wesen, und Fische, Ameisen und Käfer vermutlich ebenfalls. Wer will sagen, wo dies endet? Man wird so lange keine angemessene Gesamtauffassung der Wirklichkeit besitzen, als man nicht erklären kann, auf welche Weise eine Vielzahl physikalischer Elemente, sofern sie auf die richtige Weise zusammenkommen, nicht allein einen funktionsfähigen biologischen Organismus bildet, sondern darüber hinaus ein bewusstes Wesen. Könnte man das Bewusstsein selbst mit irgendeinem physikalischen Zustand identifizieren, so hätte man freie Bahn für eine vereinheitlichte physikalische Theorie von Geist und Körper, und daher vielleicht auch für eine physikalische Einheitswissenschaft vom Universum. Das Gewicht der Argumente gegen eine rein physikalische Theorie des Bewusstseins macht es jedoch wahrscheinlich, dass eine physikalische Theorie der gesamten Wirklichkeit nicht möglich ist. Die Naturwissenschaften verdanken ihren Fortschritt der Tatsache, dass sie das Psychische aus dem Gebiet dessen aussparen, was sie zu erklären suchen, doch womöglich gibt es zwischen Himmel und Erde mehr, als man mit den Mitteln der Naturwissenschaften verstehen kann.

*Thomas Nagel, *1937, amerikanischer Philosoph*

🔹 *Verdeutlichen Sie sich, worin für Nagel der qualitative Unterschied zwischen physikalischer und psychischer Wirklichkeit besteht.*

🔹 *Finden Sie Nagels Argumente gegen das monistische Menschenbild der Neurobiologen schlüssig? Begründen Sie Ihre Meinung.*

Dualismus – Monismus

Die Theorie vom Menschen, die an eine substanzielle Verschiedenheit von Körper und Geist glaubt, nennt man Dualismus; die Gegenposition, der Monismus, geht von der substanziellen Einheit von Körper und Geist aus.

II. Grundformen philosophischen

Christine & Irene Hohenbüchler, Webstuhl, 1995

In der Philosophiegeschichte wird das Nachdenken über wichtige Lebensfragen oft auch als „Spinnen von Gedankenfäden" charakterisiert. So beschreibt Platon in seinem Dialog „Politikos" die Staatskunst, die in seinem Staatsmodell von den Philosophen ausgeübt werden soll.

◀ Betrachten Sie das Bild und notieren Sie Stichworte zum Vorgang des Webens. Suchen Sie sich anschließend eine der traditionellen oder kreativen Formen des philosophischen Denkens aus und stellen Sie dar, wie philosophische Gedanken gewebt werden könnten.

Also wird auch die ihrer Natur nach wahre Staatskunst niemals gutwillig aus guten und schlechten Menschen irgendeinen Staat bilden, sondern offenbar wird sie zuerst beim Kinderspiel prüfen und nach der Prüfung denen, die sich darauf verstehen, zum Unterricht und zur Besorgung übergeben unter ihrer eigenen Anordnung und Aufsicht, wie die Weberei über die Wollkämmer und andere, welche die zu ihrem Gewerbe notwendigen Vorarbeiten verrichten, immer die Aufsicht führt, ihr Geschäft begleitend anordnet und ihnen solche Arbeit aufgibt zu verrichten, wie sie glaubt, dass zu ihrem Gewerbe tüchtig sein werde.

Platon, 427–348/47, griechischer Philosoph

In der Geschichte der Philosophie haben sich seit der Antike verschiedene Formen philosophischen Nachdenkens entwickelt, die auch gegenwärtig von Philosophinnen und Philosophen zur systematischen Darstellung ihrer Gedanken verwendet werden (traditionelle Formen philosophischen Nachdenkens). Demgegenüber gibt es aber auch kreative Formen des Philosophierens, die Sie aus der Literatur kennen. Diese bringen in anschaulicher Form philosophische Überlegungen zum Ausdruck und wurden von einigen Philosophinnen und Philosophen bewusst als Medium philosophischer Reflexion gewählt.

Traditionelle Formen

Dialog
philosophisches Lehrgespräch zwischen mindestens zwei Partnern

z. B. die Dialoge Platons

Traktat
kurze, systematische Abhandlung zu einem philosophischen Problem

z. B. David Hume: Traktat über den menschlichen Verstand

Ganzschrift
längere systematische philosophische Abhandlung (Darstellung einer Theorie)

z. B. G.W.F. Hegel*: Vorlesungen zur Geschichte der Philosophie

Essay
kurze philosophische Abhandlung, die eine subjektive Weltsicht zum Ausdruck bringt

z. B. Michel de Montaigne*: Göttliche Fügungen sollte man nüchtern beurteilen

Kreative Formen

Aphorismus
philosophischer Sinnspruch, der in der Regel einen philosophischen Gedanken umfasst

z. B. die Aphorismen Friedrich Nietzsches*

Märchen
Darstellung philosophischer Probleme in einer fantastischen Handlung

z. B. die Märchen von Voltaire

Fabel
Aufbau von These und Antithese mit einer philosophischen Lösung

z. B. die Bienenfabel von Bernard Mandeville

Bild
mehrdimensionale Darstellung philosophischer Probleme

z. B. das Titelbild von Thomas Hobbes' „Leviathan"

Der Ariadnefaden

Ariadne ist eine Figur aus der griechischen Mythologie. Sie war die Tochter des kretischen Königs Minos und seiner Frau Pasiphae. Ihr Name ist die kretische Form für „Ariagne („überaus heilig"), auf Kreta hieß sie auch Aridela („überaus hell"). Sie ließ sich von Theseus aus Kreta entführen, starb aber schon auf Dia, einer kleinen Insel bei Knossos. Ein Märchenmotiv ist die Erzählung von der Liebe der Königstochter zu dem Fremden Theseus, dem sie ein Wollknäuel gibt, mit dessen Hilfe er den Weg aus einem Labyrinth findet. Die Sage von dem Wollknäuel führt man auf das Gewirr von Gängen in dem verfallenden Palast von Knossos zurück. Der folgende Text gibt einen Auszug aus dem griechischen Mythos wieder, der das Märchenmotiv von dem so genannten „Ariadnefaden" erzählt.

Dem frohen Opferfest folgten Tage schwerer Sorge und Kummer. Denn auf den Athenern lag eine Last, die noch weit drückender war als die Plage des wütenden Stieres. Vor Jahren war ein Sohn des mächtigen Königs Minos von Kreta in ihre Stadt zu einem Fest gekommen und hatte bei den Wettspielen, die veranstaltet wurden, über alle Mitkämpfer den Sieg davongetragen. Erbittert über diese Schmach hatten die Athener den Jüngling, als er heimkehren wollte, hinterlistig überfallen und erschlagen. Um die Ermordung des Sohnes zu rächen, war Minos mit vielen Schiffen und Kriegern herangezogen, hatte die Stadt Athen belagert und bezwungen und den tief gedemütigten Bewohnern eine harte Strafe auferlegt. Sie mussten dem siegreichen König jedes neunte Jahr sieben Jünglinge und sieben Jungfrauen als Tribut nach Kreta schicken, wo diese einen entsetzlichen Tod starben. Die Armen wurden nämlich bei der Ankunft auf der Insel in das so genannte Labyrinth gebracht, ein großes Gebäude, aus dessen zahllosen, vielverschlungenen Irrgängen kaum ein Entrinnen möglich war. Der Minotauros, ein furchtbares Ungeheuer, halb Mensch, halb Stier, hauste dort; ihm wurden die vierzehn jungen Athener zum Fressen vorgeworfen.

Es war natürlich, dass das ganze athenische Volk trauerte und wehklagte. […] Da trat Theseus mutig vor die versammelte Volksmenge und erklärte, dass er die Fahrt nach Kreta mitmachen werde. [...]

Auf der Fahrt nach Kreta hatte Theseus Zeit, sein Unternehmen sorgfältiger als bisher zu planen. Da erkannte er, dass sein heldenmütiger Entschluss doch vielleicht zu voreilig gefasst worden war. Denn wenn er sich auch mutig und stark genug fühlte, den Kampf mit dem Minotauros zu bestehen: Wie sollte es ihm gelingen, einen Ausweg aus den verworrenen Gängen des Labyrinths zu finden? Sollte er, nach ruhmreichem Sieg, dort jammervoll zugrunde gehen? Er überlegte hin und her, ohne dass ihm ein ausreichendes Mittel einfiel, und so wurde die Rettung seines Lebens dem Zufall überlassen, wenn ihn nicht eine kundige Hand auf seiner Irrfahrt im Labyrinth leitete. Glücklicherweise sollte es ihm an dieser sicheren Führung nicht fehlen. Aphrodite, die hohe Göttin der Liebe, deren Beistand Theseus auf den Rat des delphischen Orakels vor seiner Abfahrt erfleht hatte, sandte ihm Hilfe zur rechten Zeit. Als er mit seinen Gefährten auf der Insel Kreta anlangte [ankam], fügte es die Göttin, dass Ariadne, die schöne Tochter des Königs Minos, den herrlichen Fremdling sah und lieb gewann. Die kluge Jungfrau reichte ihm insgeheim ein Knäuel Garn und belehrte ihn, wie er denselben als Wegweiser durch die Irrgänge gebrauchen solle. Nun ging Theseus mit erhöhtem Mut dem Abenteuer entgegen. Er trat an der Spitze seiner Gefährten in das Labyrinth ein und band nach Ariadnes Anweisung das Ende des Fadens am Eingang fest und ließ im Vorwärtsgehen das Knäuel in der Hand ablaufen.

Auszug aus einem griechischen Mythos

▸ Beschreiben Sie, welche Bedeutung der Ariadnefaden in dieser Geschichte für Theseus hat.

▸ Übertragen Sie diese Bedeutung auf die Philosophie: Inwiefern könnten die Grundformen philosophischen Denkens auch „Ariadnefäden" sein?

Gespräche sollen der Wahrheit dienen

Leo von Klenze, Die Akropolis von Athen, 1846

◀ Beschreiben Sie die einzelnen Elemente des Bildes. Sie können Ihr Geschichtsbuch oder ein Buch über Athen zu Hilfe nehmen, in dem die Bauwerke der Akropolis dargestellt werden.

◀ Sie können dann einen „Experten" in den Unterricht einladen, der Ihnen die Bestandteile und die Geschichte der Akropolis erklärt. Bereiten Sie Fragen vor für das Gespräch mit dem „Experten".

Die Akropolis von Athen und die Agora

Der Tempel wurde zunächst als das „Haus" des Gottes verstanden. In Griechenland befand sich im Tempel ein Kultbild des Gottes, jedoch nicht der Altar, der vor dem Tempel stand und an dem fast alle Kulthandlungen stattfanden. Nur die
5 ältesten griechischen Tempel (zum Teil mit gerundeter Rückseite), enthielten außer dem Kultbild auch den Altar (Herd). Schon die einfachen Frühformen hatten ein Giebeldach. Der entscheidende Schritt zur Monumentalität war die Zufügung der Ringhalle um den Tempelkern im 9./8. Jahrhundert v. Chr.
10 Die Geschichte von Athen begann mit der Besiedlung der Akropolis und ihrer Abhänge. Siedlungsspuren geben Hinweise auf eine Urbevölkerung um 3000 v. Chr. Aus dem 14.–13. Jahrhundert v. Chr. gibt es Hinweise auf eine Burg, die als Herrensitz diente. Mit einem Areal von 35 000 Quadratme-
15 tern war sie eine der größten Burganlagen ihrer Zeit. Aus dem 7./6. Jahrhundert v. Chr. ist jedoch keine Burganlage mehr bekannt. Die Akropolis war zur zentralen Kult- und Feststätte von Athen geworden. Peisistratos (um 600–528/27 v. Chr.) hat die gesamte Akropolis erneuert und ihr eine Gestalt gegeben, die
20 Kimon (um 510–450 v. Chr.) und Perikles (um 490–429 v. Chr.) später als Ausgangspunkt ihrer eigenen Erneuerung genommen haben. Nachdem die Perser 480 v. Chr. alles zerstört hatten, hatte Kimon eine neue Südmauer gezogen, deren Hinterfüllung als Stützterrasse für den geplanten Parthenon diente.
25 Danach konnte Perikles mit dem Neubau des Parthenon (447–437 v. Chr.) beginnen. Die bedeutsame Neuerung bestand darin, dass auch auf der Rückseite eine Säulenhalle steht, die das Kultbild, die Athena Parthenos des Pheidias, umfasst. Noch zu Lebzeiten des Perikles wurden 437–432 v. Chr.
30 die Propyläen gebaut.
Die Agora unterhalb der Akropolis wurde von Kleisthenes im Zusammenhang mit seinen Reformen ab 507 v. Chr. ausgebaut. Kimon und Perikles führten diese Bautätigkeit weiter. Es entstanden Einrichtungen, die für das staatliche Leben der
35 attischen Demokratie genutzt wurden. Auf dieser Agora soll auch Sokrates* Gespräche mit der Bevölkerung und mit anderen Philosophen geführt haben.

Ich werde in Athen geduldet, weil ich den Mund halte

Protagoras von Abdera (um 480–415 v. Chr.) war einer der ersten Sophisten*. Er führte das Leben eines wandernden Lehrers der Redekunst und der Kunst des richtigen Lebens. Längere Zeit hielt er sich in Athen auf, wo er eine starke Wirkung ausübte. Seine beiden bekannten Schriften beginnen mit dem oft zitierten „Homo-mensura-Satz": „Der Mensch ist Maßstab aller Dinge: der seienden, dass sie sind; der nicht seienden, dass sie nicht sind."
Dieser Satz zieht die Summe aus der so genannten sophistischen Aufklärung: Dem Menschen ist nichts vor- oder übergeordnet, das ihn nötigt, „Sein" oder „Nicht-Sein" anzuerkennen.
Der folgende Text ist die Übersetzung einer Schilderung des französischen Schriftstellers Messadié, der aus seiner Sicht ein Gespräch in Romanform zwischen Protagoras, Perikles, Aspasia und einigen Gästen nacherzählt. Aspasia war die zweite Frau des Perikles, die in Athen einen Salon unterhielt.*

Protagoras wandte sich mit bekümmerter Miene an Aspasia: „Aspasia, ist das deine Art der Gastfreundschaft? Du lädst mich zum Essen ein und bietest mir köstliche Speisen an. Ich öffne den Mund, um zu reden, und was höre ich da? Worte von
5 Menschen, die vorhaben, mich zu versklaven. Ich soll auf das einzige Gut, das ich besitze, meine Redefreiheit, verzichten. Warum lachst du? Du weißt sehr wohl, dass mir diese Leute, nachdem sie mir Essen und Geld angeboten haben, meine Worte vorschreiben wollen. Ah, welches Los erwartet mich!
10 Lediglich Sophokles* könnte mir Gerechtigkeit zuteil werden lassen …"
Aspasia gelang es jetzt, das Lachen zu unterdrücken.
„Warum sagst du das, Protagoras? Sie laden dich ein, um, genau wie ich, deine offenen Worte zu hören. Wie Perikles
15 zutreffend bemerkt hat, wären sie schlecht beraten, wenn sie dir einen Maulkorb anlegen wollten."
Protagoras beugte sich über sie und kitzelte sie mit seinem Bart. „Stell dir vor, ich sage ihnen eines Abends wirklich, was ich denke. Dass ihr Essen zu üppig ist und ihre Worte zu nichts-
20 sagend. Dass sie verworrene Gedanken haben und entsprechend handeln und dass ihr Geist so träge ist wie ein ans Bett gefesselter Greis. Stell dir die Blicke vor, die sie mir zuwerfen würden! Glaubst du wirklich, ich wäre dann noch willkommen? Wenn ich zu essen haben will, muss ich meine Worte
25 mäßigen, muss sie angenehm verpacken, damit sie Gefallen daran finden. Das ist das Ende meiner Redefreiheit."
Plötzlich waren alle Gäste ernst geworden. Perikles fragte: „Protagoras, willst du damit sagen, dass die Philosophen die Feinde Athens sind?"
30 „Das habe ich nicht gesagt. Nein, Athen ist der Feind der Philosophen."
„Wie erklärst du das?"
„Weil in Athen die einfachen Bräuche bestimmen, was vom Denken infrage gestellt wird. Deshalb, Stratege, ist der erste
35 Seher mächtiger als du!"
„Was willst du damit sagen?" Mnesikles war fassungslos.
„Hast du etwa vergessen", fuhr Protagoras stirnrunzelnd fort, „dass ein einfacher Seher namens Diopeithes, einer dieser kleinen Geister, die Athen hunderttausendmal geringeren
40 Dienst erwiesen haben als Perikles, aber der eben ein Seher ist, ein böswilliger Scharlatan, veranlasst hat, dass die beiden Räte ein Dekret erlassen, damit man jene, die nicht an die Götter glauben und Lehren über die Himmelskörper verbreiten, verfolgt? Und dass man im Namen dieses Dekrets Anaxagoras*
45 verfolgt hat? Und Athen selbst hat Anaxagoras* in die Verbannung geschickt."
Der Philosoph wurde heftiger. „Es ist allgemein bekannt, dass dieses Dekret für Diopeithes ein Mittel war, Perikles höchstpersönlich zu begegnen."
„Was wünschst du dir?", fragte Aspasia sanft. 50
„Dass man Seher als Feinde Athens betrachtet", erwiderte der Philosoph.
„Wenn man die Götter abschaffen würde", bemerkte Perikles melancholisch, „wären ja die ganzen Tempel umsonst …"
„Man kann sich die Tempel auch ohne Seher vorstellen", 55
schlug Aretes vor.
„Auf jeden Fall muss man sich eines Tages zwischen Sehern und Philosophen entscheiden", schloss Protagoras. „Stratege, du musst bestimmen, wer größeren Wert für die Stadt hat."
„Und doch besitzt Athen trotz der Seher anscheinend viele 60
Philosophen", wandte Perikles ein. „Also bist du gar nicht so schlecht dran."

Gerald Messadié, französischer Schriftsteller

- Welche Aufgabe hat die philosophische Gesprächskunst nach der bei Messadié dargestellten Auffassung von Protagoras?

- Wie erklären Sie sich die angenommene Rivalität zwischen Sehern und Philosophen? (Vgl. hierzu auch S. 14–17.) Deuten Sie in diesem Zusammenhang die Aussage, dass Athen der Feind der Philosophen sei.

- Treffen die in diesem Text geschilderten Probleme auch auf die heutige Zeit zu? Begründen Sie Ihren Standpunkt.

- Wenn Sie der Ausgang des Gesprächs und der Geschichte interessiert, können Sie weiterlesen in: Gerald Messadié, Ein Mann namens Sokrates, Verlag Müller Langen, München 2001.

Aspasia von Milet

Aspasia (460–401 v. Chr.) wurde in Milet geboren. Im Alter von ca. 20 Jahren kam sie nach Athen und wurde die zweite Frau des Strategen Perikles. Einige Zeitgenossen nahmen an, dass sie auch politischen Einfluss auf Perikles gehabt habe. Aspasia gründete in Athen einen Salon, in dem auch Frauen willkommen waren. Neben Protagoras nahmen auch Sokrates (vgl. S. 62/63) sowie der Mathematiker Archimedes und der Dichter Sophokles daran teil. Auf Betreiben der Konservativen um Thukydides erhob der Komödiendichter Hermippos um 433/32 v. Chr. gegen Aspasia Klage wegen Gottlosigkeit und Kuppelei, wobei letzterer Vorwurf wohl eine Verzerrung ihrer freien Bewegung in der Gesellschaft war. Perikles, durch diese Anklage empfindlich getroffen, erreichte nur mit Mühe den Freispruch seiner Frau. Nach Perikles' Tod 429 v. Chr. heiratete Aspasia nochmals und starb später in Athen. Aspasia gilt als die bedeutendste Lehrerin für Rhetorik (Redekunst) in der Antike, bei der auch Sokrates Unterricht nahm.

Dialoge führen

Waren die Dialoge des Sokrates eine Gefahr für die attische Demokratie?

Sokrates* wurde um 470 v. Chr. als Sohn des Bildhauers Sophroniskos und der Hebamme Phainarete in Athen geboren. Sein Vater brachte ihm das Bildhauerhandwerk bei und so arbeitete Sokrates als Steinmetz. Nach der Überlieferung des Schriftstellers Pausanias soll eine von Sokrates geschaffene Plastik der drei Grazien am Aufgang zur Akropolis gestanden haben (vgl. S. 60/61). Wohl erst in hohem Alter heiratete Sokrates Xanthippe, mit der er drei Kinder hatte. Mit fast vierzig Jahren nahm er unter Perikles* am Peloponnesischen Krieg (431–404 v. Chr.) teil und wurde wegen seiner Tapferkeit gerühmt. Auch als Ratsherr genoss Sokrates im demokratischen Athen großes Ansehen, weil er in allen Angelegenheiten stets für Gerechtigkeit eintrat. So wollte er die Hinrichtung der Feldherren der Arginusenschlacht gegen Sparta 406 v. Chr. verhindern, konnte sich aber damit „gegen den Willen des Volkes" nicht durchsetzen.

Seine Berühmtheit erlangte Sokrates durch die philosophischen Gespräche, die er auf der Agora führte, auch mit Jugendlichen. Dabei standen Fragen der Ethik im Vordergrund, mit denen die Menschen im alltäglichen Leben zu tun hatten: Was ist Tapferkeit? Was ist Frömmigkeit? Wie kann ich ein gutes Leben führen. Diese philosophischen Gespräche, für die Sokrates kein Geld annahm, führten in Athen nach der Niederlage im Peloponnesischen Krieg zu einer großen Verunsicherung. Im Jahr 399 v. Chr. wurde Sokrates wegen angeblicher Gottlosigkeit bzw. der Einführung neuer Götter angeklagt. In seiner Verteidigungsrede vor Gericht, der Apologie, die von seinem Schüler Platon überliefert wurde, wies Sokrates die Vorwürfe zurück. Er höre nur auf sein „daimónion", eine Kraft, die ihn wie eine „innere Stimme" davon abhielte, durch Handlungen gegen das als richtig Erkannte zu verstoßen.

Der Prozess des Sokrates fand 399 v. Chr. zu Beginn des Monats Anthesterion (entspricht Februar/März) statt, in dem Athen sich regelmäßig durch Entsendung einer Gesandtschaft an dem Apollonfest in Delon beteiligte. Da bis zur Rückkehr dieser Gesandtschaft keine Hinrichtung stattfinden durfte, verbrachte Sokrates diesen Monat gefesselt im Gefängnis. Die Fesseln wurden ihm erst am Sterbetag abgenommen. Während dieser Zeit wurde seine Befreiung aus dem Gefängnis durch seinen Freund Kriton vorbereitet, die Sokrates jedoch zurückwies. In Platons Dialog „Kriton" begründet Sokrates gegenüber seinem Freund und Schüler, weshalb er den Urteilsspruch des Gerichtes annehme: Die Gesetze nicht einzuhalten sei eine Form von Unrecht, der sich Sokrates nicht aussetzen wolle. Außerdem könne eine Flucht auch als Eingeständnis von Schuld gewertet werden, die Sokrates von sich weise. Der Philosoph starb schließlich im Kreise seiner Freunde.

◀ *Lesen Sie in Platons Dialog „Kriton" nach, welche weiteren Argumente Sokrates gegen eine Flucht anführt. Sie finden den Dialog in folgendem Buch: Platon, Sämtliche Werke, Bd. 1, Rowohlt, Reinbek 1994.*

◀ *Erarbeiten Sie ein Referat über das Leben und die Kerngedanken von Sokrates auf der Grundlage des folgenden Buches: Karl Jaspers, Die großen Philosophen, Piper, München 1997, S. 105–127*

Der Kampf des Redens

Der Philosoph Platon gehörte zu den Schülern des Sokrates. Er hat seinem Lehrmeister Sokrates gewürdigt, indem er ihn und seine Methode des Dialogs in den Mittelpunkt seiner philosophischen Schriften stellte. In dem folgenden Ausschnitt aus dem übersetzten Dialog „Protagoras" lässt Platon Protagoras* und Sokrates über die richtige Art der Gesprächsführung streiten. Die Schüler Alkibiades, Kritias und Prodikos sollen zwischen beiden vermitteln.

„O Sokrates", sagte er [Protagoras], „schon mit vielen Menschen habe ich den Kampf des Redens bestanden; hätte ich aber das getan, was du von mir verlangst, nämlich immer auf die Art das Gespräch geführt, wie mein Gegner es mich führen hieß, so würde ich gewiss keinen einzigen überwunden haben, und Protagoras würde keinen Namen haben unter den Hellenen." Ich aber – denn ich merkte wohl, dass er sich in seinen vorigen Antworten gar nicht gefallen hatte und dass er gutwillig nicht würde der Antwortende sein wollen im Gespräch – glaubte, dass für mich in dieser Zusammenkunft nichts mehr zu tun wäre, und sagte: „Aber, Protagoras, auch ich bin ja nicht erpicht darauf, dass unsere Unterhaltung anders, als dir recht ist, geführt werde; sondern wenn es dir gelegen sein wird, so Gespräch zu führen, wie ich dir folgen kann, dann will ich mit dir reden. Denn du, wie man von dir rühmt und du auch selbst sagst, verstehst beides, sowohl in langen Reden als in kurzen die Unterhaltung zu führen, denn du bist eben ein weiser Mann, ich aber weiß nun einmal mit diesen langen Reden gar nicht umzugehen, wiewohl [obwohl] ich sehr wünschte, auch das zu verstehen. Also solltest du, der du beides kannst, uns nachgeben, damit eine Unterhaltung zustande käme. Nun du aber nicht willst, und ich auch nicht länger Zeit habe und es nicht abwarten könnte, wenn du deine Reden so in die Länge zögest, denn ich muss anderswohin: So gehe ich; wiewohl auch dieses hörte ich gewiss gern von dir." Und mit diesen Worten stand ich auf, um fortzugehen; aber sowie ich aufstand, ergriff mich Kallias mit einer Hand bei der Rechten und mit der andern hielt er mich hier beim Mantel und sagte: „Wir werden dich nicht loslassen, Sokrates, denn wenn du uns fortgehst, wird es mit unseren Gesprächen gar nicht mehr dasselbe sein. Ich bitte dich also, bei uns zu bleiben; denn ich weiß keinen, den ich lieber hören möchte, als dich und den Protagoras miteinander reden. Sei also uns allen gefällig." Ich erwiderte – ich war aber schon aufgestanden, um zu gehen: „Immer, Kallias, habe ich an deiner Liebe zur Wissenschaft meine Freude gehabt, und so lobe und liebe ich sie auch jetzt. Sodass ich dir gern willfahren würde, wenn du etwas Mögliches bätest; nun aber ist es, wie wenn du mich bätest, mit dem Krison aus Himera, unserm stärksten Wettläufer, oder mit irgendeinem andern Wettläufer oder Eilboten zu laufen und gleichen Schritt mit ihnen zu halten, ich dir dann sagen würde, mir wäre es noch weit lieber als dir, wenn ich diesen nachkommen könnte im Laufen; aber ich kann doch nicht. Ist es dir also lieb, mich und den Krison zusammen laufen zu sehen, so bitte diesen, dass er nachlasse; denn ich kann nicht geschwind laufen, er aber kann langsam. Wünschst du also mich und den Protagoras zusammen zu hören, so bitte diesen, wie er mir vorher geantwortet hat in kurzen Worten und auf das, was ich fragte, so auch jetzt noch mir zu antworten, wo aber nicht, welches soll denn die Weise der Gespräche sein? Denn ich wenigstens habe immer geglaubt, dies wären zwei ganz verschiedene Dinge, Gespräche miteinander führen und Reden halten." „Aber sieh nur, Sokrates", sagte er, „Protagoras scheint doch Recht zu haben, wenn er verlangt, ihm solle erlaubt sein, zu sprechen, wie er will, und dir, wie du willst." [Alkibiades, Kritias und Prodikos zur Weiterführung des Gesprächs.] Darauf nahm Alkibiades das Wort und sagte: „Du hast Unrecht, Kallias! Denn Sokrates gesteht ja, mit der Langrednerei nicht Bescheid zu wissen, und räumt darin dem Protagoras den Vorzug ein: Aber ein ordentliches Gespräch recht zu führen, dem andern Rede zu stehen und ihn dann auch wieder auszufragen, darin sollte es mich sehr wundernehmen, wenn er irgendjemand den Vorzug einräumte. Gesteht nun Protagoras seinerseits, dass er schlechter ist im Gesprächführen als Sokrates, so ist Sokrates zufrieden; will er sich ihm aber gegenüberstellen, wohl, so mag er auch ordentlich in Frage und Antwort mit ihm sprechen, nicht aber nach jeder Frage eine lange Rede ausspinnen, der Frage ausweichen und, anstatt den andern zum Worte zu lassen, immer weiter reden, bis die meisten unter den Zuhörern vergessen haben, was die Frage eigentlich betraf. Denn für den Sokrates verbürge ich mich, dass er es nicht vergessen wird, ob er gleich scherzt und sagt, er sei vergesslich. Mir also scheint, was Sokrates sagt, billiger; denn jeder muss seine Meinung kundgeben." Nach dem Alkibiades war es, glaube ich, Kritias, welcher sagte: „O Prodikos und Hippias, Kallias freilich dünkt mich sehr für den Protagoras zu sein, Alkibiades aber ist auch immer rechthaberisch, wenn er worauf seinen Sinn gesetzt hat. Uns aber ziemt es, für keinen von beiden Partei zu nehmen, weder für Sokrates noch für Protagoras, sondern nur insgemein beide zu bitten, uns die Unterhaltung nicht in der Mitte abzubrechen." Als er dies gesagt, sprach Prodikos: „Sehr richtig dünkst du mich zu sprechen, Kritias. Denn die bei einer solchen Unterredung Gegenwärtigen müssen zwar beide Unterredner insgemein anhören, nicht aber beide gleich, denn das ist nicht einerlei. Nämlich sie müssen zwar beide insgemein anhören, nicht aber beiden Gleiches gewähren, sondern dem Weiseren mehr, dem Unweiseren weniger. Auch ich, o Protagoras und Sokrates, bitte euch beide, nachzugeben und über eure Sätze zu streiten, aber nicht zu zanken, denn streiten können auch Freunde mit Freunden in allem Wohlmeinen, aber zanken können nur die, welche uneinig und auch feindselig gegeneinander sind. Und auf diese Art wird unsere Unterhaltung am schönsten fortgehen. Denn ihr, die Sprechenden, werdet so am meisten von uns, den Hörenden, geachtet werden, nicht gelobt; geachtet nämlich wird man in den Seelen der Hörenden ohne Betrug, gelobt aber mit Worten von solchen, die oft gegen ihre Überzeugung Unwahres reden: Wir aber, die Hörenden, werden so am meisten Vergnügen davon haben, nicht Genuss, denn Vergnügen hat auch, wer etwas erlernt und Gedanken auffasst mit der Seele selbst; Genuss aber nur, wer etwas isst oder sonst eine angenehme Empfindung durch den Körper selbst empfängt." Mit dieser Rede fand Prodikos bei sehr vielen Anwesenden großen Beifall.

Platon, 427–348/47 v. Chr., griechischer Philosoph

- Fassen Sie schriftlich zusammen, wodurch sich die Gesprächsführung von Protagoras und Sokrates unterscheidet.

- Warum achten die Schüler ihre Lehrer Protagoras und Sokrates?

aus Thera, Boxende Knaben, spätminoisch I, 16. Jh. v. Chr.

- Beschreiben Sie die Körperhaltung der beiden boxenden Kinder.

- Diskutieren Sie darüber, welche Gemeinsamkeiten es gibt in der Darstellung dieses „Kampfes" und dem Gespräch von Sokrates und Protagoras. Notieren Sie sich einige Stichworte dazu und vergleichen Sie anschließend Ihre Ideen im Kurs.

- Beschreiben Sie den Unterschied zwischen Achtung und Lob, der im Text beschrieben wird. Wie würden Sie mit eigenen Worten nach Ihrer Auffassung den Unterschied zwischen Achtung und Lob formulieren?

- Welche Erfahrungen haben Sie mit kurzen und langen Reden gemacht? Tauschen Sie anhand von Beispielen Ihre Erfahrungen im Kurs aus.

Dialektik

Caspar D. Friedrich, Das Eismeer, um 1823/24

◀ *Beschreiben Sie das Bild von Caspar D. Friedrich. Welche Stimmung kommt darin zum Ausdruck?*

◀ *Übertragen Sie das Bild auf den philosophischen Dialog und berücksichtigen Sie dabei das Gespräch zwischen Protagoras* und Sokrates* auf S. 62/63.*

Eine Kollision zweier Eisberge?

Der amerikanische Philosoph Jay Rosenberg hat die Dialogmethode weiterentwickelt und Kriterien für philosophische Gespräche und Abhandlungen festgelegt.

In einer philosophischen Diskussion [stehen] eigentlich nicht spezielle Behauptungen und Thesen zur Debatte, sondern umfängliche, mehr oder weniger systematische Weltanschauungen. Ein philosophischer Zusammenstoß ähnelt der Kollision
5 zweier Eisberge. Was unter der Oberfläche liegt, ist größer als das, was über dem Wasser zusehen ist, und es bestimmt dessen äußere Gestalt und Kraft. Philosophische Weltanschauungen sind auf besondere Art umfassend und elastisch. Sie formen unsere ganze Art und Weise, die Welt zu sehen. Der
10 Gegensatz zwischen ihnen ist dialektisch.
Nun hat es in der Philosophie von Platon* bis Marx* viele Verwendungsweisen des Wortes ‚dialektisch' gegeben. Was ich damit meine, ist von diesen historischen Wurzeln nicht unabhängig. Zwei Weltanschauungen stehen gerade dann in
15 einem, wie ich das nenne, dialektischen Gegensatz, wenn sie zwar miteinander unvereinbar, aber trotzdem beide reizvoll sind, also jede von ihnen unmittelbar anziehend wirkt; wenn beide als zentrale Angelpunkte dienen, um ganze Komplexe von Überzeugungen zu ordnen und neu zu gruppieren; wenn beide sich stets neu formulieren, das heißt durch eine Vielfalt 20 verschiedener, spezifischer Behauptungen oder Thesen ausdrücken lassen.
Denken Sie zum Beispiel an die theistische* und die atheistische* Weltanschauung. Manche Menschen sehen die Welt als das vollkommene Werk eines göttlichen Schöpfers, das erfüllt 25 ist von seiner persönlichen, gütigen Gegenwart. Andere begegnen diesem Bild mit Verständnislosigkeit oder Feindseligkeit; sie sehen in der Welt nur komplexe Ströme und Interaktionen von Masse und Energie, das Wirken blinder und ganz und gar unpersönlicher Kräfte. Vielleicht haben die meis- 30 ten Menschen beides von Zeit zu Zeit, manchmal begegnen sie der Welt mit heiliger Scheu und Ehrerbietung wie einem tiefen Mysterium und manchmal wie einem bloßen Gegenstand, der zwar nur unvollkommen verstanden, aber an sich durch und durch verständlich ist und eines Tages vollkommen 35 durchschaut und beherrscht sein kann.

Unbestreitbar gibt es beide Tendenzen. Beide Bilder haben für uns eine unbestreitbare Anziehungskraft. Aber es ist klar, dass man, selbst mit aller Anstrengung zur Selbsttäuschung, nicht beide Bilder zugleich uneingeschränkt aufrechterhalten kann. Sie sind letztlich miteinander unvereinbar.

Wie lässt sich diese Unvereinbarkeit ausdrücken? Traditionell natürlich als eine Meinungsverschiedenheit über die Behauptung: „Gott existiert." Ein Philosoph bietet ein Argument für oder gegen diese Behauptung; ein anderer antwortet mit Kritik an dem Argument; der erste begegnet der Kritik des zweiten seinerseits mit Kritik; es fallen noch andere Stimmen in den Chor ein; und so geht es weiter. Wenn man aber diesen Dialog als eine Diskussion nur über die Wahrheit oder Falschheit einer einzelnen Behauptung ansieht, hat man den größeren, verborgenen Teil des Eisbergs übersehen.

Denn in gewissem Sinne tangiert die Frage alles. Einer der Diskussionsteilnehmer lebt beispielsweise in einem von Bedeutung durchdrungenen Universum: Es selbst und wir in ihm haben einen Zweck, existieren aus einem bestimmten Grund. Für einen anderen dagegen gilt: Wenn es überhaupt so etwas wie Sinn und Zweck gibt, dann nur menschliche Sinngebungen und Zwecksetzungen, denn wir sind nicht aufgrund eines Plans hier, sondern als das Ergebnis einer zufälligen Verbindung entsprechender Rohstoffe sowie der systematischen evolutionären Weiterentwicklung dieses ursprünglich zufälligen Zusammentreffens.

Wieder ein anderer Philosoph hält die Menschen für „ein wenig niedriger als Engel", für seelenvolle Wesen mit göttlichem Lebensfunken, denen die Freiheit gegeben ist, in Übereinstimmung mit Gut und Böse zu wählen. Für einen anderen stehen wir dagegen vielleicht nur „ein wenig höher als Affen", sind hoch spezialisierte, deterministische, organische Datenverarbeitungsmaschinen, die all jene Werte selbst schaffen, welche im Verlauf unserer wechselseitigen Interaktionen und unserer fortgesetzten Anpassung an ein Universum aus wertfreier und gleichgültiger Materie vorkommen. Für den einen ist Tod der Übergang zu einem höheren Leben, für den anderen ist er nur die äußerste Form der Dysfunktion.

Jede dieser unterschiedlichen Auffassungen und noch viele andere können zu einem Fokus[1] werden, von dem der dialektische Prozess, Argumenten mit Argumenten zu begegnen, ausgeht. Menschen haben Seelen – oder sie haben keine. Es gibt ein Leben nach dem Tod – oder es gibt keins. Wir haben einen freien Willen – oder wir sind determiniert. Es gibt letzte Werte – oder alle Werte beruhen auf Konventionen. Allein durch sinnliche Wahrnehmung sind wir fähig, Wissen zu schöpfen – oder mystische Erfahrung eröffnet uns den Zugang zu einer höheren Realität. Worin auch immer die einzelne These besteht, das letzte Ziel des ganzen Unterfangens bleibt dasselbe, nämlich aus den Teilen, die in dem bevorzugten Bild verwurzelt sind, ein konsistentes, kohärentes, klar geordnetes und systematisches Ganzes zusammenzusetzen, das kritischen Angriffen widerstehen kann, eine Synthese zu konstruieren, die der Analyse standhält.

1 Fokus: Brennpunkt

*Jay F. Rosenberg, *1942, amerikanischer Philosoph*

🟢 *Fassen Sie die Kernthese von Rosenbergs Überlegungen mit eigenen Worten zusammen.*

🟢 *Worin besteht die Schwierigkeit einer philosophischen Auseinandersetzung?*

🟢 *Warum vergleicht Rosenberg eine philosophische Diskussion mit der Kollision von Eisbergen? Nehmen Sie noch einmal Bezug auf das Bild von Caspar D. Friedrich.*

🟢 *Suchen Sie sich ein philosophischen Problem aus dem Text heraus und führen Sie dazu im Sinne Rosenbergs eine Pro-und-Contra-Diskussion.*

Dialektik

In der Geschichte der abendländischen Philosophie wurde unter der Methode der Dialektik Unterschiedliches verstanden. Hier steht der Dialektikbegriff der Antike im Vordergrund. Diese Grundmethode des philosophischen Denkens umfasst Rede und Gegenrede mit dem Ziel, das Wesen eines Problems oder Dinges schrittweise auf der Grundlage einer Diskussion herauszufinden.
Als Begründer dieser Methode gilt Zenon von Elea (um 495 – um 445 v. Chr.). Er unterzog die Anschauungen seines Gegners einer kritischen Prüfung. Dabei ging er folgendermaßen vor: Er akzeptierte zunächst die Thesen seines Gegners und entwickelte dafür zwei sich widersprechende Schlussfolgerungen, sodass der Gegner verwirrt aufgab. Die Griechen nannten diese Zustand „Aporie" (Ratlosigkeit). Platon lernte die Methode von Zenon als junger Mann in Athen kennen. Er übernahm sie als Grundmethode in seine philosophischen Dialoge. Diese enden meistens ebenfalls in einer Aporie, allerdings prüfen die Disputanten zuvor im gemeinsamen Gespräch wichtige Begriffe und führen gegenseitig Argumente an, um am Ende festzustellen, dass es schwierig bzw. ausweglos ist, zu philosophischen Problemen eine eindeutige Lösung zu präsentieren (vgl. S. 82/83). Seit der Antike dient die Dialektik als Methode der philosophischen Wahrheitsfindung. Über die Beweisführung des Zenon können Sie nachlesen in: Wilhelm Capelle (Hg.), Die Vorsokratiker, Kröner Verlag, Stuttgart 1968, S. 171–180.

Aphorismen

Neben den traditionellen Formen des Philosophierens in längeren oder kürzeren Texten und Dialogen haben Philosophinnen und Philosophen mit dem Beginn der philosophischen Tradition auch kreative Formen des Nachdenkens über die Welt entwickelt. Sie verfolgten damit das Ziel, ihre Gedanken kurz und anschaulich anderen Menschen mitzuteilen. Eine der ältesten Formen des kreativen Philosophieren ist der Aphorismus.

> Klugheit ist Verstehen.
> Durch Klugheit versteht sich der Mensch darauf, Unbrauchbares brauchbar zu machen.
> *Yang Hsjung, Chinese, 53–18 v. Chr.*

> Die Weisheit ist Gottes Auge,
> mit dem Er alles vorhersieht
> und alles durchschaut.
> **Hildegard von Bingen**, *1098–1179, deutsche Mystikerin*

> Man erteilt der Klugheit alles erdenkliche Lob, dennoch mag sie uns nicht vor dem geringsten Zufall zu sichern.
> *La Rochefoucauld, 1613–1680, französischer Schriftsteller*

> Jeder, der seinen Geist zeigen will, lässt merken, dass er auch reichlich vom Gegenteil hat.
> *Friedrich Nietzsche, 1844–1900, deutscher Philosoph*

> Ein philosophisches Problem hat die Form:
> „Ich kenne mich nicht aus."
> *Ludwig Wittgenstein, 1889–1951, österreichischer Philosoph*

> Man glaubt, das Denken sei unverbindlich, aber nichts außer dem Denken bindet uns.
> **Simone Weil**, *1909–1941, französische Philosophin*

> Denken ist graben
> und mit einem Senkblei messen.
> *Rahel Varnhagen von Ense, 1771–1833, deutsche Salonière*

◀ *Wie werden in diesen Aphorismen Klugheit, Geist und Weisheit charakterisiert? Zeigen Sie Gemeinsamkeiten und Unterschiede zwischen den Aphorismen auf.*

◀ *Wählen Sie einen Aphorismus aus und formulieren Sie in Form eines Sinnspruchs eine Gegenposition. Vergleichen Sie Ihre Ideen im Kurs.*

◀ *Suchen Sie zur ersten Kant-Frage „Was kann ich wissen?" weitere Aphorismen und gestalten Sie dazu eine Wandzeitung. Orientieren Sie sich an den im folgenden Text genannten Philosophinnen und Philosophen.*

Der Aphorismus als Lebensregel, Lehrsatz und moralisches Urteil

Der erste Meister des Aphorismus als Lebensregel bzw. Lehrsatz war Konfuzius*, der ähnlich wie Sokrates* keine schriftlichen Reflexionen hinterlassen hat. Seine Schüler haben jedoch seine Aussprüche später in dem Buch „Lun-yu" (Gespräche) zusammengetragen. Bereits 100 Jahre nach Konfuzius'* Tod rühmte der chinesische Geschichtsschreiber Ssu-ma Ch'ien die Fähigkeit des Meisters, scharfsinnige philosophische Gedanken in Form von Sinnsprüchen auszudrücken (vgl. S. 108/109).
In der europäischen Philosophie wurde die Tradition des Aphorismus vor allem von den Stoikern Epiktet* in dem „Handbüchlein der Ethik" und Marcus Aurelius* in seinen „Selbstbetrachtungen" initiiert. Der Philosoph und Jesuit Baltasar Gracián* hat sie dann in seinem „Handorakel und Kunst der Weltklugheit" weitergeführt.
Auch die Mystikerinnen Hildegard von Bingen und Mechthild von Magdeburg* verwendeten den Aphorismus, um über wichtige Lebensprobleme (nicht nur über das Verhältnis des Menschen zu Gott) nachzudenken. In ihrem „Buch der Lebensverdienste" entwickelt Hildegard von Bingen eine umfassende Tugendethik. Sie unterscheidet zwischen Tugenden (wertvollen Lebenshaltungen) und Untugenden (verwerfliche Lebenshaltungen). Die Gegenüberstellung dieser beiden Gruppen von Tugenden und die lebenspraktischen Konsequenzen, die sich daraus für den Menschen ergeben, stellt Hildegard in kürzeren und längeren Aphorismen dar, die in der Sprache des Hochmittelalters einen allegorischen* und metaphorischen Charakter haben. Auch bei ihr spielt ähnlich wie bei Konfuzius und Baltasar Gracián das rechte Maß in allen Dingen des Lebens eine wichtige Rolle (vgl. hierzu auch „Philosophische Ethik", Cornelsen, Berlin 2003, S. 78/79).
Das rechte Maß im Leben und in der Philosophie fand der französische Schriftsteller Duc de La Rochefoucauld nie. Nach einem gescheiterten Putschversuch gegen den König in die Bastille eingesperrt, begann er Regeln für das Überleben in seinem Kopf aufzuschreiben, die ihm in der Dunkelheit seiner Zelle Kraft und neuen Lebensmut verliehen. Politisch und menschlich zur Ruhe gekommen verallgemeinerte La Rochefoucauld seine Lebens- bzw. Überlebensregeln und stellte sie in dem Buch „Maximes et Réflexions diverses" zusammen.

Der Aphorismus als Medium der philosophischen Kritik

Friedrich Nietzsche bezeichnete seine Philosophie selbst als „Experimental-Philosophie". Experimentiert hat er mit Gedanken, Formen und mit sich selbst. Sein Ziel war es, überlieferte Traditionen und Werte in der Gesellschaft und der Philosophie durch neue zu ersetzen. Zarathustras Ausspruch „Gott ist tot" ist symptomatisch für Nietzsches Versuch, Gedanken in Bewegung zu setzen und das Christentum und die Metaphysik einer radikalen Kritik zu unterziehen. Denn das Ende Gottes bedeutet auch das Ende der herkömmlichen Moral: Zarathustra, die Hauptgestalt seiner gleichnamigen Schrift, verweist auf den Übermenschen, der mit alten Traditionen bricht und neue Werte schafft. Der Aphorismus war für Nietzsche diejenige Form, durch die er auch seinen Bruch mit der herkömmlichen Tradition der Philosophie ausdrücken konnte. Er verweigerte sich bewusst dem Systemdenken der philosophischen Tradition: Nietzsche wollte sich nicht auf die großen Systeme anderer Philosophen einlassen, sondern mit Gedanken experimentieren, etwas Neues hervorbringen, das sich nicht nur inhaltlich, sondern auch in der Form von den anderen abhob. Aus diesem Grund rezipierte er das „Denke selbst" Kants*: seine Kritik an Moral und Christentum ist auch eine Kritik an der Philosophie, insbesondere der Metaphysik, und bedient sich dazu der aphoristischen Tradition.

Auch Ludwigs Wittgensteins „Philosophische Untersuchungen" stellen eine Kritik bisheriger philosophischer Ansichten zum Verhältnis von Sprache und Welt dar. Sie beginnen mit der Kritik an dem Philosophen Augustinus, der die Ansicht vertrat, dass sich unser Bild von der Welt aus lauter einzelnen Abbildungen von Einzeldingen mosaikartig zusammensetzt. Wittgenstein erkannte, dass dies nicht funktionieren kann, denn einem Begriff lässt sich mehr als nur ein Sachverhalt oder Gegenstand zuordnen. Darüber hinaus machen wir uns immer schon ein Bild von der Welt und ordnen neue Tatbestände und Begriffe in bereits vorhandene Zusammenhänge ein. Und jene sprachlichen Zusammenhänge, in denen Worte und Begriffe einen Sinn bekommen, nennt Wittgenstein Sprachspiel. Sprachspiele entwickeln sich in Abhängigkeit von verschiedenen Lebensformen, d. h., sie sind sozial determiniert. Die Aufgabe der Philosophie ist es, im Gewirr der Sprachspiele herauszufinden, was eine sinnvolle Rede ist und was nicht (vgl. S. 82/83).

Anregungen zum aphoristischen Philosophieren

- den Aphorismus lesen und einige Minuten überdenken
- die Denkbemühungen der Philosophinnen und Philosophen in Stichworten festhalten und anschließend frei vortragen
- den Sinngehalt interpretieren (Welches philosophische Problem wird angesprochen?)
- die wichtigsten Begriffe des Aphorismus analysieren, die für die Entschlüsselung des Sinngehaltes von Bedeutung sind
- die Kernaussage des Aphorismus mit Beispielen aus der eigenen Erfahrungswelt vergleichen
- einen eigenen Standpunkt zu dem angeführten philosophischen Problem formulieren (Wie stehe ich zu der Kernaussage des Aphorismus?)
- Schlussfolgerungen aus der Kernaussage des Aphorismus ziehen
- gegenteilige Auffassungen zu dem formulierten Problem prüfen – ggf. einen Gegen-Aphorismus formulieren
- sprachliche Präzisierungen der Kernaussage überlegen
- mehrere Aphorismen zum gleichen Problem herausfinden und vergleichen
- einen eigenen Aphorismus zu dem philosophischen Problem formulieren
- einen kurzen Essay „um den Aphorismus herum" schreiben bzw. eine Gedankenkette assoziieren

Sprachspiel

Wie viele Arten der Sätze gibt es aber? Etwa Behauptung, Frage und Befehl? – Es gibt *unzählige* solcher Arten: Unzählige verschiedene Arten der Verwendung alles dessen, was wir „Zeichen", „Worte", „Sätze" nennen. Und diese Mannigfaltigkeit ist nichts Festes, ein für alle Mal Gegebenes; sondern neue Typen der Sprache, neue Sprachspiele, wie wir sagen können, entstehen und andere veralten und werden vergessen. (Ein *ungefähres Bild* davon können uns die Wandlungen der Mathematik geben.)
Das Wort *„Sprachspiel"* soll hier hervorheben, dass das Sprechen der Sprache ein Teil ist einer Tätigkeit oder einer Lebensform.
Führe dir die Mannigfaltigkeit der Sprachspiele an diesen und anderen Beispielen vor Augen:
Befehlen, und nach Befehlen handeln –
Beschreiben eines Gegenstands nach dem Ansehen, oder nach Messungen –
Herstellen eines Gegenstands nach einer Beschreibung (Zeichnung) –
Berichten eines Hergangs –
Über den Hergang Vermutungen anstellen –
Eine Hypothese aufstellen und prüfen –
Darstellen der Ergebnisse eines Experiments durch Tabellen und Diagramme –
Eine Geschichte erfinden; und lesen –
Theater spielen –
Reigen singen –
Rätsel raten –
Einen Witz erzählen ...
Bitten, Danken, Fluchen, Grüßen, Beten ...
Es ist interessant, die Mannigfaltigkeit der Werkzeuge der Sprache und ihrer Verwendungsweisen, die Mannigfaltigkeit der Wort- und Satzarten mit dem zu vergleichen, was Logiker über den Bau der Sprache gesagt haben.

Ludwig Wittgenstein, 1889–1951, österreichischer Philosoph

▸ *Nennen Sie weitere Sprachspiele aus Ihrem Alltagsleben.*

▸ *Fassen Sie zusammen, welche Funktion der Aphorismus in der philosophischen Tradition hat. Stellen Sie die besondere Leistung des Aphorismus gegenüber den traditionellen Formen heraus.*

▸ *Sammeln Sie aus dem folgenden Buch Aphorismen zum Thema Erkenntnis und Sprache: Ludwig Wittgenstein, Philosophische Untersuchungen, Suhrkamp Verlag, Frankfurt/M. 1977, S. 15–30.*

▸ *Vergleichen Sie anschließend Wittgensteins Auffassung von Erkenntnis mit der von Platon* auf der S. 20/21. Welche Gemeinsamkeiten und Unterschiede stellen Sie fest?*

Märchen und gesellschaftliche Utopien

Marc Chagall, Das Fenster, 1924

◁ Beschreiben Sie die Insel, wie sie von Marc Chagall gesehen wird.

◁ Decken Sie nun die Außensicht des Fensters mit einem Blatt Papier ab und skizzieren Sie auf dem Blatt, wie Sie sich den Blick auf eine Paradiesinsel vorstellen. Sprechen Sie anschließend anhand Ihrer Skizzen darüber, was es für Sie bedeuten würde, in einem Paradies zu leben.

Aus einem Schneider kann ein König werden

Platon* hat in seinem Buch „Der Staat" die erste Utopie von einer gerechten Gesellschaft entworfen. Schon vorher wurden in überlieferten Volksmärchen Probleme einer gerechten Gesellschaft und andere philosophische Weisheiten thematisiert. Der Philosoph Ernst Bloch charakterisiert in seiner Schrift „Das Prinzip Hoffnung" die gesellschaftsverändernde Kraft von Märchen.

Das Märchen lässt sich von den heutigen Paradiesbesitzern nichts vormachen; so ist es aufsässig, gebranntes Kind und helle. Man kann auf einer Bohnenranke in den Himmel klettern und sieht dort, wie die Engel Geld mahlen. Im Märchen „Der
5 Gevatter Tod" bietet sich einem armen Mann der liebe Gott selbst als Gevatter an, aber der arme Mann antwortet: „Ich begehre dich nicht zum Gevatter, denn du gibst dem Reichen und lässt den Armen hungern." Hier überall, in Mut wie Nüchternheit wie Hoffnung, ist ein Stück Aufklärung, lange bevor es
10 diese gab. Das tapfere Schneiderlein in Grimms Märchen, ein Fliegentöter von Haus aus, zieht in die Welt, weil es meint, die Werkstätte sei zu klein für seine Tapferkeit. Es begegnet einem Riesen, der Riese nimmt einen Stein in die Hand und drückt ihn zusammen, dass das Wasser heraustropft, wirft einen anderen
15 Stein so hoch, dass man ihn kaum noch sehen kann. Doch der Schneider übertrifft den Riesen, indem er statt eines Steins einen Käse zu Brei zerdrückt und einen Vogel so hoch in die Luft wirft, dass er überhaupt nicht wiederkommt. Schließlich, am Ende des Märchens, besiegt der Kluge alle Hindernisse,
20 erringt die Königstochter und die Hälfte des Reichs. So kann im Märchen aus einem Schneider ein König werden, ein König ohne Tabu, der den ganzen feindseligen Mutwillen der Großen abserviert hat. Und wo die Welt noch voller Teufel war, widersteht ein anderer Märchenheld, der Bursche, der auszog,
25 das Fürchten zu lernen, der Angst auf der ganzen Linie, er setzt Leichen ans Feuer, dass sie sich wärmen, kegelt mit Gespenstern im verwunschenen Schloss, nimmt den Obersten der bösen Geister gefangen und erlangt dadurch einen Schatz. Der Teufel selber lässt sich im Märchen betrügen, ein armer
30 Soldat betrügt ihn, indem er ihm die Seele verkauft unter der Bedingung, dass er den Soldatenschuh mit Gold fülle. Aber der Schuh hat ein Loch, der Soldat stellt ihn über eine tiefe Grube, und so muss der Teufel Säcke über Säcke voll Gold beischleppen, bis zum ersten Hahnenschrei, um dann geprellt davon-
35 zufahren. Also müssen im Märchen selbst durchlöcherte Schuhe dem, der sich darauf versteht, zum Besten dienen. Leiser Spott über bloßes Wünschen und die märchenhaft einfachen Mittel, ans Ziel zu kommen, fehlt nicht, ebenfalls aufgeklärter, doch er entmutigt nicht. In alten Zeiten, beginnt das Märchen vom
40 Froschkönig, wo das Wünschen noch geholfen hat – das Märchen gibt sich mithin nicht als Ersatz fürs Tun.

Ernst Bloch, 1885–1977, deutscher Philosoph

▸ *Interpretieren Sie den letzten Satz des Textes und geben Sie dem Text anschließend eine neue Überschrift im Lichte der dritten Kant-Frage „Was darf ich hoffen?" (vgl. S. 34–49).*

▸ *Suchen Sie in der Märchensammlung der Gebrüder Grimm nach den von Ernst Bloch beschriebenen Märchen und finden Sie heraus, welche Vorstellungen von einer gerechten Gesellschaft in ihnen zum Ausdruck kommen.*

Zwei Welten

Die fantastische Dimension des Märchens hat einige Philosophen angeregt, ihre Vorstellungen von einer gerechten Welt in Form eines Märchens darzubieten; zu ihnen gehörte vor allem Voltaire. Er verwendete im 18. Jahrhundert das Märchen ganz selbstverständlich als eine Grundform philosophischen Nachdenkens. Zu seinen viel diskutierten Märchen gehören „Zadig" und „Platons Traum". In „Platons Traum" lässt Voltaire den Schöpfer des Universums Démogorgon darüber nachdenken, warum er die Welt zweigeteilt hat. Lesen Sie den folgenden kurzen Auszug aus dem Märchen und fassen Sie schriftlich die wesentlichen Gedanken zusammen.

Einer von ihnen, ein ausgesprochener Spaßvogel, sprach zu ihm: „Also wirklich, Sie haben das ganz ausgezeichnet gemacht; Sie haben Ihre Welt in zwei Hälften unterteilt und zwischen diesen beiden Halbkugeln eine große Wasserfläche
5 angelegt, sodass es bloß keinerlei Verständigung mehr zwischen der einen und der anderen Hälfte geben kann. An den beiden Polen bibbert man vor Kälte und am Äquator kommt man vor Hitze um. In weiser Vorausschauung haben Sie große Sandwüsten geschaffen, sodass die dort Vorübergehenden vor
10 Hunger und Durst sterben müssen. Ihre Schafe, Kühe und Hühner gefallen mir an und für sich ganz gut; doch ich muss Ihnen sagen, Ihre Spinnen und Schlangen behagen mir nicht so sehr. Ihre Zwiebeln und Artischocken sind wirklich eine sehr gute Sache, doch ich kann mir keinen Reim darauf machen,
15 was in aller Welt Sie wohl dazu bewogen haben könnte, die Erde mit so vielen Giftpflanzen zu besiedeln, höchstens, dass Sie sich vielleicht mit der Absicht trugen, die Erdbewohner zu vergiften. Im Übrigen habe ich den Eindruck, dass Sie so an die dreißig Arten verschiedener Affen geschaffen haben, an
20 Hunderassen noch viel mehr und hingegen nur vier oder fünf Sorten Mensch: Zugegeben, diesem letzten Tier haben Sie auch das mit auf den Weg gegeben, was Sie als den Verstand bezeichnen; aber ehrlich gesagt ist dieser Verstand doch wohl eher lächerlich und dem Wahnsinn allzu unmittelbar
25 verwandt. Im Übrigen habe ich auch den Eindruck, dass Sie nicht sehr viel Aufhebens machen von diesem zweibeinigen Tier, denn so viele Feinde und nur so wenig Schutz, so viele Krankheiten und nur so wenig Heilmittel, so viele Leidenschaften und nur so wenig Weisheit haben Sie ihm mit auf den Weg
30 gegeben."

François-Marie Voltaire (ursprünglicher Name: Arouet), 1694–1778, französischer Schriftsteller

▸ *Wie charakterisiert Voltaire das „Tier auf zwei Beinen"? Welche Rolle spielt der Verstand in seinem Leben?*

▸ *Halten Sie ein Kurzreferat zur Ideenlehre Platons, in der die Welt in das Reich der Ideen und das Reich der Dinge unterteilt wird.*

▸ *Vorschlag zum fachübergreifenden Unterricht: Lesen Sie in Zusammenarbeit mit dem Grundkurs Französisch das Märchen von Voltaire zu Ende und beantworten Sie anschließend die Frage, warum das Märchen „Platons Traum" heißt. Sie finden den Text in folgendem Buch: François-Marie Voltaire, Zadig et autres contes, Editions Gallimard, Paris 1992, ISBN: 2070384810.*

Märchen und der Mensch

Marc Chagall, Komposition mit Kreisen und Ziege, 1920

Interpretieren Sie das Bild im Unterrichtsgespräch im Sinne des Märchens von Voltaire (S. 69).

Schreiben Sie anschließend ein eigenes Märchen zu dem Bild.

Die Geschichte eines Braminen

Karoline von Günderrode hat ebenso wie Voltaire philosophische Gedanken in Märchen ausgedrückt. Zu ihren bekanntesten Märchen gehört „Die Geschichte eines Braminen".

Ich bin, sagte Almar, in Smirna geboren. Mein Vater, ein Franzose und reicher Kaufmann, der von der christlichen zur [islamischen] Religion übergegangen war, behandelte mich, so selten ich auch vor ihm erschien, kalt und unfreundlich, und meine Mutter war vor meiner Erinnerung gestorben. Ich fühlte mich recht verlassen und oft tief erbittert durch meinen Vater. Kinder, wenn sie schon anfangen, das Leben mit den Augen ihres Geistes zu betrachten, werden von den Gewohnheiten, Verhältnissen und Forderungen der menschlichen Gesellschaft beängstigt, und nur die sanfte Hand guter Eltern kann sie ohne große Schmerzen in die ungewohnten Schranken des bürgerlichen und häuslichen Lebens einführen. Durch die Eltern spricht die Natur zuerst zu den Kindern. Wehe den armen Geschöpfen, wenn diese erste Sprache kalt und lieblos ist!

Da sich mir mehr unangenehme Gegenstände des Nachdenkens darboten als angenehme, so entsagte ich ihm bald ganz; selbst die Zeremonien des [islamischen] Gottesdienstes, die ich täglich mitmachen musste, erregten meine Neugierde, deren Sinn zu verstehen, nicht. Mein Vater hatte oft gesagt, die Religionen seien zwar nützliche politische Einrichtungen, allein für den einzelnen Aufgeklärten höchst überflüssig; der Zeremoniendienst war mir ohnehin beschwerlich, ich gab also diesem Ausspruch aus Bequemlichkeit meinen ganzen Beifall.

Sechzehn Jahre war ich alt, als mich mein Vater (welcher […] wollte, ich solle Kaufmann werden) zu einem Handelsfreund in eine der größten Städte Europas sandte. Der Eindruck, welchen die Neuheit so vieler Gegenstände auf meine Seele machte, war nicht bedeutend, denn ich betrachtete die Dinge mehr mit den Augen als mit dem Geiste.

Ich war genötigt, die meisten Stunden des Tages mit Geschäften auszufüllen; diejenigen, die mir übrig blieben, wandte ich dazu an, mir Vergnügen zu machen. Ich besuchte Schauspiele, schöne Frauen und ging mit leichtsinnigen jungen Männern um; dennoch blieb mir eine gewisse Verlegenheit und Ungeschicklichkeit im gesellschaftlichen Leben, die wir Morgenländer selten ablegen, weil unsere Lebensart sehr ungesellig ist.

Mehrere Jahre waren so vergangen, in welchen ich nichts Höheres kannte als Geld erwerben, um es auf eine angenehme Art wieder auszugeben. Die Nachricht von dem Tode meines

Vaters brachte mich zuerst zu einiger Besinnung. Ich beklagte seinen Tod nicht, aber ich betrauerte meine Unempfindlichkeit bei seinem Verlust und machte mir im Herzen Vorwürfe darüber. Ein neuer Umstand kam hinzu, meinen Geist aus seinem Schlummer zu erwecken; der Kaufmann, für den ich arbeitete, verlor fast sein ganzes Vermögen, er und seine Gattin brachten Tage lang mit mir in dem größten Kummer darüber hin, und wir entwarfen hundert vergebliche Pläne, das Übel abzuwenden. Nachdem ich mich fast stumpf über die Mittel, diese Leute zu retten, gedacht hatte, sagte ich zu mir selber: Sind denn Reichtümer und Vergnügen der Sinne die einzigen wünschenswerten Güter? Diese Frage öffnete plötzlich die mir noch unbekannten Tiefen meines eigenen Gemütes; ich stieg hinab in eine Menge von Gedanken, wie in eine Felsenhöhle, in welcher immer neue und frische Quellen sprudeln. Ich war schon lange auf Erden, jetzt fing ich an, zu leben, und die Flügel meines Geistes wagten den ersten Flug. Die mir bisher unsichtbare moralische Welt enthüllte sich mir, ich sah eine Gemeinschaft der Geister, ein Reich von Wirkung und Gegenwirkung, eine unsichtbare Harmonie, einen Zweck des menschlichen Strebens und ein wahres Gut. Verloren war ich für meine Berufsarbeiten seit dem Augenblick, da ich dies schöne Land gefunden hatte, ich gab sie auf, denn erst wollte ich wissen, wer ich sei? Was ich sein solle? Welche Stelle mir gebühre? Und welche Gesetze in dem Reiche herrschten, dessen Bürger ich werden wollte? Ehe ich meiner Tätigkeit einen Kreis bestimmte.

Zuerst betrachtete ich meine Natur und Bestimmung abgesondert und nur mit Rücksicht auf mich selbst; ich fand, dass ohne Weisheit und Tugend die Wohlfahrt meines Geistes nicht bestehen könne; ich fand, dass Weisheit und Tugend die Gegenstände meines höchsten Strebens, durch Beherrschung der Sinnlichkeit, der Leidenschaften, und durch Übung der Kräfte in edler und nützlicher Tätigkeit erlangt werden könnten. Betrachtete ich mich als Bürger des moralischen Reiches, so fand ich mich verpflichtet, dessen Wohlfahrt wie die eigne nach allen Kräften zu befördern, ihr alles zu opfern und mich als ihr Eigentum zu betrachten.

Mit welcher Freude trat ich aus dem engen Kreis zugemessener täglicher Arbeiten in die freie Tätigkeit eines denkenden Wesens, das sich selbst einen Zweck seines Tuns setzt, aus dem beschränkten persönlichen Eigennutz in die große Verbrüderung aller Menschen, zu aller Wohl. Das bloß mechanische und tierische Leben, dem ich entronnen war, lag wie ein dumpfer Kerker hinter mir; ich trat in jedem Sinne in die Welt und übte meine Kraft in mancher Selbstüberwindung, in mancher schweren Tugend. Durch sorgfältige Betrachtung lernte ich bald alles Menschliche im Menschen kennen, aber das Göttliche war mir noch nicht offenbar.

Meine stolze Vernunft maßte sich bald die Alleinherrschaft in mir an; sie wollte, alles solle vernünftig sein. Diese Forderung verwickelte mich natürlich in beständige Zwistigkeiten mit mir selbst und der Welt, die Widerspenstigkeiten meiner eigenen Natur gegen ihre Gebote machten mich unzufrieden mit mir; der beständige Kampf der Welt gegen ihre Forderungen verwirrte mich, eine klügelnde Kritik fand alles tadelnswürdig, nichts konnte dieser Vernunft genügen. Einst hatte ich ihr ein großes Opfer gebracht, lange Zeit war ich im Nachdenken darüber verloren; endlich sprach eine innere Stimme zu mir: Warum ist denn alles gut, was auf Erden ist, nur der Mensch nicht? Warum soll er allein anders werden, als er ist? Ist nur der tugendhaft, der auf den Ruinen seines eigenen Geistes steht und sagen kann: „Seht, diese hatten sich empört, aber sie sind gefallen, ich bin Sieger worden über sie alle!"

Karoline von Günderrode, 1780–1806, deutsche Philosophin

- *Charakterisieren Sie das „schöne Land", das Almar gefunden hat, und vergleichen Sie seine Auffassung mit Ihrer Zeichnung vom Paradies. Welche Gemeinsamkeiten und welche Unterschiede finden Sie?*
- *Warum hat Almar seine bisherige Welt verlassen?*
- *Was ist für Sie das Menschliche am Menschen? Notieren Sie sich einige Stichworte dazu und führen Sie anschließend eine Diskussion im Kurs.*
- *Beschreiben Sie mit Ihren eigenen Worten, was Almar mit dem „Göttlichen" (Z. 90) im Leben meinen könnte. Sie können dazu ein Gedicht oder einen Aphorismus schreiben.*
- *Zur Vertiefung der Frage, wie die Suche nach dem „Göttlichen" weitergeht, können Sie in folgendem Buch weiterlesen: Christa Wolf (Hg.), Karoline von Günderrode, Der Schatten eines Traumes, dtv, München 1997, S. 135–145.*
- *Halten Sie ein Kurzreferat über Karoline von Günderrode. Sie finden dazu Material in: Christa Wolf (Hg.), Karoline von Günderrode, Der Schatten eines Traumes, dtv, München 1997, Vorwort, sowie in: Marit Rullmann, Philosophinnen, Bd. 2, Suhrkamp, Frankfurt/M. 1998, S. 25–31. Außerdem im Internet unter **www.wortblume.de/dichterinnen/guende_i.htm***

Vorzeit, und neue Zeit

Ein schmaler rauer Pfad schien sonst die Erde.
Und auf den Bergen glänzt der Himmel über ihr,
Ein Abgrund ihr zur Seite war die Hölle,
Und Pfade führten in den Himmel und zur Hölle.

Doch alles ist ganz anders nun geworden,
Der Himmel ist gestürzt, der Abgrund ausgefüllt,
Und mit Vernunft bedeckt, und sehr bequem zum Gehen.

Des Glaubens Höhen sind nun demolieret,
Und auf der flachen Erde schreitet der Verstand,
Und misset alles aus, nach Klafter und nach Schuen[1].

1 Schuen: Schuhe (hier: Maßeinheit)

Karoline von Günderrode, 1780–1806, deutsche Philosophin

- *Welche Rolle spielt der Verstand in dem Sonett von Günderrode? Interpretieren Sie vor allem die Überschrift des Gedichts.*

> Vollkommen wahr ist nur das Ewige, das keinem Wechsel der Zeiten und Zustände unterworfen ist.
>
> *Karoline von Günderrode, 1780–1806, deutsche Philosophin*

Die Fabel als Maßstab für Gut und Böse

Mathias Waske, Die Geld-Schein-Heiligen (von der Deutschen Mark zum Euro), 2001

- Beschreiben Sie die verschiedenen Elemente des Bildes und stellen Sie dar, welches Menschenbild hier deutlich gemacht wird.
- Interpretieren Sie den Titel des Bildes und klären Sie den Begriff „scheinheilig".
- Finden Sie anschließend Bezüge zwischen dem Bild und der Bienenfabel von Bernard de Mandeville.

Die Fabel als philosophischer Text

Seit über 3000 Jahren wird die Fabel dazu verwendet, moralische Verhaltensweisen des Menschen in Form von Rede und Gegenrede zu problematisieren. Am Schluss steht eine „Moral von der Geschicht'", die Ratschläge für künftiges Handeln gibt. Eine ihrer Besonderheiten besteht darin, dass Tiere menschliche Eigenschaften annehmen und miteinander in einen Dialog treten. Dieses Spezifikum nutzte auch der französische Philosoph Bernard de Mandeville, der als Arzt in London lebte. Er verfasste 1714 die Bienenfabel mit dem Originaltitel „The Fable of the Bees or private Vices public Benefits". Aufgrund heftiger Proteste musste Mandeville der Bienenfabel philosophische Kommentare hinzufügen, deshalb finden Sie innerhalb der Fabel ab und zu Großbuchstaben, zu denen Mandeville jeweils Kommentare geschrieben hat.

Die Bienenfabel

Ein Bienenstock, dem keiner sich
An Macht und Reichtum sonst verglich,
Des' fleißige, wohlgenährte Scharen
Geehrt in Krieg und Frieden waren,
5 War als das rechte Heimatland
Von Kunst und Wissenschaft bekannt.
Wenn die Parteien auch Streit geführt,
Ward doch das Ganze gut regiert;
Nie hat der Pöbel wild geknechtet,
10 Das Volk nie ein Tyrann entrechtet,
Durch Könige, deren Macht beschränkt,
Ward es mit milder Hand gelenkt.

Das Leben dieser Bienen glich
Genau dem unsern, denn was sich
15 Bei Menschen findet, das war auch
En miniature bei ihnen Brauch,
Obwohl dies freilich nicht zu merken
Bei ihren kunstvoll kleinen Werken.
Jedoch bei uns ist nichts bekannt
20 In Haus und Hof, in Stadt und Land,
In Handel, Kunst und Wissenschaft,
Wofür nicht dort Ersatz geschafft.
Gab's also Könige und hielten
Sich diese Wachen, die aber spielten
25 Nicht Würfel, so liegt trotzdem nah:
Irgendein Spiel war sicher da;
Denn nirgends gibt's ein Regiment
Soldaten, das kein solches kennt ...

Die Advokaten waren groß
30 Im Recht-Verdrehen und suchten bloß,
Statt zu versöhnen die Parteien,
Sie immer mehr noch zu entzweien,
Bis sie nicht ein noch aus mehr wussten
Und vor den Richter treten mussten.
35 Sie zogen die Prozesse hin,
Um hohe Sporteln[1] einzuziehn;
Galt's schlechte Fälle zu vertreten,
Sie eifrig das Gesetz durchspähten,
Wie Diebe Häuser, um zu sehen,
40 Wie denn die Einbruchschancen stehen.

Den Ärzten, wurden sie nur reich,
War ihrer Kranken Zustand gleich.
Aufs Heilen gaben sie nicht viel,
Sie setzten sich vielmehr zum Ziel,
45 Durch eifriges Rezepte-Schreiben
Des Apothekers Freund zu bleiben,
Der Wehfrauen[2] und der Priester Gunst
Zu sichern sich durch Schmeichelkunst,
Sich mit den Weibern zu vertragen,
50 Zu billigen, was die Tanten sagen,
Mit süßem „Nun, wie geht es?" allen
Von der Familie zu gefallen
Und schließlich noch der Wartefrauen[3]
Dummdreiste Reden zu verdauen.

55 Von denen, die dazu ersehen,
Des Himmels Segen zu erflehen,

War selten einer ernst gelehrt,
Viel öfter hitzig und verkehrt.
Doch glück's den meisten zu verhüllen,
Wie Stolz und Habgier sie erfüllen,
Worin sie nicht geringern Ruf
Als der Soldat in Spiel und Suff.
Ein paar, in sichtlich tiefer Not,
Erbaten still ihr „täglich Brot"
– Sie meinten Schüsseln, wohlgefüllt –,
Doch blieb ihr Sehnen ungestillt.
Wie wacker darbten diese Frommen!
Das ist den andern sehr bekommen,
Den Herren, deren blüh'nde Wangen
In Wohlsein und Behagen prangen ...

[...]

Die Tugend, die von Politik
Gelernt gar manchen schlauen Trick,
Auf der so vorgeschriebenen Bahn
Ward nun des Lasters Freund; fortan
(G.) Der Allerschlechteste sogar
Fürs Allgemeinwohl tätig war.
So herrscht im Ganzen Einigkeit,
Wenn auch im Einzelnen oft Streit,
Wie der Musik kanon'sche Schöne
Entspießet aus dem Streit der Töne.
(H.) Was sich sonst gänzlich ist entgegen,
Hilft sich, als wär's des Trotzes wegen;
Es fördert weise Mäßigkeit
Die Trunksucht und Gefräßigkeit.
(I.) Der Geiz, dies scheußlich böse Laster
– Keins ist fluchwürdiger und verhasster –,
War Sklav' (K.) der nobelsten der Sünden,
Verschwendung; (L.) durch den Luxus finden
Millionen Armer sich erhalten,
(M.) Auch durch den Stolz, den alle schalten.

(N.) Nicht minder dient der Neid sowie
Die Eitelkeit der Industrie.
Die Sucht, sich als modern in Speisen,
In Kleid und Möbeln zu erweisen,
Stets ein Objekt des Spottes zwar,
Des Handels wahre Triebkraft war.
Gesetze wurden umgestaltet
So schnell, als wie die Tracht veraltet;
Was heut' als gut und löblich galt,
Man übers Jahr Verbrechen schalt.
Doch grad' durch diese Flickarbeit
An Recht und Brauch zu jeder Zeit
Gar mancher Schaden Heilung fand,
Den Klugheit nie vorausgeahnt.

So nährte das Laster die Findigkeit,
Und diese, im Bund mit Fleiß und Zeit,
Hatte das Leben (O.) so angenehm,
So wahrhaft lustvoll und bequem
Gemacht, dass jetzt (P.) der Arme sogar
Noch besser dran als einst der Reiche war.
Vollendung herrschte offenbar. [...]

Die Moral
So klagt denn nicht: (X.) Für Tugend hat's
In großen Staaten nicht viel Platz.
(Y.) Mit möglichstem Komfort zu leben,
Im Krieg zu glänzen und doch zu streben,
Von Lastern frei zu sein, wird nie
Was anderes sein als Utopie.
Stolz, Luxus und Betrügerei
Muss sein, damit ein Volk gedeih'.
Quält uns der Hunger oft auch grässlich,
Zum Leben ist er unerlässlich.
Stammt nicht des edlen Weines Saft
Von einem garstig dürren Schaft?
Der, wenn man ihn nicht sorgsam pflegt,
Bloß nutzlos wuchert und nichts trägt,
Doch dessen Frucht uns Lust bereitet,
Wenn man ihn bindet und beschneidet,
Genauso uns das Laster nutzt,
Wenn das Gesetz es kappt und stutzt,
Ja, ist so wenig aufzugeben
Für Völker, die nach Größe streben,
Wie Hunger ist, damit sie leben.
Mit Tugend bloß kommt man nicht weit;
Wer wünscht, dass eine goldene Zeit
Zurückkehrt, sollte nicht vergessen:
Man musste damals Eicheln essen.

1 Sporteln: mittelalterliche Form des Beamteneinkommens
2 Wehfrauen: Hebammen
3 Wartefrauen: hier: (nicht ausgebildete) Kinderfrauen

Bernard de Mandeville, ca. 1670–1732, französischer Philosoph

◀ *Welches Bild vom Menschen zeichnet Mandeville? Beziehen Sie sich bei Ihren Antworten auf konkrete Textstellen aus der Fabel.*

◀ *Kann diese Fabel auch auf die gegenwärtigen gesellschaftlichen Bedingungen übertragen werden? Begründen Sie Ihren Standpunkt.*

◀ *Wiederholen Sie in fachübergreifender oder fächerverbindender Zusammenarbeit mit dem Deutschunterricht die inhaltlichen und stilistischen Besonderheiten der Fabel, auch in Abgrenzung zum Märchen. Halten Sie dazu ein Kurzreferat. Schreiben Sie anschließend eine Fabel, in der Sie Ihre Position, d. h. Ablehnung oder Zustimmung zur Bienenfabel, zum Ausdruck bringen. Was ist die besondere Leistung der Fabel für die Philosophie?*

◀ *Lesen Sie die Kommentare zu den einzelnen Teilen der Fabel (vgl. große Buchstaben im laufenden Text) in: Bernard de Mandeville, Die Bienenfabel, Suhrkamp Verlag, Frankfurt/M. 1998.*

Philosophische Bilder

Thomas Hobbes, Leviathan, 1651

Leviathan als Denkbild

Der englische Philosoph Thomas Hobbes hat im 17. Jahrhundert den Entwurf eines gerechten Staates vorgelegt, dem er den Titel „Leviathan" (Ungeheuer) gab (vgl. „Recht, Gerechtigkeit, Menschenrechte", Cornelsen, Berlin 2001, S. 44/45). Als Zusammenfassung und Einführung in seine Staatstheorie hat er das nebenstehende Bild verwendet.

- *Betrachten Sie zunächst die obere Hälfte des Bildes. Woraus setzt sich der Mensch zusammen und welche Gegenstände hält er in der Hand? Was symbolisieren sie? In welchem Verhältnis stehen Mensch und Land?*

- *Schauen Sie nun auf die untere Hälfte des Bildes, das zweigeteilt ist. Welche Gegenstände finden Sie dort und wofür stehen sie?*

- *In welchem Zusammenhang stehen die beiden Bildhälften?*

- *Interpretieren Sie nun das Bild als Ganzes: Was sagt es über Hobbes' Auffassung vom Staat aus?*

- *Lesen Sie nach, wie Hobbes den Staat charakterisiert. Sie können folgendes Buch verwenden: Thomas Hobbes, Leviathan, Reclam, Ditzingen 1998, bes. Kapitel 17–18.*

- *Diskutieren Sie darüber, in welchem Zusammenhang Hobbes' visuelle und diskursive (versprachlichte) Gedanken stehen.*

Bilder als eine besondere Art des Sagens

In der philosophischen Tradition wurden immer wieder bildhafte Elemente verwendet: Platon* benutzte Gleichnisse wie das Höhlengleichnis, andere Philosophen zogen Vergleiche oder stützten sich auf Allegorien* und Metaphern*. Bilder, wie jenes von Thomas Hobbes, sind selten als eigenständige Träger philosophischer Gedanken in Erscheinung getreten. Erst der italienische Maler und Philosoph Emanuele Gennaro* hat Bilder bewusst zur Darstellung philosophischer Überlegungen eingesetzt. Unterstützt wurde er dabei von den französischen Philosophen Jean-François Lyotard und Michel Foucault.

Sprachen der Kunst

Man kann Sprachen (langages) der Kunst dem Material gemäß unterscheiden, das im unmittelbaren Sinne verstanden wird: Träger + Medium. Weiterhin gibt es in einer gegebenen Sprache (langage), wie der Malerei zum Beispiel, viele
5 mögliche Spiele.
Um es bei den von Wittgenstein* in Bezug auf Sprachspiele vorgeschlagenen Verständlichkeiten zu belassen, kann man sich Folgendes vorstellen:
Eine Malerei, die befiehlt.
10 Eine Malerei, die erzählt.
Eine Malerei, die definiert.
Eine Malerei, die befragt und antwortet.
Eine Malerei, die sich selbst ihre eigene Verzierung ist.
Eine Malerei, die sich selbst ihre eigene Malerei ist.
15 Eine Malerei, die zitiert.

Jean François Lyotard, 1924–2001, französischer Philosoph

Die Malerei als diskursive Praxis

Man kann, um ein Bild zu analysieren, den verborgenen Diskurs des Malers rekonstruieren; man kann das Gemurmel seiner Absichten, die schließlich nicht in Worte, sondern in Linien, Oberflächen und Farben übersetzt worden sind, wiederfinden wollen, man kann versuchen, die implizite Philo- 5 sophie herauszulösen, die als seine Weltanschauung angesehen wird. Ebenso ist es möglich, die Wissenschaft oder wenigstens die Meinungen der Zeit zu befragen und zu erkennen zu suchen, was der Maler ihnen hat entnehmen können. Die archäologische Analyse hätte ein anderes Ziel. Sie würde un- 10 tersuchen, ob der Raum, die Entfernung, die Tiefe, die Farbe, das Licht, die Proportionen, die Inhalte, die Umrisse in der betrachteten Epoche nicht in einer diskursiven Praxis benannt, geäußert und in Begriffe gefasst worden sind; und ob das Wissen, dem diese diskursive Praxis Raum gibt, nicht in Theo- 15 rien und vielleicht Spekulationen, in Unterrichtsformen und in Verschreibungen, aber auch in Verfahren, in Techniken und fast in der Gebärde des Malers angelegt war. Es würde sich nicht darum handeln, zu zeigen, dass die Malerei eine bestimmte Weise des Bezeichnens oder des „Sagens" ist, 20 woran das Besondere wäre, dass sie auf Worte verzichtete. Man müsste zeigen, dass sie wenigstens in einer ihrer Dimensionen eine diskursive Praxis ist, die in Techniken und Auswirkungen Gestalt annimmt.

Michel Foucault, 1926–1954, französischer Philosoph

- *Welchem Typ der Malerei würden Sie das Bild von Thomas Hobbes zuordnen?*

- *Vergleichen Sie die Typen der Malerei mit den Sprachspielen von Ludwig Wittgenstein auf S. 67. Lassen sich die Typen der Malerei noch ergänzen? Sie können schriftlich Vorschläge machen.*

- *„Die Malerei ist eine bestimmte Art und Weise des Sagens" (Z. 19–20). Begründen Sie diese These von Foucault.*

- *Warum haben Philosophen das Medium Bild nur selten als eigenständigen Träger philosophischer Gedanken verwendet? Suchen Sie nach möglichen Erklärungen.*

- *Bilden Sie Arbeitsgruppen. Suchen Sie sich zehn Bilder aus der „Einführung in die Philosophie" aus und ordnen Sie diese jeweils einem bestimmten Typ der Malerei zu. Begründen Sie Ihre Zuordnungen und vergleichen Sie diese anschließend im Kurs.*

- *Was leistet das Bild als kreative philosophische Form?*

- *Stellen Sie in einer Tabelle die besonderen Merkmale der traditionellen und der kreativen Form des Philosophierens gegenüber (vgl. S. 58/59).*

- *Vorschlag für zwei Referate: Stellen Sie das Leben von Michel Foucault und Jean-François Lyotard dar. Klären Sie dabei den Begriff „postmoderne Philosophie", der am Ende des 20. Jahrhunderts von Lyotard geprägt wurde und zum Leitmotiv für eine neue Art des Philosophierens wurde. Zur Vorbereitung können Sie folgendes Buch verwenden: Jean-François Lyotard, Das postmoderne Wissen, Passagen Verlag, Wien 1999.*

III. Nachdenken über die Welt

Annalies Klophaus, Mensch zwischen Himmel und Erde, 1986

Was ist ursprüngliches Denken?

In philosophischen Dingen hält sich fast jeder für urteilsfähig. Während man anerkennt, dass in den Wissenschaften Lernen, Schulung, Methode Bedingung des Verständnisses sei, erhebt man in Bezug auf die Philosophie den Anspruch, ohne weiteres dabei zu sein und mitreden zu können. Das eigene Menschsein, das eigene Schicksal und die eigene Erfahrung gelten als genügende Voraussetzung. [...]
Das philosophische Denken muss jederzeit ursprünglich sein. Jeder Mensch muss es selber vollziehen. Ein wunderbares Zeichen dafür, dass der Mensch als solcher ursprünglich philosophiert, sind die Fragen der Kinder. Gar nicht selten hört man aus Kindermund, was dem Sinne nach unmittelbar in die Tiefe des Philosophierens geht. Ich erzähle Beispiele: [...]
Ein Kind hört die Schöpfungsgeschichte: Am Anfang schuf Gott Himmel und Erde ..., und fragt alsbald: „Was war denn vor dem Anfang?" Dieser Knabe erfuhr die Endlosigkeit des Weiterfragens, das Nichthaltmachenkönnen des Verstandes, dass für ihn keine abschließende Antwort möglich ist.

Karl Jaspers, 1883–1969, deutscher Philosoph

- Überlegen Sie, ob es einen Zusammenhang gibt zwischen der Beschreibung des Philosophierens durch Karl Jaspers und dem Bild „Mensch zwischen Himmel und Erde".

- Stimmen Sie Jaspers zu, dass die wichtigste Voraussetzung des Philosophierens das Menschsein ist? Begründen Sie Ihren Standpunkt.

- An welche philosophischen Fragen erinnern Sie sich aus Ihrer eigenen Kindheit? Schreiben Sie einige auf und tauschen Sie Ihre Erfahrungen darüber im Kurs aus.

Der eigene Kopf

Selbst denken und Anleitung zum Selbstdenken – darin besteht die Aufgabe derer, die philosophieren. Wer gelernt hat, ohne fremde Hilfe auf seinem eigenen Kopf zu stehen, genießt von dieser erhöhten Warte aus nicht nur eine unverstellte Aussicht auf alles, worauf der Blick sich richtet, sondern gewinnt auch eine Einsicht in diese besondere Plattform, von welcher aus die Welt sich zunächst aus meiner besonderen, einzigartigen und unverwechselbaren Perspektive als je meine erschließt, bevor ein genaueres Zusehen mir enthüllt, dass es immer auch schon die Augen der anderen sind, mit denen ich die Welt wahrnehme.

*Annemarie Pieper, *1941, deutsche Philosophin*

Denken

Denken ist graben
und mit einem Senkblei messen.
Viele Menschen haben
keine Kräfte zum Graben
und andere keinen Mut
und Gewohnheit,
das Blei ins Tiefe sinken zu lassen.

Rahel Varnhagen von Ense, 1771–1833, deutsche Salonière

- *Philosophieren bedeutet Selberdenken. Schreiben Sie dazu einen Essay, in dem Sie diese These bejahen oder verneinen und entsprechende Begründungen dafür anführen.*

- *Das Bild von Paul Klee trägt den Titel „Das Tor zur Tiefe". Überlegen Sie, ob und warum durch das Philosophieren das Tor zur Tiefe geöffnet werden könnte. Schreiben Sie dazu einen Aphorismus.*

Paul Klee, Das Tor zur Tiefe, 1936

Das philosophische Staunen

Philosophieren hat einen spezifischen Gegenstand, den Sie bereits im ersten Kapitel in Form der vier großen Fragen der Philosophie von Immanuel Kant* kennen gelernt haben. Darüber hinaus gehören zu dieser spezifischen Form des Nachdenkens seit der Antike verschiedene methodische Elemente, die es ermöglichen, ein philosophisches Problem von allen Seiten „einzukreisen", und zwar: das Staunen, das Fragen, das Erkennen und Zweifeln, das begriffliche und argumentative Arbeiten sowie das Gedankenexperiment als philosophischer Erfindungsgeist. Vor allem das Staunen wurde bereits vor 2000 Jahren von Platon* und Aristoteles* in besonderem Maße gewürdigt und als Ursprung jeglichen Philosophierens bezeichnet.

Salvador Dalí, Die Beständigkeit der Erinnerung (auch: Die weichen Uhren, oder: Die zerrinnende Zeit), 1931

● *Betrachten Sie die verschiedenen Bildelemente und die Farbkomposition. Gibt es etwas auf dem Bild, worüber Sie staunen? Notieren Sie dazu einige Stichworte und sprechen Sie anschließend im Kurs darüber.*

Hat die Zeit einen Anfang und ein Ende?

Der englische Philosoph Bryan Magee erinnert sich in seinem Buch „Die Bekenntnisse eines Philosophen" daran, mit welchen Problemen er sich als Jugendlicher beschäftigt hat. Eine der spannendsten Fragen war für ihn jene nach dem Anfang und dem Ende der Zeit.

Zwischen meinem zehnten und meinem zwölften Lebensjahr war ich wie gebannt vom Rätsel der Zeit. Nachts lag ich in der Dunkelheit wach im Bett und dachte so ungefähr wie folgt: Ich wusste, dass es vor gestern einen Tag gegeben hatte, und da-
5 vor einen Tag, und davor einen Tag, und so weiter, so weit ich mich zurückerinnern konnte. Aber auch vor dem ersten Tag, an den ich mich erinnern konnte, musste es einen Tag gegeben haben. Ich wusste, dass ich am 12. April 1930 geboren war, und davor musste es einen Tag gegeben haben. Und da-
10 vor. Und so weiter – und so weiter – und so weiter. Vor jedem Tag musste es einen Tag gegeben haben. Es musste also möglich sein, auf diese Weise immer und immer und immer weiter zurückzugehen ... Aber war das wirklich machbar? Die Vorstellung, zurückzugehen, zurück und zurück, war etwas, das ich
15 nicht erfassen konnte: Es kam mir unmöglich vor. Also hatte es vielleicht doch irgendwann einen Anfang gegeben. Aber wenn es einen Anfang gab, was war davor passiert? Nun ja, nichts natürlich – rein gar nichts – sonst wäre es doch ein Anfang. Aber wenn da nichts war, wie hatte dann etwas anfangen
20 können? Woher sollte es gekommen sein? Die Zeit konnte einfach so ins Dasein springen, aus dem Nichts heraus, und so ganz von selbst einsetzen. Nichts ist nichts und nicht irgendetwas. Die Vorstellung eines Anfangs war also unvorstellbar, was sie in gewisser Weise auch unmöglich erscheinen ließ. Das
25 Problem war, dass es unvorstellbar schien, dass die Zeit einen Anfang gehabt haben könnte, und ebenso unvorstellbar, dass sie keinen gehabt hatte. [...]

Wenn man, wie ich, voller Verwunderung über die Welt zum Erwachsenen wird, wenn man sich in einige der scheinbar unlösbaren Probleme vertieft, die diese Welt uns bietet – vor
30 allem in Probleme, die mit Zeit, Raum, unserer Wahrnehmung materieller Objekte und deren Wesen zu tun haben –, dann trennt einen das in mancher Hinsicht von den anderen Menschen. Nicht nur, dass ich niemanden fand, mit dem ich diese Fragen diskutieren konnte, ich musste auch erkennen, dass ich
35 sehr bald als Sonderling galt, wenn ich sie erwähnte. Ich war kein Einzelgänger, denn in anderen Lebensbereichen hatte ich ein sehr geselliges Wesen – ich hatte immer Freunde, und ab siebzehn dann auch Freundinnen; ich ging sehr gern auf Partys und war ein unersättlicher Musikliebhaber und Theater-
40 besucher –, aber ich musste lernen, es für mich zu behalten, dass ich mich voller Verwunderung in die gesamte metaphysische Dimension der Erfahrung vertiefte, auch wenn ich jeden Tag mit dieser Verwunderung leben musste. Mehr als alles andere machte ihre alles überschattende Bedeutung diese
45 Probleme zur Quelle der Isolation. Diese Fragen waren für unser Wesen und für das Wesen der Welt, in der wir leben, von grundlegender Bedeutung und ich konnte einfach nicht begreifen, warum nicht jedermann von ihnen fasziniert war. Ich fand es bizarr, dass ich immer wieder mit intelligenten
50 Menschen zu tun hatte und doch die Diskussion der wichtigsten und grundlegendsten Fragen von allen mit einem unausgesprochenen Bann belegt zu sein schien.

*Bryan Magee, *1930, englischer Philosoph*

● *Wie beurteilen Sie das Problem der Frage nach dem Anfang und dem Ende der Zeit? Was würden Sie Ihrer kleinen Schwester oder Ihrem kleinen Bruder antworten, wenn sie bzw. er Ihnen diese Frage stellen würde? Formulieren Sie schriftlich eine Antwort.*

Woher kommen all diese Fragen?

Geburtsakt der Philosophie

Erschrocken staunt der Heide Schaf mich an,
als säh's in mir den ersten Menschenmann.
Sein Blick steckt an; wir stehen wie im Schlaf;
Mir ist, ich säh' zum ersten Mal ein Schaf.

Christian Morgenstern, 1871–1914, deutscher Dichter

Was der deutsche Dichter Christian Morgenstern in seinem Vierzeiler „Geburtsakt der Philosophie" beschreibt, ist nicht der historische Anfang, sondern der immer wiederkehrende Ursprung allen Philosophierens. Er beantwortet damit die oft gestellte Frage, was denn Menschen wie Thales von Milet*, aber auch alle anderen (Philosophen nach ihm) veranlasst (hat), aus dem „Schlaf der Vernunft" zu erwachen.

Viele Menschen gehen mit all dem, was um sie herum passiert, so selbstverständlich um, als ob es keine Fragen gäbe. Und so ist es wohl auch jenem „Menschenmann" in Morgensterns Gedicht ergangen, als er zum x-ten Male durch die Heide lief. Er blickt nach oben: Ganz klar, der Himmel, und die Sonne scheint. Vor mir? Blöde Frage! Ein Weg, der an einer Wiese vorbeiführt, auf der Schafe weiden. Also weiter! Doch da passiert es: Zwei ihn befremdlich anblickende Schafsaugen ziehen plötzlich seinen Blick an – und lassen ihn staunen. Ihm ist wie einem Kind zumute, das zum ersten Mal ein Schaf sieht und dann die Frage stellt: Was ist das da eigentlich?

Der alte griechische Philosoph Aristoteles (384–322 v. Chr.) beschrieb diese Situation mit folgenden Worten:

„Denn die Verwunderung ist es, was die Menschen zum Philosophieren trieb: Sie wunderten sich zuerst über das ihnen aufstoßend Befremdliche, gingen dann allmählich weiter und fragten nach den Wandlungen des Mondes, der Sonne und der Entstehung des Alls."

Das fragende Staunen ist und bleibt der „Motor" allen Wissen-Wollens und Forschens – natürlich nur so lange, wie er nicht „abgewürgt" wird. Und dies geschieht leider öfter, als man denkt.

*Michael Wittschier, *1953, deutscher Schriftsteller*

 Warum ist das fragende Staunen der Motor allen Wissens (Z. 26)? (Vgl. S. 4/5.)

 Worin sehen Sie die Ursachen, dass manche Menschen verlernt haben, sich über grundlegende Fragen unseres Lebens Gedanken zu machen?

Verwunderung über die Welt

In den frühen Zeiten gab es keine Philosophie als Berufsstand, die Philosophen waren zugleich Gelehrte, Mathematiker, Geometer, Astronomen. Sie interessierten sich für Sonnen- und Mondfinsternisse, für Zahlen und Berechnungen, für geometrische Figuren usw. Daher kommt es, dass die älteste bekannte Philosophenschule, die Schule von Milet in Kleinasien, mit Thales* beginnt, von dem der geometrische Lehrsatz über die Peripherie-Winkel im Kreis stammt. [...]

Die erste Frage, die gestellt wurde, lautet – dem Sinne nach: „Was ist es aber, was in allem Wandel bestehen bleibt?" Die erste philosophische Antwort heißt: Die *Substanz*, das, was bestehen bleibt, in all dem, was sich wandelt und vergeht. Denn es muss etwas geben, das sich im *Sein* erhält; sonst gäbe es schon lange nichts mehr.

Es gibt also den Wandel, alles, was vorübergeht, aber im Vorübergehenden bleibt etwas Beständiges erhalten. Der Wandel wird getragen von einem zugrunde liegenden Sein, das sich wandelt und doch selber das Sein bleibt. Die erste Frage der Schule von Milet war also: „Was ist die Substanz, die im Wandel bestehen bleibt?"

Ob sich die Leser Rechenschaft geben von der außerordentlichen Radikalität einer solchen Fragestellung? Wir können ja auch einfach inmitten der Dinge leben, die sich wandeln, und dennoch für das praktische Leben eine relative, für uns ausreichende Stabilität besitzen: Wenn wir ein Brot auf den Tisch legen, so finden wir später dieses Brot auf dem Tisch wieder – und damit können wir uns zufrieden geben. Da kommen nun diese Menschen und fragen. Sie sehen nicht das Brot, insofern es da liegt, solange sie es gerade brauchen, sondern den Wandel, das Vergehen – und zur gleichen Zeit stellen sie fest: Das Sein gibt es immer. Und sie fragen: Was ist das Zugrundeliegende, Tragende unter all diesem Vergehen?

Auf dieses erste Problem haben die Philosophen der Schule von Milet verschiedene Antworten gegeben. Thales zum Beispiel lehrte: Die Substanz, die allem zugrunde liegt und sich in alle Dinge verwandelt, ist das Wasser.

Ein anderer sagte. Es ist die Luft. Ein Dritter sagte: Es ist das Feuer. Ein Vierter sagte: Es ist das Unbegrenzte, Unendliche (apeiron).

Aber keiner von allen sagte: Es ist die Erde. Warum ist die Erde nie als Ursubstanz genannt worden, die alles trägt?

Jeanne Hersch, 1910–1998, schweizerische Philosophin

 Beantworten Sie die letzte Frage des Textes.

 Erarbeiten Sie Kurzreferate über die Philosophen von Milet. Als Literaturgrundlage können Sie folgendes Buch verwenden: Jeanne Hersch, Das Philosophische Staunen, Piper Verlag, München 2000, S. 9–21.

Jeanne Hersch

Jeanne Hersch (1910–1998) wurde als Tochter jüdisch-polnischer Einwanderer in Genf geboren. Sie studierte in Paris und Freiburg Philosophie und fand in dem Philosophen Karl Jaspers* ihren Lehrer, mit dem sie freundschaftlich verbunden war. Nach dem Krieg wurde Jeanne Hersch Professorin für Philosophie in Genf und war von 1966–1968 Direktorin der Abteilung Philosophie der UNESCO. Sie erhielt zahlreiche internationale Auszeichnungen, u.a. den Preis der Menschenrechtsliga. Ihre philosophischen Themen waren neben dem philosophischen Staunen Menschenrechte, Gesellschaftstheorie und Ethik, insbesondere die Frage nach dem Gewissen und der menschlichen Freiheit. Zu ihren bekanntesten Werken gehören „Aktuelle Probleme der Freiheit" und „Von der Einheit des Menschen".

Erkennen und Zweifeln

Immer höher, immer weiter

Die russische Schriftstellerin Sinaida Gippius hat zu Beginn des 20. Jahrhunderts eine Erzählung mit dem Titel „Auf dem Seil" geschrieben, in der die Medizinstudenten Nina und Jevgenij über die Frage diskutieren, ob der Mensch in der Lage ist, sein Leben und die Natur „in den Griff zu bekommen". Nina und Jevgenij befinden sich während ihres Gesprächs auf einer Schaukel und schwingen immer kräftiger, denn sie wollen hoch hinaus.

„Ich denke, dass sich Mama Sorgen macht", sagte Nina bei dem letzten Schwung. „Sie steht auf dem Balkon. Machen wir also ein bisschen langsamer und verschnaufen etwas. Danach geht's weiter."

5 „Wie Sie wollen, Nina. Mütter machen sich aber immer Sorgen." Mogarskij[1] hörte auf, Schwung zu holen, und die Schwingungen des Brettes wurden allmählich langsamer.

„Ich wollte noch sagen", begann Nina und versuchte sich eine Haarsträhne aus dem Gesicht zu entfernen, die sie störte, „wir
10 haben das Recht, Forderungen an das Leben zu stellen, Forderungen nach Gesundheit, Schönheit und Kraft des Menschen. Es ist wirklich ein tolles Bild des künftigen unerschöpflichen Wachstums aller Kräfte ... Aber, es gibt auch Leid, Sinnlosigkeit, Demut und vieles Unverständliche auf der Welt."
15 Mogarskij lächelte.

„Und die Ursache dafür? Ich kenne sie, die traurige Unvollkommenheit. Besteht nicht die Ursache darin, dass der Mensch die Naturkraft noch nicht vollständig beherrscht?"

„Ich weiß nicht", antwortete Nina. „Das Einzige, was sicher
20 scheint, ist, dass Menschen zugrunde gehen. Gibt es eine Rechtfertigung für dieses Leiden?"

Das Brett verlangsamte die Schwünge. Nina blickte schüchtern und verliebt auf Mogarskij.

„Hui" – er pfiff. „Woher haben Sie denn das, Ninotschka? Wer
25 von den Professoren hat Ihnen das eingebläut? Wünschen Sie eine Rechtfertigung des Leidens? Ich nicht! Man muss sich einfach mit dem Leben arrangieren, und ich meine, dass das geht. Es gibt für mich nur eine Frage: Gibt es noch einen Weg? Lässt sich das gesundheitliche Ideal eines harmonischen
30 Lebens erreichen? Ich denke, es gibt einen Weg. Der Mensch geht zugrunde? Schlecht für den Menschen. Ich zum Beispiel, ich lebe nicht hier, nicht in diesem Körper: Mein wirkliches ‚Ich' umfasst das Leben der gesamten Welt und wird von einem gewaltigen Streben nach Entwicklung getragen. Und Sie ..."
35 „Und ich, tja ...", antwortete Nina zweifelnd.

„Und Sie, so scheint es mir manchmal, verirren sich in den Widersprüchen des Dualismus. Sie wollen nicht auf beiden Füßen stehen. Sie träumen davon, über der Erde zu schweben und über einen Umweg in den Himmel zu kommen ..."
40 „Nein, nein ..."

Mogarskij hörte nicht zu und fuhr heftig fort: „Nina, Sie sind der Mensch, den ich achte, und die Frau, die ich liebe, und Sie müssen einfach verstehen, dass wir aus uns, wenn wir Götter werden wollen, Titanen machen müssen. Und Sie beschäfti-
45 gen sich mit dem Gebot des Leidens gegenüber vergänglichen Körpern und sprechen von der Unerklärbarkeit des Lebens. Ach Nina! Wir sollten den blühenden Lauf des Lebens lieben und die wundervollen Formen, in denen es sich ergießt. Wir sind die Herren und Schöpfer des Lebens. Und wenn wir es be-
50 jahen, dann gibt es keine Zufälle und keine Unterbrechungen in unserem titanischen Elan. Kampf dem Kleinmut! So schauen Sie doch, Nina: Die Sonne, die Erde, die Gegenwart und die Zukunft – alles gehört uns! Und diejenigen, die so sind wie wir, werden immer mehr. Und zum Schluss werden alle so wie wir."
55 Nina errötete.

„Ja, ja, ich weiß, Jevgenij. Ich bin nicht kleinmütig. Ich weiß ... ich weiß – " Sie hielt inne. „Und wenn ich es doch nicht weiß, wenn ich daran zweifle? ... "

1 Mogarskij: Familienname von Jevgenij

Sinaida Gippius, 1869–1945, russische Schriftstellerin

▶ *Welche Position überzeugt Sie mehr, die von Jevgenij oder die von Nina? Begründen Sie Ihre Entscheidung.*

▶ *Nina zweifelt an Jevgenijs Standpunkt, dass das Leben und die Natur dem Menschen untertan gemacht werden können. Sind ihre Zweifel berechtigt? Warum bzw. warum nicht?*

▶ *Die Erzählung heißt „Auf dem Seil" (und nicht „Auf der Schaukel"). Haben Sie eine Erklärung dafür? Welche andere Überschrift würden Sie der Erzählung geben?*

Die Tür zum Unbekannten offen lassen

Der amerikanische Physiker Feynman schreibt über die Bedeutung von Zweifeln und Ungewissheit für die Wissenschaft.

Wissenschaftler sind daher an Zweifel und Ungewissheit gewöhnt und kommen damit zurecht. Jegliche wissenschaftliche Erkenntnis ist ungewiss. Diese Erfahrung im Umgang mit Zweifel und Ungewissheit ist wichtig. Ich glaube, sie ist sehr wertvoll und reicht über die Wissenschaften hinaus. Um ein 5 Problem zu lösen, auf das bislang noch niemand eine Antwort gefunden hat, muss man meiner Ansicht nach die Tür zum Unbekannten angelehnt lassen. Man muss die Möglichkeit zulassen, es nicht ganz richtig hingekriegt zu haben. Ansonsten, wenn man sich bereits festgelegt hat, gelingt es einem 10 möglicherweise nicht, das Problem zu lösen.

Sagt ein Wissenschaftler Ihnen, er wisse die Antwort nicht, dann kennt er sich schlicht nicht aus. Erklärt er jedoch, er habe eine Ahnung, wie es funktionieren könnte, ist er sich nicht sicher. Wenn er einigermaßen überzeugt ist, es hinzukriegen, 15 und meint: „Ich wette, so und so funktioniert das", dann hat er immer noch gewisse Zweifel. Und um Fortschritte zu erzielen, ist es von ungeheurer Bedeutung, dieses Nicht-Wissen und diesen Zweifel zuzulassen. Denn eben weil wir zweifeln, nehmen wir uns vor, in neuen Richtungen nach neuen Ideen 20 zu suchen.

Richard P. Feynman, 1918–1988, amerikanischer Physiker

▶ *Schreiben Sie den Dialog zwischen Nina und Jevgenij weiter und berücksichtigen Sie dabei die Gedanken von Feynman.*

Der Zweifel gehört zur echten Fruchtbarkeit, man muss durch ihn hindurch, es geht kein anderer Weg als dieser gefahrvolle in die große Gewissheit.

Martin Buber, 1878–1965, österreichisch-jüdischer Religionsphilosoph

Erklären Sie den Zusammenhang zwischen Erkennen und Zweifeln.

„Woran man zweifeln kann"

Mit diesen Worten beginnt der französische Philosoph René Descartes seine „Meditationen über die Erste Philosophie", in denen er den Zweifel als methodisches Prinzip des Philosophierens begründet. Wenn wir über ein philosophisches Problem nachdenken und nach Antworten suchen, so stellt sich immer wieder die Frage: Gibt uns diese Antwort wirklich die letzte Gewissheit, nach der wir suchen? Selbst wenn wir uns dafür entscheiden, dass die Menschen die Natur vollständig beherrschen können, lassen sich immer auch noch plausible Gründe dafür finden, die angeben, dass das Leben doch nicht zu beherrschen ist, weil möglicherweise unvorhersehbare Zufälle auftreten oder die unserer Ansicht zugrunde liegenden Prinzipien falsch sind.

1. Schon vor Jahren bemerkte ich, wie viel Falsches ich von Jugend auf als wahr hingenommen habe und „wie verzweifelt alles sei", was ich später darauf gründete; darum war ich der Meinung, ich müsse einmal im Leben von Grund auf alles umstürzen und von den ersten Grundlagen an ganz neu anfangen, wenn ich später einmal etwas Festes und Bleibendes in den Wissenschaften errichten wollte. Dies schien mir aber eine ungeheure Aufgabe zu sein, und so wartete ich jenes reife Alter ab, auf das kein für wissenschaftliche Forschungen geeigneteres folgen würde. Darum habe ich so lange gezögert, dass ich jetzt eine Schuld auf mich laden würde, wenn ich die Zeit, die mir zum Handeln noch übrig ist, mit Zaudern vergeuden wollte. Da trifft es sich sehr günstig, dass ich heute meinen Geist von allen Sorgen losgelöst und mir ungestörte Muße verschafft habe. Ich ziehe mich also in die Einsamkeit zurück und will ernst und frei diesen allgemeinen Umsturz aller meiner Meinungen vornehmen.

2. Dazu wird es indessen nicht nötig sein, dass ich allen die Falschheit nachweise; dies könnte ich vielleicht niemals erreichen. Da ja schon die Vernunft anrät, bei nicht ganz gewissen und zweifelsfreien Ansichten uns ebenso sorgfältig der Zustimmung zu enthalten wie bei solchen, die ganz sicher falsch sind, so reicht es für ihre Verwerfung insgesamt aus, wenn ich in einer jeden irgendeinen Anlass zum Zweifeln finde. Auch braucht man sie darum nicht einzeln durchzugehen; das wäre eine endlose Arbeit. Da ja bei der Untergrabung der Fundamente alles, was darauf gebaut ist, von selbst zusammenstürzt, werde ich unmittelbar die Prinzipien selbst angreifen, auf die alles sich stützte, was ich früher für wahr hielt.

René Descartes, 1596–1650, französischer Philosoph

Der Zweifel als methodisches Prinzip

Betrachten wir noch ein wenig die Eigentümlichkeit des Descartes'schen* Zweifels, weil daran auch die Eigentümlichkeit erkenntnistheoretischen und meines Erachtens sogar philosophischen Denkens deutlich wird. Ich könnte mir vorstellen, dass viele den Eindruck gewonnen haben, dass Descartes' Zweifel und Skeptizismus, gelinde gesagt, übertrieben ist. Würde uns ein solcher Zweifel im täglichen Leben überkommen, so könnte er leicht handlungsunfähig machen und bedrohliche, paranoische Züge annehmen. Dies ist bei Descartes jedoch nicht der Fall. Er selbst beschreibt einleitend (zu Beginn der ersten Meditation) die Situation, in der er die Prüfung des Wissens vornimmt, als „ungestörte Muße", fernab aller „Sorgen" des Alltags. Auch thematisch sind lebenspraktische Fragen ausgeklammert; der Zweifel erstreckt sich nur auf theoretische Erkenntnisse, für die er als Durchgangsstadium dient auf dem Wege zu erneutem, nunmehr begründetem Wissen, zur Gewissheit. Wir haben es also nicht mit einem krankhaften (pathologischen) Zweifel zu tun, nicht mit der Angst zum Beispiel, dass sich jeden Moment ein Abgrund vor uns auftun könnte. Kurz gesagt, es fehlt Descartes' Zweifel das Moment des *Ver*zweifelns. Diese Beruhigung kann freilich nicht über den Eindruck hinwegtäuschen, und verstärkt ihn vielleicht sogar noch, dass der methodische Zweifel ein vom Leben selbst abgehobenes Unternehmen darstellt, das den Kritikern Recht zu geben scheint, die hier bereits den Keim zu einem „entfremdeten" Weltverhältnis gelegt sehen.

Hinzu kommt, dass Descartes zugesteht, es sei „weit vernünftiger", die gewohnten Meinungen zu glauben, als sie zu leugnen, sodass auch er immer wieder „rückfällig" wird in seiner Zustimmung. Da möchte der eine oder die andere fragen: Was will der gute Mann denn mehr? Eine solche Frage vergisst, dass philosophisch Fragende in einem gewissen Sinne keine „normalen" Menschen sind. Und das Philosophische an Descartes besteht darin, dass er sich eben nicht mit dem Plausiblen begnügt, sondern dass er Gewissheit haben will.

*Gottfried Gabriel, *1943, deutscher Philosoph*

Lohnt es sich Ihrer Meinung nach, beim Philosophieren, im Leben oder auch in den Naturwissenschaften ständig einen Anlass zum Zweifeln zu suchen? Begründen Sie Ihre Entscheidung.

Auf welche Gefahren des Zweifelns weist Gottfried Gabriel hin?

Ist Nina (S. 80) Ihrer Meinung nach ein Mensch, für den das Zweifeln eine philosophische Haltung darstellt? Begründen Sie Ihren Standpunkt.

Begriffe klären – Argumente bringen

Alice zweifelt an sich selbst

Die Methode des philosophischen Zweifels lässt sich auch auf den Menschen direkt anwenden: Jemand fragt sich, ob er oder sie alles richtig macht und ob er oder sie noch die gleiche Person ist, wenn Veränderungen im Leben stattgefunden haben. Der englische Schriftsteller Lewis Carroll hat in seinem Buch „Alice im Wunderland" die Methode des Selbstzweifels auf der Grundlage der Verwandlungen seiner Heldin Alice vorgeführt.

Die Raupe und Alice starrten einander ein Weilchen schweigend an. Schließlich nahm die Raupe die Pfeife aus dem Mund und fragte mit schläfriger, schleppender Stimme: „Wer bist du?"
Das war nicht gerade ein ermutigender Anfang für ein Gespräch. Alice erwiderte scheu: „Ich – ich weiß es leider im Augenblick selbst nicht genau. Ich weiß allerdings, wer ich war, als ich heute früh aufwachte; seither habe ich mich ein paar Mal verwandelt. Ich kann mich also leider nicht erklären, weil ich nicht ich bin! Verstehst du das?"
„Nein!", sagte die Raupe.
„Ich kann es aber nicht klarer ausdrücken", sagte Alice so höflich wie möglich, „weil ich es selbst nicht verstehe. Wenn man im Laufe eines Tages so oft seine Größe verändert, ist das äußerst verwirrend."
„Durchaus nicht", behauptete die Raupe.
„Vielleicht hast du diese Erfahrung noch nicht gemacht", meinte Alice, „aber wenn du dich in eine Schmetterlingspuppe verwandelst, wie das alle Raupen tun, wirst du dir auch etwas merkwürdig vorkommen."
„Kein bisschen!", sagte die Raupe.
„Es kann ja sein, dass du das anders empfindest", meinte Alice, „mir käme es bestimmt merkwürdig vor."
„Dir!", sagte die Raupe verächtlich. „Wer bist du denn überhaupt?"

Lewis Carroll, 1831–1898, englischer Schriftsteller

🔶 *Könnten Sie die letzte Frage der Raupe spontan beantworten? Was bedeutet für Sie Identität? Notieren Sie einige Stichworte und stellen Sie dann in kleinen Gruppen Selbstporträts von sich vor. Geben Sie auch Begründungen, warum Sie sich so (und nicht anders) sehen.*

Begriffliche Klarheit schaffen

Die Frage nach dem eigenen Selbst wird in der philosophischen Tradition mit dem Begriff der Identität bezeichnet. Begriffe wie Identität oder Gerechtigkeit, die häufig in philosophischen Texten verwendet werden, sind mehrdeutig und vage. Sie haben in verschiedenen Zusammenhängen unterschiedliche Bedeutungen, d. h., es lassen sich mehrere Objekte angeben, bei denen nicht klar entschieden werden kann, ob der ausgewählte Begriff zutrifft oder nicht. Deshalb muss eine Begriffsanalyse durchgeführt werden. In Anlehnung an die Tradition der analytischen Philosophie hat der englische Philosoph John Wilson verschiedene Verfahren entwickelt, wie Begriffsbedeutungen unterschieden werden können. Sie dienen dazu, einen schwierigen philosophischen Begriff in seine wesentlichen Bedeutungen zu „zerlegen".

1. Verwandte Begriffe: Bei diesem Verfahren werden philosophische Begriffe anhand von Modellfällen (typische Merkmale des Begriffs) präzisiert. Es sollen verwandte Begriffe gesucht werden, die diese typischen Merkmale aufweisen. So kann der Begriff „Identität" mit Begriffen wie Wahrnehmen, Denken, Geist, Selbst-Bewusstsein, Selbstwertgefühl, Anerkennung durch andere usw. in Beziehung gesetzt werden. Danach sollte eine Definition des Begriffes auf der Grundlage der gefundenen Merkmale formuliert werden.

2. Kontradiktorische Begriffe: Anhand von entgegengesetzten Fällen (nicht typische Merkmale des Begriffs) werden von vornherein Eigenschaften ausgeschlossen, die nicht zu dem zu untersuchenden Begriff gehören: Bei Identität wären dies zum Beispiel: kein Selbst-Bewusstsein haben, keine raum-zeitliche Existenz haben, keine Denkfähigkeit besitzen usw. Dieses Verfahren wird vor allem bei Begriffen angewendet, bei denen es von vornherein leichter ist, zu sagen, welche Merkmale der zu analysierende Begriff nicht aufweist. So könnte bei der Begriffsklärung von „Gerechtigkeit" von vornherein von dem Begriff der Ungerechtigkeit ausgegangen werden. Denn über die Merkmale von Ungerechtigkeit kommt man leichter zu wesentlichen Eigenschaften der Gerechtigkeit.

3. Begriffsklassifikation: die Modellfälle (vgl. 1.) werden in ein System von Begriffen eingeordnet, d. h., es wird zwischen Ober- und Unterbegriffen unterschieden. So lässt sich der Begriff Identität dem Oberbegriff „Ich" oder „Person" zuordnen. Unterbegriffe wären beispielsweise „Denken", „Wahrnehmen" oder „Erinnern". Dieses Verfahren ermöglicht es, die Zusammenhänge eines zu analysierenden Begriffes mit anderen Begriffen aufzuzeigen.

4. Neue Begriffe: Unsere alltäglichen Erfahrungen bieten nicht in jedem Fall eine ausreichende Grundlage zur Klärung von Begriffen. Deshalb ist es manchmal notwendig, *erdachte Fälle* einzuführen, die außerhalb des Bereichs sinnlicher Erfahrungen liegen und hohe Anforderungen an das Imaginationsvermögen[1] stellen. John Wilson erklärt dieses Verfahren am Beispiel des Begriffes Mensch: „Stellen wir uns also vor, dass Hunderte von Kilometern unter der Erdoberfläche Gestalten leben, die mehr oder weniger wie Menschen aussehen, über Intelligenz verfügen, jedoch keine Gefühle und keine Kunst haben und niemals Witze machen können. Würden wir sie als Menschen bezeichnen?"

1 Imagination: Fantasie, Einbildungskraft, bildhaft anschauliches Denken

*Barbara Brüning, *1951, deutsche Privatdozentin für die Didaktik der Philosophie*

🔶 *Bilden Sie kleine Gruppen und lesen Sie noch einmal das Gespräch zwischen Sokrates* und Protagoras* auf S. 62/63. Finden Sie heraus, ob dort eine Begriffsanalyse durchgeführt wird. Lesen Sie anschließend den Text von Bryan Magee „Hat die Zeit einen Anfang und ein Ende?" auf S. 78 und analysieren Sie gemeinsam den Begriff der Zeit. Wenden Sie dabei die vorgestellten Verfahren an. Lesen Sie dann den Text erneut und überlegen Sie, ob die Gedanken von Bryan Magee durch den geklärten Begriff der Zeit verständlicher werden.*

Überzeugende Argumente anführen

Die Begriffsanalyse bildet die semantische Basis für eine Argumentation, d. h., die überprüfte inhaltliche Tauglichkeit der in einer Meinungsäußerung verwendeten Begriffe ermöglicht es, zu erklären, warum jemand diese und keine andere Antwort auf ein philosophisches Problem geben möchte. „Hat man erst einmal die begrifflichen Zusammenhänge" – Gilbert Ryle spricht hier von ‚logischer Geografie' – „geklärt, dann kann man sie auch in Argumentationszusammenhänge einbringen, in denen es nicht nur um Begriffsklärung geht." So kann z. B. jemand die Behauptung aufstellen, dass Alice ihre Identität nicht verliert. Er oder sie wird aber möglicherweise mit der Frage konfrontiert werden, warum er oder sie dieser Meinung ist, d. h., die Behauptung muss durch Gründe gestützt werden, um sie gegen konträre Auffassungen zu ‚verteidigen'.
Der englische Philosoph Stephen Toulmin hat in der Tradition der antiken Logik des Aristoteles* und der in der Jurisprudenz üblichen Argumentationspraxis allgemeine Grundlagen entwickelt, wie der Prozess einer Argumentation abläuft. Jemand stellt eine Behauptung (Meinung) auf, zu deren Erklärung eine Begründung angeführt wird. Toulmin nennt die Behauptung in der Sprache der Logik *Schlussfolgerung* und die Gründe *Daten*. Diese beiden Bestandteile bilden das Basisschema einer Argumentation.
Bei einer philosophischen Argumentation bezieht sich der Argumentationsgang auf ein spezielles philosophisches Problem, das den eingangs skizzierten vier großen Fragen der Philosophie Immanuel Kants* zugeordnet werden kann.

Schema I

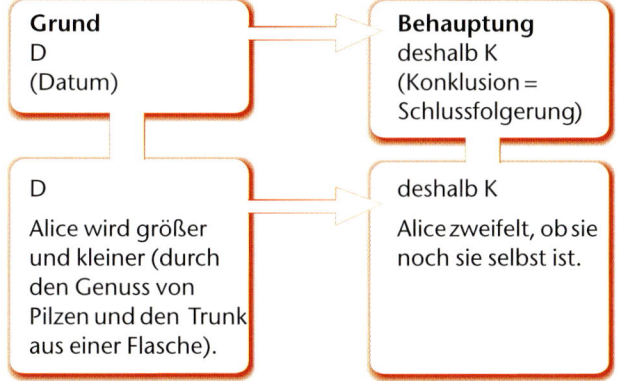

Die Daten, die eine Schlussfolgerung (K) stützen, können sowohl empirische Gründe (Tatsacheninformationen, literarische Tatbestände) als auch nichtempirische Argumente sein. Nun kann jemand zu einer Behauptung (K) eine Gegenbehauptung (K) anführen bzw. die Frage stellen, warum gibst du diesen Grund (D) und keinen anderen an? Wie kommst du denn dazu, zu behaupten, dass körperliche Veränderungen zu Identitätszweifeln führen? Durch diese Frage wird der oder die Argumentierende aufgefordert, die Relevanz der Daten, die eine Schlussfolgerung stützen, zu erläutern und einen Grund für den Grund anzugeben. Toulmin nennt diese Meta-Argumente *Warrant*, was so viel wie Ermächtigung, Befugnis oder Rechtfertigung heißt – in der deutschen Übersetzung seines Buches wird dafür der Begriff ‚Schlussregel' verwendet. Ein *Warrant* soll zeigen, „[...] dass der Schritt von diesen als Ausgangspunkt dienenden Daten auf die ursprüngliche Behauptung oder Schlussfolgerung angemessen und legitim ist", d. h., er rechtfertigt die angegebene Begründung.

Schema II

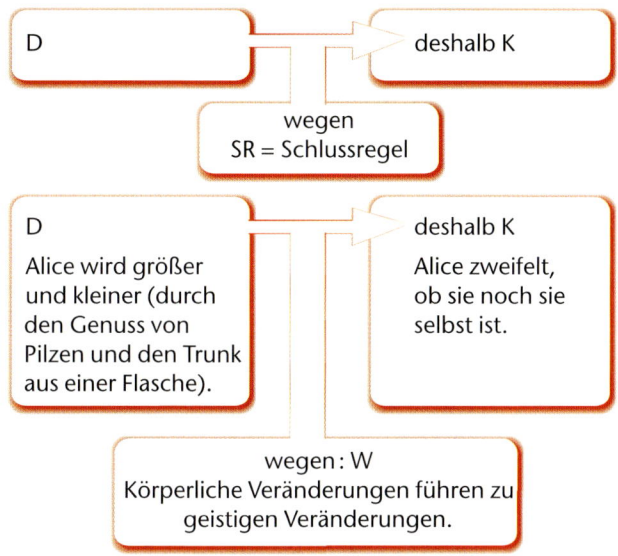

Ein *Warrant* ist sozusagen kein zweiter Grund (Datum) für eine Behauptung (Schlussfolgerung). Er stellt vielmehr einen Zusammenhang zwischen beiden her und erläutert, warum gerade dieser Grund wichtig ist, die Behauptung zu stützen. Insofern erfordert er von den Argumentierenden eine große Reflexionsanstrengung, denn sie müssen sich überlegen, warum sie diesen und keinen anderen Grund gewählt haben. Der Warrant hat die Funktion, eine Argumentation für Dialogpartner überzeugend zu machen, den Argumentationsgang abzuschließen und den Plausibilitätsgrad des gegebenen Arguments unter Beweis zu stellen: „Wie kommst du darauf, zu behaupten, dass Größer- und Kleiner-Werden zu Identitätszweifeln führt?" – „Aufgrund der Überlegung, dass körperliche Veränderungen auch geistig-seelische Veränderungen bewirken."

*Barbara Brüning, *1951, deutsche Privatdozentin für die Didaktik der Philosophie*

> Bilden Sie kleine Arbeitsgruppen. Lesen Sie noch einmal den Text von Bryan Magee. Erstellen Sie dann gemeinsam ein Argumentationsschema „Die Zeit hat (k)einen Anfang und (k)ein Ende, weil …". Geben Sie einen Warrant für Ihre Begründung und vergleichen Sie anschließend Ihre Warrants im Kurs.

> Nach den Gründen zu einer Annahme gefragt, besinnt man sich auf diese Gründe. Geschieht hier dasselbe, als wenn man darüber nachdenkt, was die Ursachen eines Ereignisses gewesen sein mögen?
>
> **Ludwig Wittgenstein**, 1889–1951, österreichischer Philosoph

Mit Gedanken experimentieren

Salvador Dalí, Fantasien bei wachen Sinnen, 1932

🔸 *Benennen Sie die einzelnen Elemente des Bildes und versuchen Sie einen Zusammenhang zwischen ihnen herzustellen. Berücksichtigen Sie dabei auch die Farbkomposition. Welchen Ausdruck bekommt das Bild durch die Blau- und Grüntöne? (Zur Farbsymbolik können Sie in einem „Wörterbuch der Symbole" nachsehen.)*

🔸 *Fantasien bei wachen Sinnen – aus welchem Grund betont Dalí die wachen Sinne? Was wären Ihrer Meinung nach Fantasien ohne wache Sinne? Lesen Sie hierzu auch noch einmal den Text über die Märchen auf S. 69.*

Ein Geist mit weniger als fünf Sinnen

Die Idee, sich einen Geist vorzustellen, der sich auf weniger als unsere fünf Sinne oder nur auf einen Sinn stützen kann, ist ein übliches Verfahren, um die spezifischen Erkenntnisleistungen der einzelnen Sinnesmodaliäten sichtbar zu machen.

Da unsere Empfindungen nicht die Merkmale der Dinge selbst, vielmehr nur Zustände unseres Selbst sind und wir bloß diese Zustände wahrnehmen, würden wir glauben, wir wären selbst jeweils nur diese Sinnesmodalität; das heißt, wenn wir nur auf den Gesichtssinn beschränkt wären, erlebten wir uns selbst nur als Licht und Farbe; wenn wir nur tasten oder nur hören oder nur riechen oder schmecken könnten, wären wir für uns selbst nur Druck, Ton, Geruch beziehungsweise Geschmack.

Nehmen wir an, wir hätten statt der fünf Sinne nur vier, den Gesichts-, Gehör, Geruchs- und Geschmackssinn, und müssten auf den Tast- oder kinästhetischen[1] Sinn verzichten! Wären Lebewesen ohne diesen „niederen" Sinn überlebensfähig? Was verdanken wir alles dem „Tast- und Bewegungssinn"? George Berkeley* glaubte z. B., dass wir ohne den Tastsinn keine Entfernungen wahrnehmen könnten. Wenn auch einige Sinne dem Tastsinn in mancher Beziehung überlegen sind, so vermittelt er doch von allen die sicherste Kunde von einer Realität außerhalb unserer selbst und unseres Selbst. Wenn wir nicht über den Tastsinn verfügten, würden wir uns selbst nicht als etwas Körperliches, klar Umgrenztes und Abtastbares und damit Identifizierbares besitzen, sondern uns als Licht-, Geruchs-, Ton- beziehungsweise Geschmacksempfindung in dem Chaos der Sinneseindrücke verlieren. Das Getastete ist das eigentlich Wirkliche, der Tastsinn am schwersten zu betrügen: „Dieser Sinn ist auch der einzige von unmittelbarer äußerer Wahrnehmung, eben darum auch der wichtigste und am sichersten zu belehrende" (Immanuel Kant*).

1 kinästhetisch: auf die Muskelempfindung bezogen, muskelempfindlich

Hans-Ludwig Freese, deutscher Erziehungswissenschaftler

🔸 *Könnten Sie sich vorstellen, nur mit einem oder zwei Sinnen ein gutes Leben zu führen? Warum bzw. warum nicht?*

🔸 *Stimmen Sie George Berkeley und Immanuel Kant zu, dass der Tastsinn der wichtigste Sinn sei? Begründen Sie Ihren Standpunkt.*

🔸 *Welcher Zusammenhang besteht zwischen Sinnlichkeit und Fantasie? Schreiben Sie dazu einen Essay (vgl. S. 88/89).*

Gedankenexperimente sind philosophische „Intuitionspumpen"

Bereits in der Antike haben sich Philosophinnen und Philosophen immer wieder auf ihre philosophische Fantasie gestützt und sich überlegt, was passieren würde, wenn Menschen ganz anders denken und handeln würden, als sie es, gemessen am „gesunden Menschenverstand", tun.

Gedankenexperimente sind Ausflüge der Fantasie und des Verstandes in mögliche Welten. Der Terminus *Gedankenexperiment* oder *geistiges Experiment* geht zurück auf den Philosophen und Wissenschaftstheoretiker Ernst Mach, der ihn sehr
5 weit fasste: „Der Projektemacher, der Erbauer von Luftschlössern, der Romanschreiber, der Dichter sozialer und technischer Utopien experimentiert in Gedanken. Aber auch der Kaufmann, der ernste Erfinder oder Forscher tut dasselbe. Alle stellen sich Umstände vor und knüpfen an diese Vorstellung
10 die Erwartung, Vermutung gewisser Folgen; sie machen eine Gedankenerfahrung. Während aber die Ersteren in der Fantasie Umstände kombinieren, die in Wirklichkeit nicht zusammentreffen, oder diese Umstände von Folgen begleitet denken, welche nicht an dieselben gebunden sind, werden
15 Letztere, deren Vorstellungen gute Abbilder der Tatsachen sind, in ihrem Denken der Wirklichkeit sehr nahe bleiben. Auf der mehr oder weniger genauen unwillkürlichen Abbildung der Tatsachen in unseren Vorstellungen beruht ja die Möglichkeit der Gedankenexperimente. […]
20 Mit Hilfe von Gedankenexperimenten lassen sich neue Fragen stellen, Beweisführungen entwickeln, implizite Annahmen aufdecken, Folgen von Setzungen durchspielen, Zusammenhänge aufklären, allgemeine Prinzipien demonstrieren, Denkmöglichkeiten explorieren u. Ä. Wer Gedankenexperimente
25 ausführt, erkundet, ausgehend von Erfahrungen des Wirklichen, das Mögliche, um dem Notwendigen bzw. Nicht-Notwendigen, dem Kontingenten[1] oder Zufälligen auf die Spur zu kommen.
Wenn wir ein Gedankenexperiment anlegen, denken wir hy-
30 pothetisch, wir halten das Urteil darüber, ob unsere Setzungen wahr sind, absichtlich in der Schwebe; wir sagen dann etwa: *gesetzt den Fall, dass …; angenommen, dass …; stellen wir uns vor …; er sei …; tun wir so, als ob …,* oder gebrauchen ähnliche hypothetische Formulierungen. Während der Naturwissen-
35 schaftler im realen Experiment die Setzungen in Form von Eingriffen in die Natur realisiert, die Folgen, die diese Eingriffe hervorbringen, beobachtet und eine gedankliche Brücke zwischen den willkürlichen Veränderungen und ihren Folgen schlägt, ist der Philosoph, wenn er Gedankenexperimente
40 ausführt, allein auf sein Vorstellungsvermögen, das ihm die möglichen Folgen einer Annahme, Unterstellung oder Setzung vor Augen führt, und das analytische Denken angewiesen. Um die Geltungsbereiche des Möglichen und Notwendigen zu erkunden und die Semantik kontrafaktischer Ausdrücke zu
45 untersuchen, entwirft die Philosophie, nicht unähnlich der Science-Fiction-Literatur, mögliche Welten. Der Begriff „mögliche Welt" steht der Umgangssprache nahe, die auch Ausdrücke enthält wie „Die Welt könnte anders eingerichtet sein" oder „Die Dinge hätten anders laufen können" u. Ä., wofür man ge-
50 nauso gut den Ausdruck „mögliche Welten" verwenden kann. Die Beschreibung einer möglichen Welt ist als eine Geschichte über eine Welt aufzufassen, die eine maximal konsistente Menge von Aussagen enthält; d. h., eine Geschichte über eine Welt ist eine Menge von Aussagen; jede dieser Aussagen ist ein Glied eines Paars sich wechselseitig ausschließender Aussagen,
55 die nicht zusammen und gleichzeitig wahr sein können; von der Menge dieser Aussagen muss behauptet werden können, dass alle ihre Elemente zusammen wahr sind. Wenn eine Aussage in einigen oder allen möglichen Welten wahr sein soll, muss sie ein Element von einigen oder allen Welt-Geschichten sein.
60

1 kontingent: zufällig; wirklich oder möglich, aber nicht (wesens)-notwendig

Hans-Ludwig Freese, deutscher Erziehungswissenschaftler

◀ *Wodurch unterscheiden sich Gedankenexperimente von wissenschaftlichen Experimenten?*

◀ *Welchen Nutzen haben Gedankenexperimente für das Philosophieren? Werten Sie Ihre eigenen Erfahrungen über den Zusammenhang zwischen Sinnlichkeit und Fantasie aus.*

◀ *Formulieren Sie selbstständig Gedankenexperimente zu den vier Grundfragen der Philosophie nach Kant* (vgl. S. 18–57) und versuchen Sie, sich diese gegenseitig zu beantworten.*

Gedankenexperimente

kontrafaktische Gedankenexperimente
- sind irreal
- Konstrukte der Fantasie
- erheben keinen Anspruch auf Wahrheit
- tragen rein hypothetischen Charakter
- fungieren als Katalysatoren des Denkprozesses

z. B.: Was wäre, wenn Menschen kein dächtnis hätten?

realitätsnahe Gedankenexperimente
- basieren auf reellen Erfahrungen
- sind Fiktionen mit Wirklichkeitsbezug
- können verifiziert werden
- stellen Zukunftsvisionen dar

1. Utopien (Gesellschaftsmodelle) werden gedanklich durchgespielt.
2. Der methodische Zweifel (Überprüfen von Gedanken und Thesen). Vgl. S. 80/81.
3. Umkehrung von Gedanken und Theorien, um sie noch einmal „von der anderen Seite her zu denken", z. B.: Was wäre, wenn der Mensch kein Vernunftwesen wäre?

◀ *Welcher Typ Gedankenexperiment ist „Der Geist mit weniger als fünf Sinnen" (S. 84)? Begründen Sie Ihre Entscheidung.*

◀ *Zu welchem Typ gehören „Die Geschichte eines Braminen" (S. 70/71) und „Immer höher, immer weiter" (S. 80)?*

Philosophische Texte erschließen

Wer philosophiert, kann dies einerseits tun, indem er sich nachdenkend mit bestimmten Fragen und Problemen auseinander setzt, andererseits auch im Nachvollzug der Gedanken, die sich andere Philosophierende zu philosophischen Problemen gemacht haben. Dies geschieht in der philosophischen Wissenschaft und so auch im Philosophieunterricht vornehmlich in der Auseinandersetzung mit philosophischen Texten. Um diesen gerecht zu werden, bedarf es eines genauen Analyseverfahrens, das Inhalt und Intention, gedanklichen Aufbau und Argumentationskraft des philosophischen Textes klar erfasst. Das Verfahren der Textanalyse zu beherrschen gehört daher zur Grundvoraussetzung philosophischen Arbeitens. Im Folgenden wird ein Text des Philosophen Blaise Pascal vorgestellt. Einige erste Fragen zum Text und Textzusammenhang können Sie dazu sensibilisieren, was eine Textanalyse leisten soll. Im Anschluss finden Sie ein Schema, das die wichtigsten Schritte einer Textanalyse festhält, sowie eine Analyse des Textes von Pascal.

Fragen zur Textanalyse

- Was ist die philosophische Kernthese des Textes? Gegen welche philosophische Position wird argumentiert?
- In welchem größeren gedanklichen Zusammenhang steht der Text?
- Von welcher philosophischen Position geht der Text aus? Welche These vertritt er?
- Wie ist der gedankliche Aufbau des Textes? Wie wird argumentiert?
- Welche Intention verfolgt der Text?

Textanalyse eines philosophischen Textes

1. Formulieren Sie Fragestellung oder Thema.
2. Gliedern Sie in Sinnabschnitte. Zeigen Sie, worum es in den Abschnitten inhaltlich geht, und untersuchen Sie den argumentativen Zusammenhang. Achten Sie dabei besonders auf den Zusammenhang der Sinnabschnitte, den „roten Faden" des Textes.
   Beachten Sie im Verlauf des Nachvollzugs:
   – Welche philosophische Kernthese vertritt der Text?
   – Mit welchen Argumenten wird diese begründet?
   – Mit welchen philosophischen Begriffen arbeitet der Text? Klären Sie die Begriffe.
   – Welche weiteren Thesen vertritt der Text? Welchen Stellenwert haben sie in der Argumentation des Textes?
   – Belegen Sie Ihre Aussagen dosiert und prägnant durch Zitate und erläutern Sie diese.
3. Fassen Sie abschließend die Hauptaussage zusammen und verdeutlichen Sie, welcher Stellenwert dem Text innerhalb des Problemzusammenhangs zukommt. Sie können auch hier schon Ihre Position dazu anklingen lassen.
4. Im Anschluss an die eigentliche Textanalyse sollte die hier vertretene Position mit anderen philosophischen Positionen zu dieser Frage verglichen und kritisch reflektiert werden.

Die Wette

In dem folgenden Text aus den „Pensées" (1658) zeigt der Mathematiker Pascal die Grenzen der Vernunft auf. Er sah seine wissenschaftliche Aufgabe darin, dazu beizutragen, dass die Grenze zwischen den auf selbstständigem Verstandesgebrauch basierenden Naturwissenschaften und der auf der Autorität der Bibel basierenden Theologie und Religion respektiert wird.

Wenn es einen Gott gibt, ist er unendlich unbegreifbar; da er weder Teile noch Grenzen hat besteht zwischen ihm und uns keine Gemeinsamkeit. Also sind wir unfähig zu wissen, was er ist, noch ob er ist. Und wer würde, da das so ist, wagen, die Frage lösen zu wollen? Wir, die wir keine Gemeinsamkeit mit ihm haben, jedenfalls nicht.
Wer also wird die Christen tadeln, wenn sie keinen Beweis ihres Glaubens erbringen können, sie, die einen Glauben bekennen, den sie nicht beweisen können? Sie erklären, wenn sie ihn der Welt darlegen, dass er ein Ärgernis der Vernunft sei, stultitiam [Torheit]; und da beklagen Sie sich darüber, dass sie ihn nicht beweisen! Bewiesen sie ihn, so hielten sie nicht Wort: Gerade da ihnen Beweise fehlen, fehlt ihnen nicht der Sinn. – „Zugegeben, das mag die entschuldigen, die ihn derart lehren, und sie von dem Vorwurf entlasten, keine Gründe aufzuführen, es entschuldigt nicht die, die ihn ohne Beweise annehmen." – Prüfen wir das also, nehmen wir an: Gott ist oder er ist nicht. Wofür werden wir uns entscheiden? Die Vernunft kann hier nichts bestimmen: Ein unendliches Chaos trennt uns. Am äußersten Rande dieser unendlichen Entfernung spielt man ein Spiel, wo Kreuz oder Schrift fallen werden. Worauf wollen sie setzen? Aus Gründen der Vernunft können sie weder dies noch jenes abtun.
Zeihen Sie also nicht die des Irrtums, die eine Wahl getroffen, denn hier ist nichts zu wissen. – „Nein, aber ich werde sie tadeln gewählt zu haben, nicht diese Wahl, sondern eine Wahl, denn mögen auch beide, der, der Kreuz wählte, und der andere den gleichen Fehler begehen, so sind doch beide im Irrtum, richtig ist überhaupt nicht auf eines setzen."
Ja, aber man muss auf eines setzen, darin ist man nicht frei, Sie sind mit im Boot. Was werden Sie also wählen? Sehen wir also zu, da man wählen muss, wobei Sie am wenigsten wagen? Zwei Dinge haben Sie zu verlieren: Die Wahrheit und das höchste Gut; und zwei Dinge haben Sie einzubringen: Ihre Vernunft und Ihren Willen; Ihr Wissen und Ihre Seligkeit, und zweierlei haben Sie von Natur zu meiden: den Irrtum und das Elend. Ihre Vernunft ist nicht mehr betroffen, wenn sie sich für das eine oder das andere entscheidet, da man sich mit Notwendigkeit entscheiden muss. Das ist ausgemacht, wie ist es dann mit Ihrer Seligkeit? Wägen wir Gewinn und Verlust für den Fall, dass wir auf Kreuz setzen, dass Gott ist. Schätzen wir diese beiden Möglichkeiten ab. Wenn Sie gewinnen, gewinnen Sie alles, wenn Sie verlieren, verlieren Sie nichts. Setzen Sie also, ohne zu zögern, darauf, dass er ist.

Blaise Pascal, 1623–1662, französischer Mathematiker und Physiker

Textanalyse: „Die Wette"

Blaise Pascals „Wette" entstammt seinen posthum[1] nach 1658 erschienenen „Pensées", einer in Fragmenten verfassten Apologie des christlichen Glaubens. Pascal, einer der bedeutendsten Mathematiker und Physiker seiner Zeit, setzt sich in diesem Werk mit der Herausforderung, die die Entwicklung der Naturwissenschaften seiner Zeit für Religion und Glauben darstellten, auseinander. Der Verunsicherung, die das auf empirische Forschung und rationales Denken setzende neue Weltbild mit sich brachte, setzt Pascal die Kraft des Glaubens und den mahnenden Hinweis auf die Grenzen der menschlichen Vernunft entgegen.

Der Text ist ein Streitgespräch zwischen einem Verteidiger des christlichen Glaubens und einem überzeugten Atheisten*. Sie diskutieren über die Beweisbarkeit Gottes und die Gründe des Glaubens. Der Gedankengang wird in drei Schritten entfaltet: Erstens schickt der Verteidiger des Glaubens Prämissen über das Wesen Gottes und die Unfähigkeit des menschlichen Wissens, ihn zu erfassen, voraus. Darauf setzt zweitens ein Dialog zwischen den Gesprächspartnern ein, als dessen Ergebnis die Partner die Unbeweisbarkeit Gottes annehmen. Während der Verteidiger den Glauben als Entscheidungsakt bejaht, lehnt der Atheist dies grundsätzlich ab. Der dritte Teil des Gesprächs besteht aus der eigentlichen Wette.

Als Wesenseigenschaft Gottes wird zu Beginn dessen Unendlichkeit vorausgesetzt, die eine grundsätzliche Differenz zwischen ihm und dem Menschen begründet. Daraus wird in einem ersten Schluss die Unbegreifbarkeit Gottes sowohl hinsichtlich seines Daseins wie seines Wesens abgeleitet. „Wenn es einen Gott gibt, ist er unendlich unbegreifbar [...]. Also sind wir unfähig zu wissen, was er ist, noch ob er ist" (Z. 1–4). In der sich anschließenden Gesprächsphase (Z. 14–29), in der sich erstmals auch der Gesprächspartner aktiv einschaltet, leitet der Verteidiger des christlichen Glaubens zunächst aus der Unmöglichkeit der Erkennbarkeit Gottes ab, wieso die Christen ihren Glauben nicht auf Beweise stützen können. Er macht deutlich, dass – auch dem Selbstverständnis der gläubigen Christen nach – der Glaube nicht aus dem Prinzip der Vernunft abzuleiten, ja diesem geradezu entgegengesetzt sei. Hier nimmt er das rationalistische Argument der Atheisten – auch seines Gesprächspartners – vorweg, alles müsse vor dem Maßstab der Vernunft bestehen, und entkräftet es zugleich. Man dürfe den Glauben deshalb nicht als irrational oder unberechtigt abqualifizieren: „Gerade da ihnen Beweise fehlen, fehlt ihnen nicht der Sinn" (Z. 13). In diesen Worten klingt schon seine kritische, relativierende Einschätzung der Vernunft als Bewertungsmaßstab für letzte Fragen an. Dieser Gedanke wird im folgenden Argumentationsaustausch vertieft. Im Falle von letzten Wahrheitsfragen stießen Vernunft und menschliches Wissen auf unüberwindliche Grenzen, denn man könne Gottes Existenz mit den Mitteln der Vernunft weder belegen noch widerlegen. Die prinzipielle Begrenztheit menschlicher Erkenntnisfähigkeit nötige den Menschen – der Sicht des Verteidigers zufolge – und berechtige ihn zugleich, sich zum Glauben zu entscheiden. Genau dieses Recht bestreitet der atheistische Gesprächspartner. Aufgrund der Unmöglichkeit, mit Mitteln der Vernunft eine Aussage über die Existenz bzw. Nicht-Existenz Gottes zu machen, seien weder eine Entscheidung für noch eine gegen die Annahme Gottes statthaft. „Nein, aber ich werde sie tadeln gewählt zu haben, nicht diese Wahl, sondern eine Wahl" (Z. 25/26). Die Vernunft bleibt aus dieser Perspektive oberster, unangefochtener Maßstab. Im abschließenden Höhepunkt des Streitgesprächs (Z. 30ff.) entgegnet der Verteidiger des Glaubens, man habe keine Freiheit, sich nicht zu entscheiden. Damit macht er die existenzielle* Dimension des Problems deutlich, die jeden Einzelnen dazu zwinge, Position zu beziehen. Um seinen Gesprächspartner von der Legitimität der Annahme Gottes zu überzeugen, simuliert er in einem Gedankenspiel eine Wette – gleichsam eine Wette mit sich selbst –, deren Gewinner in einer Art Würfelspiel ermittelt wird. Nach Art der Wahrscheinlichkeitsrechnung wird kalkuliert, welche Wahl den größten Nutzen bzw. Nachteil für den Wettenden bedeutet. Dabei fällt auf, dass – da die Vernunft nichts über die Richtigkeit der Annahme, ob Gott existiert, ausmachen kann –, unter Gewinn/Verlust hier der Gewinn/Verlust der Seligkeit, also Konsequenzen für den Wettenden nach seinem Tod, vorausgesetzt werden. Folgende Ergebnisse sind in diesem Spiel denkbar: Für den Fall, dass der Wettende auf Kreuz setzt, d. h. die These vertritt: „Gott existiert", ergeben sich zwei mögliche Resultate. Entweder Gott existiert wirklich, dann gewinnt der Spieler alles, oder Gott existiert nicht, dann ergeben sich – nach den Argumenten Pascals – keine Folgen für dessen Leben. Angenommen der Wettende setzt auf das Gegenteil: „Gott existiert nicht", und Gott existiert tatsächlich nicht, hat er ebenfalls keine nachteiligen Folgen zu erwarten; wenn sich jedoch herausstellt, dass Gott existiert, sei dies für den Wettenden mit negativen Folgen nach dessen Tod verbunden. Hier wird angedeutet, dass nach christlicher Lehre nur die Gläubigen auch der Gnade der ewigen Seligkeit teilhaftig werden. Wägt man nun nach dem Vorbild der Nutzen und Nachteil kalkulierenden Vernunft ab, welche Entscheidung mit größerem Gewinn für den Spieler verbunden ist, so stellt für Pascal eindeutig die Annahme Gottes die für den Menschen wünschenswerteste Entscheidung dar. „Wenn Sie gewinnen, gewinnen Sie alles, wenn Sie verlieren, verlieren Sie nichts. Setzen Sie also, ohne zu zögern, darauf, dass er ist" (Z. 42-44). Zusammenfassend lässt sich festhalten und kritisch einwenden, dass die Plausibilität und Überzeugungskraft der Annahme Gottes in Pascals „Wette" durch Rekurs auf die kalkulierende Vernunft nahe gelegt wird, obwohl zuvor die menschliche Vernunft als Beweisinstanz ausgeschieden war. Hier soll offensichtlich der Einzelne durch das Versprechen von persönlichen Vorteilen zum Glauben angeregt werden.

1 posthum: nach dem Tod

*Eva-Maria Sewing, *1954, deutsche Lehrbeauftragte für Philosophiedidaktik*

Fortsetzung der Textanalyse

Die fundierte Auseinandersetzung mit einem philosophischen Text verlangt über die Textanalyse im engeren Sinne hinaus zwei weitere Schritte:

- *Die Bestimmung des übergreifenden Problemkontextes und den Vergleich mit Positionen anderer Philosophen zu dem behandelten Problem.*

- *Die Erörterung und Beurteilung der Überzeugungskraft der im Text dargelegten Argumentation und Position aus der Perspektive des Interpreten.*

Der philosophische Essay

Im Gegensatz zu dem den Text rezipierenden analytischen Verfahren der klassischen Textanalyse erhalten im heutigen Philosophieunterricht zunehmend textproduktive, kreative Verfahren Bedeutung. Als eines davon findet besonders der philosophische Essay Beachtung. Will man die Gattung Essay näher bestimmen, stößt man auf Schwierigkeiten. Während auf der einen Seite die assoziative Gedankenführung, der beabsichtigte Subjektivismus, Abschweifungen und der experimentelle Charakter des Essays betont werden, hebt man auf der anderen Seite die argumentative Stringenz und differenzierte Auseinandersetzung mit dem Problem und auch mit gegnerischen Argumenten hervor. Als Begründer der Textsorte Essay gilt der französische Gelehrte und Politiker Michel de Montaigne, dem sein unterschiedlichste Lebensbereiche reflektierendes Werk „Essais" als Versuch einer Selbstfindung diente. Montaigne selbst fasste das Vorgehen seiner Essays auf als „promener mon jugement", als spielerische Urteilsfindung wie auf einem Spaziergang. Ein im Folgenden abgedruckter Essay Montaignes soll exemplarisch typische Merkmale eines philosophischen Essays vorstellen.

Göttliche Fügungen sollte man nüchtern beurteilen

Der wahre Tummelplatz für Betrügereien sind die unbekannten Dinge, da erstens alles Unbekannte für glaubwürdig gehalten wird und zweitens die Tatsache, dass sie nicht unseren gewohnten Vernunftschlüssen unterworfen sind, uns der Mittel beraubt, die Betrüger zu widerlegen. Aus diesem Grund, sagt Platon*, sei es viel leichter, Beifall zu finden, wenn man über die Natur der Götter, als wenn man über die der Menschen spreche, weil die Unwissenheit der Zuhörer der Manipulation einer verborgenen Materie ein herrlich weites Feld eröffne und ihr völlige Freiheit lasse.

Daher kommt es, dass nichts so fest geglaubt wird wie das, worüber man am wenigsten weiß, und dass sich niemand sicherer gibt als jene, die uns etwas vorfabulieren – Alchimisten zum Beispiel, Wahrsager und vereidigte Sterndeuter, Handleser und Ärzte sowie das ganze übrige Pack. Ihnen würde ich gerne, wenn ich mich nur traute, einen Haufen anderer beigesellen: all jene landläufigen Ausleger und Buchhalter der Absichten Gottes, die uns weismachen wollen, sie könnten die Ursache jeder Begebenheit erkennen und in den Geheimnissen des göttlichen Willens die uns unerfindlichen Beweggründe seines Wirkens finden; und obwohl die ständig wechselnden Ereignisse sie von einem Winkel in den anderen werfen, vom Orient zum Okzident, lassen sie nicht davon ab, ihrem Paume-Ball[1] hinterherzujagen. Mit ein und derselben Kreide malen sie weiß und schwarz.

Ein bestimmter Indianerstamm hält sich an folgenden löblichen Brauch: Wenn es ihnen bei einem Treffen oder einer Schlacht übel ergeht, bitten sie die Sonne, ihre Gottheit, für das Unternehmen öffentlich um Vergebung, als hätten sie etwas Unrechtes getan – schreiben sie doch Glück und Unglück dem göttlichen Ratschluss zu und unterwerfen ihm das eigene Denk- und Urteilsvermögen.

Für einen Christen genügt es zu glauben, dass alle Dinge von Gott kommen, die er darum dankbar für dessen unerforschliche Weisheit nicht nur entgegen-, sondern auch freudig annehmen sollte, ganz gleich, in welcher Gestalt er sie ihm zuschickt. Schlecht finde ich hingegen, dass man bei uns gemeinhin versucht, mit dem für uns glücklichen und gedeihlichen Ausgang eines Unternehmens unseren Glauben zu festigen und zu untermauern – er hat andere Fundamente genug und braucht deshalb keine Bekräftigung durch äußere Erfolge; denn ist das Volk erst einmal an eine solche ihm leicht eingehende, da seinem Geschmack genau entsprechende Beweisführung gewöhnt, besteht die Gefahr, dass sein Glaube erschüttert wird, sobald die Ereignisse einen ungünstigen und verhängnisvollen Verlauf nehmen.

So begingen in unseren gegenwärtigen Religionskriegen[2] jene, die beim Gefecht von Rochelabeille die Oberhand gewannen, diesen Glücksfall mit einer großen Feier und stellten ihn als sicheren Beweis hin, dass Gott ihre Sache billige; nach ihren späteren Unglücksfällen von Montcontour und Jarnac aber versuchten sie, sich darauf hinauszureden, es handle sich nun um Zuchtruten des himmlischen Vaters; selbst das Volk freilich, falls sie es nicht schon völlig unter ihrer Knute haben, dürfte ziemlich schnell merken, dass hier aus ein und demselben Sack zweierlei Mehl genommen und aus ein und demselben Mund bald heiß, bald kalt geblasen wird. Besser wäre es daher, das Volk über die wahren Grundlagen der Wahrheit aufzuklären.

Die unter Führung Don Juans von Österreich[3] vor einigen Monaten gegen die Türken gewonnene Seeschlacht war großartig; aber Gott hat es gefallen, ehedem genauso großartige auf unsere Kosten stattfinden zu lassen.

Kurz, es ist kaum möglich, die göttlichen Dinge ohne Gewichtsverlust unseren menschlichen Waagschalen anzupassen. Wenn man einen Sinn darin zu sehen suchte, dass den Arius* und seinen Papst Leo*, die Oberhäupter der nach ersterem benannten Ketzerbewegung, zu ungleichen Zeiten auf gleich absonderliche Weise der Tod ereilte – beide hatten wegen Bauchschmerzen eine Glaubensdebatte verlassen und sich auf den Abtritt zurückgezogen, wo sie plötzlich ihren Geist aufgaben –, und wenn man wegen dieser Wahl des Örtchens Gott gar einen übermäßigen Rachedurst unterstellen wollte, könnte man gut das Ende des Heliogabal[4] hinzufügen, der ebenfalls auf dem Lokus zu Tode kam. Aber was soll's? Der heilige Irenäus[5] fiel dem gleichen Schicksal zum Opfer!

Gott will uns lehren, dass die Guten anderes zu erhoffen und die Bösen anderes zu befürchten haben als die Glücks- und Unglücksfälle dieser Welt, die er uns nach seinem unerforschlichen Ratschluss zuweist und aus denen auf törichte Weise Nutzen zu ziehen er uns jede Möglichkeit nimmt. Jene machen sich folglich etwas vor, die meinen, sie könnten von ihnen nach Maßgabe der menschlichen Vernunft profitieren: Sie erzielen nie einen Treffer, ohne zwei dafür einzustecken. Der heilige Augustinus benutzt dies als schlagenden Beweis wider seine Gegner.

Das ist ein Zwist, der mehr durch die Waffen der Erinnerung als die des Verstandes entschieden wird. Man muss sich mit dem Licht begnügen, das die Sonne uns durch ihre Strahlen zu senden beliebt; und wer den Blick aufzuheben wagt, um sich ein noch größeres aus dem Sonnenball selbst zu holen, möge sich nicht wundern, wenn er als Strafe für seine Vermessenheit das Augenlicht darin verliert. Denn welcher Mensch weiß Gottes Rat? Oder wer kann denken, was der Herr will?

Michel de Montaigne, 1533–1571, französischer Philosoph

1 Paumespiel: dem Tennis verwandtes altes französisches Ballspiel
2 gegenwärtige Religionskriege: Hugenottenkriege von 1562–1598
3 Don Juan von Österreich: Don Juan d'Austria, 1547–1578, 1571 Seesieg bei Lepanto (im Golf von Korinth) über die Türken mit einer Flotte der Heiligen Allianz
4 Heliogabal: 204–222, römischer Kaiser von 218–222
5 Irenäus: 140–200, Bischof von Lyon, gilt als bedeutendster Theologe des 2. Jhs. und der Legende nach als Märtyrer

- *Gliedern Sie den Essay und untersuchen Sie seine Gedankenführung.*
- *Untersuchen Sie Sprache, Stil und Darstellungsperspektive.*
- *Vergleichen Sie den Essay mit Pascals* „Wette" (S. 86) hinsichtlich des argumentativen und stilistisch-perspektivischen Vorgehens.*

> Für einen Christen genügt es zu glauben, dass alle Dinge von Gott kommen, die er darum dankbar für dessen unerforschliche Weisheit nicht nur entgegen-, sondern auch freudig annehmen sollte, ganz gleich, in welcher Gestalt er sie ihm zuschickt.
>
> *Michel de Montaigne, 1533–1571, französischer Philosoph*

- *Verfassen Sie aus Ihrer Perspektive einen Essay nach dem Muster Montaignes zu dieser Äußerung.*
- *Rekonstruieren Sie im Nachhinein Ihre Vorgehensweise beim Verfassen des Essays und prüfen Sie kritisch, ob Ihr Essay im Ansatz dem Muster entspricht. Formulieren Sie Ihre Schwierigkeiten mit dieser kreativen Form und diskutieren Sie über mögliche alternative Textproduktionsverfahren.*

Merkmale eines philosophischen Essays

1. Ein Problem sollte daraufhin untersucht werden, welchen Sinn es im Lebenszusammenhang hat. Dabei kann der Ausgangspunkt der Betrachtung etwas Konkretes sein, im weiteren Verlauf sollte die Perspektive jedoch allgemeiner werden.
2. Philosophisch wird ein Essay, wenn das Problem aus unterschiedlichen Gesichtspunkten beleuchtet wird: So kann das Thema „Elektronische Medien" sowohl als erkenntnistheoretisches, als ethisches oder als praktisches Problem untersucht werden, je nachdem, ob man die Verzerrung der Wirklichkeit durch elektronische Medien oder die Verkümmerung von Empathie und den Verlust des „Du" oder die Frage, wie wir die elektronischen Medien in ein „gutes Leben" integrieren können, reflektiert.
3. Ein Essay ist dann philosophisch, wenn er von einer bestimmten philosophischen Position ausgeht und von da aus konkrete Fragen beleuchtet.
4. Ein Essay ist philosophisch, wenn er von einem philosophischen Zitat ausgeht und sich der Verfasser auf dessen Inhalt einlässt.
5. Ein Essay ist philosophisch, wenn er sich einer philosophischen Methode bedient, z. B. der phänomenologischen: Diese beschreibt genau und vorurteilslos, was von uns täglich erlebt wird: Gefühle, Stimmungen, Haltungen, Wertvorstellungen, Verhaltensweisen usw. Auf eine solche Beschreibung muss anschließend eine Reflexion darüber folgen.

nach Helmut Engels, deutscher Fachleiter für Philosophie

Verfassen eines philosophischen Essays

Versucht man die spezifischen Merkmale des Essays als Textsorte zu bestimmen, so werden stets die „bewusste Subjektivität der Auffassung" und die „Offenheit des Fragens und Suchens" hervorgehoben. Allgemein gilt der Essay als „nicht zu umfangreicher, stilistisch anspruchsvoller Prosatext, in welchem ein beliebiges Thema unsystematisch, aspekthaft dargestellt wird". Damit ist der Essay als recht anspruchsvolle Schreibform ausgewiesen, die vom Verfasser hinsichtlich der sprachlichen Gestaltung und Gedankenführung viel Erfahrung verlangt. Denn die Gefahr, in bloßen Subjektivismus der Darstellung abzugleiten und philosophisch uninteressante Gemeinplätze aneinander zu reihen ist groß. Daher und auch wegen der Schwierigkeit der Bewertung wird im Philosophieunterricht neben dem literarischen philosophischen Essay, wie Sie ihn am Beispiel Montaignes kennen gelernt haben, oft eine andere Form des philosophischen Essays bevorzugt: Der streng argumentierende Essay, der eher mit Philosophen wie Descartes, Locke oder Leibniz verbunden wird. Dieser Essaytyp verfolgt das Ziel, eine These zu verteidigen. Daher konzentriert sich der Schreibprozess hier konsequenter darauf, Argumente vorzustellen, die die eigene These – auch in der Auseinandersetzung mit entgegengesetzten Standpunkten – stützen können. Der argumentierende Essay unterscheidet sich vom literarischen Essay durch seine objektivere Darstellungsmethode und erinnert in vieler Hinsicht an die klassische Erörterung.

Im Folgenden finden Sie Anregungen, an denen Sie sich beim Schreiben eines philosophischen Essays orientieren können.

– Ausgangspunkt Ihrer Darstellung kann ein philosophisches Zitat, eine philosophische Position oder eine Kontroverse sein. Von hier aus sollte Ihr Essay ein philosophisches Problem entfalten oder reflektieren.
– Der Weg der Reflexion führt von der Analyse (des Zitats, der Position, der Kontroverse, ...) zu einer These.
– Stützen Sie Ihre These durch Beweise und Belege und veranschaulichen Sie sie durch Beispiele.
– Überprüfen und erhärten Sie die These, indem Sie sie mit alternativen Positionen konfrontieren und in dieser Konfrontation begründet verteidigen. (Prüfen Sie mögliche Gegenthesen, indem Sie auf deren Argumente eingehen.)
– Achten Sie auf sprachliche Präzision und strukturieren Sie Ihre Argumente klar, schlüssig und konsistent.

Eva-Maria Sewing, * 1954, deutsche Lehrbeauftragte für Philosophiedidaktik

- *Verfassen Sie einen klar argumentierenden Essay zu dem in der obigen Aufgabe (unter dem Text von Montaigne) gestellten Thema und vergleichen Sie.*
- *Wenn Sie mehr über den philosophischen Essay wissen wollen, können Sie in folgendem Buch weiterlesen: Jay F. Rosenberg, Philosophieren, Vittorio Klostermann, Frankfurt/Main 2002.*

Philosophenschulen in der Antike

Die Philosophenschule der Pythagoreer

Schon sehr früh nahm die Philosophie auch dialogische Formen an, d. h., es philosophierte nicht jeder Mann oder jede Frau allein, sondern gemeinsam mit anderen. Lange bevor die großen Werke der Philosophie schriftlich veröffentlicht wurden, existierte die Philosophie als mündliche Praxis des Philosophierens, als gemeinsames Nachdenken über die Welt.

Die Bruderschaft

Pythagoras* von Samos hat […] um 540–530 v. Chr. in dem unteritalienischen Städtchen Kroton seine berühmte Schule gegründet. Die pythagoreische Schule glich einer Ordensgemeinschaft (für Männer und Frauen), in der mehrere Grade der Zugehörigkeit unterschieden wurden; die in ihrer Strenge abgestufte Ordensregel ermöglichte eine Ausdehnung des Einflusses der Schule auf weite Kreise (vor allem unter den italienischen und sizilianischen Griechen). Spätere Sagen schilderten die phythagoreische Schule vorwiegend als asketischen Bund mit esoterischen Geheimnissen, geprägt durch Gütergemeinschaft und vegetarische Enthaltsamkeit. […] Mit dieser ethischen Ausrichtung verbanden sich die Pflege diverser Künste, der Musik, der Heilkunde, der gymnastischen Übung usw. ebenso wie die naturwissenschaftlichen Forschungen und Spekulationen der Bruderschaft. Das ethische Ideal motivierte darüber hinaus zu politischer Aktivität: Aller Wahrscheinlichkeit nach fühlten sich die Pythagoreer den politischen Theorien dorischer Adelsverbände verpflichtet, die sich gleichermaßen gegen die Tyrannis wie gegen die Demokratie richteten. Die politische Tätigkeit der älteren Pythagoreer erwirkte beträchtlichen Einfluss (einige Städte Unteritaliens wurden vorübergehend nahezu völlig beherrscht) wie auch entsprechend deutlichen Widerstand. Schließlich wurde der Bund in der ersten Hälfte des 5. vorchristlichen Jahrhunderts verfolgt und zerschlagen.

*Thomas Macho, *1953, deutscher Philosoph*

Pythagoras und die Mathematik

Pythagoras hat bekanntlich gesagt: „Alle Dinge sind Zahlen." Für moderne Interpreten hat diese These keinen logischen Sinn; aber was er damit meinte, war durchaus nicht unsinnig. Er entdeckte die Bedeutung der Zahl in der Musik, und der Zusammenhang, den er zwischen der Musik und der Arithmetik nachwies, ist noch heute an den mathematischen Bezeichnungen „harmonisches Mittel" und „harmonische Reihe" zu erkennen. Pythagoras stellte sich die Zahlen als Figuren vor, wie auf Würfeln oder Spielkarten. Wir sprechen ja auch noch von Quadratzahlen und Kubikzahlen, Ausdrücke, die wir auf ihn zurückführen müssen. Er sprach auch von Rechtecks-, Dreiecks-, Pyramidenzahlen und so fort, und meinte damit die Anzahl von Steinchen (oder besser gesagt, von Kugeln), die erforderlich war, um die betreffende Figur zu bilden. Er dachte sich die Welt vermutlich atomistisch und die Körper aus Molekülen bestehend, die sich aus verschiedengestaltig aneinander gefügten Atomen zusammensetzten. Auf diese Weise hoffte er, das Studium der Arithmetik zur Grundlage der Physik wie der Ästhetik zu machen.

Bertrand Russell, 1872–1970, englischer Philosoph

Die Akademie des Platon

388/85–347 v. Chr.

Nach dem Vorbild des pythagoreischen Bundes gründete Platon* zwischen 388 und 385 v. Chr. eine eigene Schule in Athen, die so genannte „Akademie". Da die Rechtsform einer „Akademie" jedoch noch unbekannt war, gaben sie sich die Form eines Kultvereins mit dem Zweck der Verehrung Apollons[1] und der Musen. Platon gründete damit eine Stätte für philosophische Forschung und Erziehung, in der der Schulleiter und die Studenten sich zu einer Lebensgemeinschaft zusammenschlossen. Die dabei geforderten Entbehrungen (wenig Schlaf, sexuelle Enthaltung, kein Fleischgenuss) sollten eine Reinigung der Seele (Katharsis) und damit eine Erhöhung ihrer Erkenntnisfähigkeit bewirken. Die Formen des Zusammenlebens waren zum Teil denen der Pythagoreer nachgebildet, die Platon um 390 v. Chr. in Unteritalien beobachtet hatte. Nach Platons Absicht war die Forschung der Akademie stark auf die Mathematik ausgerichtet, da er die mathematische Erkenntnis als Analogon[2] zur philosophischen Erkenntnis ansah. Die Akademie hatte allerdings nicht nur den Anspruch, gute Philosophen auszubilden, sondern auch Politiker und Feldherren philosophisch zu unterweisen. Neben den Tugenden Vernunft und Weisheit spielte auch die „phronesis", d. h. die Lebensklugheit, eine große Rolle. Die Idee, Philosophie und Politik zu verbinden, führte Platon zu zweimaliger Unterbrechung seiner Tätigkeit in der Akademie. 366 und 361 v. Chr. folgte er dem Ruf, in Syrakus Einfluss auf den Herrscher der Stadt zu nehmen. Es schien sich die Möglichkeit aufzutun, einen Herrscher zum Philosophen zu erziehen, wie er es in seiner Schrift „Der Staat" (Politeia) schon dargestellt hatte. Beide Reisen endeten jedoch mit einer herben Enttäuschung.

347–86 v. Chr.

Nachdem Platon 347 v. Chr. gestorben war, wählten die Mitglieder der Akademie seinen Neffen Speusippos zum Leiter ihrer Lebensgemeinschaft. Ihm folgte Xenokrates (339–314), der Platons Lehre in ein lehr- und tradierbares System umgestaltete; inhaltlich legte er den Schwerpunkt auf die Transzendenz.
Im 3. Jahrhundert betonte zunächst der Leiter Arkesilaos († 240 v. Chr.) den kritischen Ansatz Sokrates'* und stellte die Frage nach der Erkennbarkeit und Beweisbarkeit neu. Diesen Ansatz führte im 2. Jahrhundert der Leiter Karneades († 137/5) zu einer Lehre der radikalen Skepsis: Kein philosophisches Ergebnis kann als zwingend bewiesen gelten, bestenfalls als wahrscheinlich. Methodisch wird die Entwicklung von These und Gegenthese nun verstärkt geübt. 86 v. Chr. wurde die Akademie bei der Einnahme Athens durch Sulla mit allen Büchern und schriftlichen Aufzeichnungen bis auf die Grundmauern zerstört.

1 Apollon: Gott der Mantik (Seher-, Wahrsagekunst) und der Musik
2 Analogon: ähnlicher, gleichartiger Fall

▸ *Erarbeiten Sie eine Biografie über Pythagoras und seine Zeit. Sie können als Literaturgrundlage verwenden: Eberhard Knobloch: Pythagoras, in: Kai Brodersen (Hg.), Große Gestalten der griechischen Antike, C. H. Beck Verlag, München 1999, S. 57–64.*

Gustav A. Spangenberg, Schule des Aristoteles*, 1883/88

Beschreiben Sie die dargestellte Gesprächssituation in der Schule des Aristoteles.

Die Schule des Aristoteles

Aristoteles von Stagira wurde schon mit 18 Jahren Schüler der platonischen Akademie (um 366 v. Chr.). Die Akademie war zu dieser Zeit ein Mittelpunkt wissenschaftlicher Forschung. […]
Nach antiken Anekdoten soll Aristoteles schon kurze Zeit nach
5 seinem Eintritt in die Akademie zum „Geist" oder „Verstand der Schule" erklärt worden sein, sich also durch besondere intellektuelle Leistungen hervorgetan haben. Er gehörte der Schule dann ungefähr zwanzig Jahre bis zum Tode Platons im Jahre 347 v. Chr. an, zog sich danach zunächst nach Kleinasien
10 zurück, um schließlich an den Hof König Philipps II. von Makedonien berufen zu werden, wo er die Erziehung des 14-jährigen Sohnes Alexander übernehmen durfte. Nach dem Regierungsantritt Alexanders (336 v. Chr.) kehrte Aristoteles nach Athen zurück und gründete im heiligen Bezirk des Apollon
15 Lykeios seine eigene Schule – das Lykeion. Mit finanzieller Unterstützung des makedonischen Hofes erwarb er eine Gruppe von Gebäuden mit einer überdachten Galerie, in der die Mitglieder der Schule diskutierend spazieren gingen, in der vielleicht auch Vorlesungen gehalten wurden. Vom Namen
20 dieser Galerie („Peripatos") erhielt das aristotelische Lykeion die Bezeichnung „peripatetische Schule", die Adepten¹ wurden „Peripatetiker" genannt. Nach dem plötzlichen Tod Alexanders (323 v. Chr.) und einer drohenden antimakedonischen Strömung in Athen musste Aristoteles seine Schule verlassen
25 und starb wenig später in Chalkis auf Euböa. Nach seinem Tod übernahm sein Schüler und Vertrauter Theophrast von Eresos die Leitung des Lykeions. Im Gegensatz zur platonischen Akademie war die peripatetische Schule nicht mehr vorrangig an der Ideenphilosophie interessiert, sondern beschäftigte sich zunehmend mit der Erforschung aller denkbaren Dimensionen 30 der menschlichen Erfahrung.

1 Adept: Schüler, Anhänger einer Lehre

*Thomas Macho, *1953, deutscher Philosoph*

Kennzeichen der antiken Philosophenschulen

- esoterische Ausrichtung der Mitglieder auf einen kleinen Kreis von auserwählten, besonders gebildeten Männern (in einigen Fällen auch Frauen)
- politische Orientierung: philosophische Tätigkeit in öffentlichen Räumen und auf öffentlichen Plätzen
- Institutionalisierung in Akademien, verbunden mit einer Lehrtätigkeit: Schüler gruppieren sich um einen Lehrer
- Beginn der Systematisierung von Philosophie als Philosophiegeschichte
- Philosophieren wird als Tätigkeit geschätzt und durch Techniken wie Rhetorik kultiviert

Informieren Sie sich über weitere Philosophenschulen in der Antike und über die philosophische Tätigkeit in den Klöstern des Mittelalters. Sie können z. B. lesen in: Thomas Macho, Zur Geschichte philosophischer Institutionen, in: Ekkehard Martens, Herbert Schnädelbach (Hg.), Philosophie, Ein Grundkurs, Bd. 2, Rowohlt Verlag, 1994, S. 783–791.

Ethik- und Philosophieunterricht in der Neuzeit

Franz Kugler, Hegel* am Katheder, 1828

🔸 *Charakterisieren Sie die Beziehung zwischen Professor und Studenten auf diesem Bild.*

🔸 *Vorschlag für ein Projekt: Informieren Sie sich an einer Universität in Ihrer Nähe über die wichtigsten Bereiche des Studienganges Philosophie. Die wichtigsten Informationen finden Sie auch im Internet auf der Website der jeweiligen Universität, wenn dort Philosophie angeboten wird. Stellen Sie dann die Themen des Philosophiestudiums auf einer Wandzeitung dar oder gestalten Sie eine eigene Website für Ihren Philosophiekurs, auf der Sie die Informationen eintragen.*

Philosophie an den Universitäten

Die *Philosophenschulen* waren *private Gründungen von Philosophen* (vgl. S. 90/91), die einen Kreis von besonders Gebildeten um sich herum versammelten, jedoch auch einen bedeutenden Einfluss auf das politisch-kulturelle Leben ihrer
5 Zeit nahmen. Fast 1000 Jahre nach den Pythagoreern (vgl. S. 90) eröffnete Theodosius II. 425 n. Chr. in Konstantinopel die erste staatliche Universität mit öffentlichen Lehrstühlen, u. a. für griechische und römische Grammatik, Rhetorik sowie Philosophie und Rechtswissenschaft. Der *Philosophie* fiel dabei
10 die Rolle zu, die *Grundlagenwissenschaft* für die anderen Wissenschaften zu sein.

🔸 *Überlegen Sie, weshalb die Philosophie lange als Basisstudium angeboten wurde und weshalb dies heute nicht mehr so ist (vgl. S. 4–13).*

Philosophie an den Schulen Europas

16.–19. Jahrhundert

Seit dem 16. Jahrhundert wurde eine Sinnorientierung in der schulischen Erziehung Europas durch die Fächer Religion und Ethik gewährleistet, für die der Reformator Martin Luther eine politische Verantwortung gefordert hatte. Während das Fach Religion bis auf wenige Ausnahmen, wie z. B. Frankreich, seit 5 der Reformation Bestandteil des obligatorischen Fächerkanons fast aller europäischen Curricula ist, durchlebte das Fach Ethik eine wechselvolle Geschichte in der Bildungstradition Europas. Ethische Bildung gehörte beispielsweise zu den Kernfächern von Johann A. Comenius*, für den schulische Erziehung in er- 10 ster Linie Bildung (des Menschen) sein sollte. 1811 wurde sie auch in den Unterricht des ersten russischen Gymnasiums von Zarskoje Selo […]. Auf Anordnung von Nikolaj I. verschwand der Ethikunterricht jedoch nach dem Dekabristenaufstand (1825) wieder von der Stundentafel, weil der Zar den „philo- 15 sophisch-aufrührerischen Geist" fürchtete.
In Frankreich war das Fach Ethik nach der Schulreform von 1882 ordentliches Lehrfach an französischen Schulen; gegenwärtig ist es Bestandteil der *éducation civique* auf dem *Collège*, während in der letzten Klasse des Lyzeums Philosophie unter- 20 richtet wird.
Am Ende des 19. Jahrhunderts wurden der Philosophie- und Ethikunterricht aus den Stundentafeln vieler europäischer Staaten gestrichen, weil die Fächer Deutsch und Religion die Aufgabe einer Sinnorientierung der jungen Generation über- 25 nahmen.

20. Jahrhundert
In der zweiten Hälfte des 20. Jahrhunderts änderte sich die Situation. In Europa fand ein Prozess der politischen, sozialen und religiösen Differenzierung unserer hoch technisierten Lebensformen und -orientierungen statt. Anstelle stabiler überschaubarer Verhältnisse, die in früheren Gesellschaften dominierten, entwickelte sich ein diffuses Netz sozialer Gruppen und pluraler Lebensformen. Traditionelle Wertträger, wie die Kirche oder die Familie, wurden mit einer Vielzahl konkurrierender Wertträger konfrontiert, die bisherige gemeinsame Wert- und Sinnorientierungen in Frage stellten.
Aus diesem Grund erfolgte in den 70er Jahren in vielen europäischen Staaten zusätzlich zum Religionsunterricht in der Unter- und Mittelstufe die Wiedereinführung eines Schulfachs in ethischer und philosophischer Bildung, das in den verschiedenen europäischen Ländern einen unterschiedlichen Status hat.

*Barbara Brüning, *1951, deutsche Privatdozentin für die Didaktik der Philosophie*

🔸 *Erarbeiten Sie Kurzreferate zur aktuellen Situation des Ethik- und Philosophieunterrichts in verschiedenen Staaten Europas. Sie können als Literaturgrundlage verwenden: Conrad Gründer, Andreas Gruschka, Meinert A. Meyer (Hg.), Philosophie für die europäische Jugend, LIT-Verlag, Münster 1997, und Barbara Brüning, Ethikunterricht in Europa, Militzke Verlag, Leipzig 1999. Auch hierüber können Sie eine Wandzeitung oder eine Website gestalten.*

Philosophie- und Ethikunterricht in Deutschland

Bis zum 19. Jahrhundert wurden an den deutschen Lateinschulen die Disziplinen Logik, Rhetorik und Ethik unterrichtet, denen eine wissenschaftspropädeutische[1] Funktion als Vorbereitung auf ein Universitätsstudium zukam. Besonders die Ethik erfüllte über den wissenschaftspropädeutischen Status hinaus die Aufgabe, den Studenten eine Grundbildung in philosophischen Wissensfragen zu vermitteln.
Nach der preußischen Schul- und Curriculumsreform durch Wilhelm v. Humboldt wurde 1806 die Fächergruppe Logik, Rhetorik und Ethik aus den Curricula der höheren Schulen gestrichen, denn ihre wissenschaftspropädeutische Aufgabe war mit dem von v. Humboldt konzipierten Lehrplan für die Gymnasien nicht vereinbar. An ihrer Stelle verblieb die Philosophie als didaktisch-methodisches Prinzip im Fächerkanon des Gymnasiums, um die Wissenschaftlichkeit des Unterrichts zu garantieren – diese Tradition wird beispielsweise in der Vereinbarung der Kultusministerkonferenz zur Neugestaltung der gymnasialen Oberstufe der Bundesrepublik Deutschland von 1972 fortgeführt; dort wird die Philosophie ebenfalls zum fachübergreifenden Unterrichtsprinzip erhoben.
Georg F. W. Hegel begründete 1812 in einem Gutachten für die preußische Regierung die Notwendigkeit der Wiedereinführung einer philosophischen Bildung der Jugend durch ein Unterrichtsfach in „Philosophischer Propädeutik", das sich vor allem auf Logik, Altertumswissenschaft und Religion stützen sollte. Einen curricularen Themenbereich „Philosophiegeschichte" lehnte Hegel jedoch ab, dies sollte lediglich Gegenstand eines Universitätsstudiums sein.

[In seinem „Berliner Gutachten über den Unterricht in der Philosophie auf Gymnasien" schreibt er: „In Betreff des bestimmten Kreises der Kenntnisse, auf den der Gymnasialunterricht in dieser Rücksicht zu beschränken wäre, möchte ich zunächst ausdrücklich die *Geschichte der Philosophie* ausschließen […]. Ohne die spekulative Idee aber vorauszusetzen, wird sie wohl nichts anderes als nur eine Erzählung zufälliger, müßiger Meinungen und führt leicht dahin […], eine nachteilige, verächtliche Meinung von der Philosophie, insbesondere auch die Vorstellung hervorzubringen, dass mit dieser Wissenschaft alles nur vergebliche Mühe gewesen und es für die studierende Jugend noch mehr vergebliche Mühe sein würde, sich mit ihr abzugeben."]
Seine besondere Vorliebe für die Logik begründete Hegel u. a. damit, dass sie die „Aufmerksamkeit der Jünglinge … auf das Reich der Gedanken" lenken würde, die frei von sinnlicher Erfahrung selbst zum Gegenstand der Betrachtung würden.
Von 1837 bis 1856 trat die Philosophie in einer doppelten Struktur in den humanistischen Gymnasien Preußens auf: Sie war als „Philosophische Propädeutik" ein eigenständiges obligatorisches Unterrichtsfach und blieb jedoch auch weiterhin fachübergreifendes Unterrichtsprinzip, das als „Bildungsferment" eine integrative Funktion im Fächerkanon ausüben sollte.
Seit den 70er Jahren wurde der Ethikunterricht in der Unter- und Mittelstufe in den verschiedenen Bundesländern sukzessive eingeführt. In Nordrhein-Westfalen kann er noch nicht flächendeckend unterrichtet werden, wird zurzeit jedoch in einem Schulversuch als „Praktische Philosophie" in der Mittelstufe erteilt. Der Ethikunterricht bzw. der Unterricht in „Praktischer Philosophie" erfüllt allerdings die Funktion eines Ersatzfaches für alle Schülerinnen und Schüler, die nicht am Religionsunterricht teilnehmen, d. h., er wird nur angeboten, wenn auch Religionsunterricht erteilt wird.

1 propädeutisch: vorbereitend, einführend

*Barbara Brüning, *1951, deutsche Privatdozentin für die Didaktik der Philosophie*

🔸 *Überlegen Sie, aus welchen Gründen Hegel einen Bereich „Philosophiegeschichte" für den Philosophieunterricht am Gymnasium abgelehnt haben könnte.*

🔸 *Sollte Ihrer Meinung nach der Ethik- und Philosophieunterricht einen höheren Stellenwert im Fächerkanon der Schule haben? Führen Sie eine Pro-und-Contra-Diskussion darüber und begründen Sie Ihre Meinung.*

🔸 *Vorschlag für ein Gedankenexperiment: Stellen Sie sich vor, Sie könnten den Fächerkanon der Schulen in Deutschland völlig neu gestalten, jedoch unter den gegebenen strukturellen Bedingungen wie Klassengrößen und Finanzierung des Schulsystems. Welche Fächer sollten unterrichtet werden und welchen Stellenwert sollten die einzelnen Fächer haben? Sie können in Kleingruppen jeweils einen Vorschlag ausarbeiten, Ihre Vorschläge dann im Plenum vorstellen und diskutieren. Erarbeiten Sie auch eine Begründung für ein Statement, in dem Sie bei der Präsentation erklären, weshalb Sie sich für diese Fächerauswahl entschieden haben.*

IV. Philosophie und Religion in d

Linke Seite
Figur in der Nische:
Apoll

Mitte:
Platon* mit seinem Werk „Timaios" in der Hand

mit dem Rücken zu der auf Platon blickenden Schülergruppe:
Sokrates* (vgl. S. 62/63) im Gespräch mit Alkibiades
(in Rüstung)

an der Säulenbasis:
mit Weinlaub bekränzt Epikur*

untere Bildhälfte:
Pythagoras-Gruppe, um den sitzenden
und schreibenden Pythagoras* konzentriert:
links hockend: Empedokles,
darüber stehend: Averroës (vgl. S. 98) mit Turban,
rechts: ein schöner Jüngling mit weißem Gewand,
rechts neben Pythagoras:
ein Schüler, der ihm die Lehre der Harmonie hinhält
ganz rechts: Heraklit

Rechte Seite
Figur in der Nische:
Minerva

Mitte:
Aristoteles* mit seiner „Ethik" in der Hand

unterhalb von Aristoteles:
auf der Treppe liegend: Diogenes

untere Bildhälfte:
Gruppe um Archimedes, im Zentrum sich zu einer Tafel
mit Zirkel hinunterbeugend Archimedes von jugendlichen
Schülern umgeben; rechts von Archimedes:
in Rückenansicht: Ptolemäus; diesem gegenüber:
Zoroaster mit Weltkugeln; rechts daneben:
mit schwarzer Kappe: Raffael; vor ihm:
Sodoma (ein Künstlerkollege)

◗ Informieren Sie sich anhand von Lexika über die dargestellten
 Figuren.

◗ Betrachten Sie das Bild genau und versuchen Sie Hinweise für
 die spirituelle Atmosphäre (die eine tiefe Verbindung
 von Philosophie und Religion suggeriert) zu finden.

Raffael: Die Schule von Athen

Mit seinem Fresko „Die Schule von Athen" schuf Raffael ein Beispiel humanistischer Weltanschauung, in dem antikes und christliches, platonisches und aristotelisches Weltbild harmonisch miteinander verbunden und aufeinander bezogen werden. Während Raffaels „Disputa", ein Fresko, das der „Schule von Athen" genau gegenüberliegt, religiöse Aspekte betont, thematisiert „Die Schule von Athen" eher die wissenschaftlichen, besonders naturwissenschaftlichen Grundlagen der europäischen Kultur. Dennoch wird auch hier die Spannung zwischen jenseitsgerichtetem, metaphysischem und diesseitsorientiertem, wissenschaftlichem Denken deutlich. Im Zentrum des Bildes stehen die griechischen Philoso-

Kultur Europas

Raffael, Die Schule von Athen, 1508–11

phen Platon und Aristoteles. Während Platon, der Ältere, mit seiner Hand nach oben – symbolisch auf das der Welt der Erscheinungen transzendente Reich der Ideen – weist, symbolisiert die horizontale Gebärde des Aristoteles das diesseitsgerichtete Interesse an der Organisation der Welt. So repräsentiert die gesamte linke Bildhälfte eher ein metaphysisches, quasireligiöses, teils mystisches Weltverhältnis, während die rechte Hälfte eher durch Dynamik und rationalen Weltbezug bestimmt ist. Die harmonische Verbindung beider Richtungen in Raffaels Fresko weist auf die Wurzeln der abendländischen Kultur hin, die sowohl durch das Erbe Platons, der das christliche Denken stark beeinflusste, wie ebenso durch das Erbe des Aristoteles, dessen rationale Philosophie seit dem 13. Jahrhundert das abendländische Denken bestimmt, geprägt ist.

Die Welt als Offenbarung Gottes

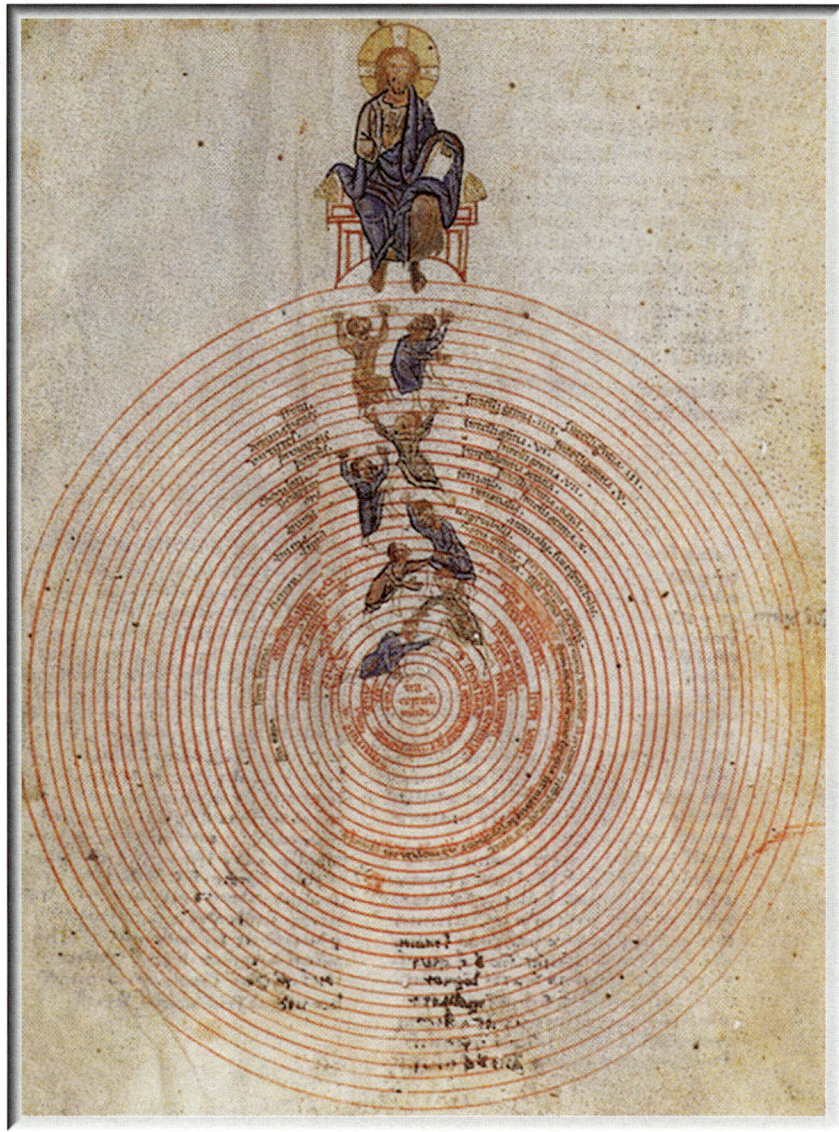

Aufstieg der Seelen durch die verschiedenen Seinssphären zu Gott, Handschrift des 13. Jh.

Der im 4. Jahrhundert nach Christus lebende Kirchenlehrer Augustinus repräsentiert in seinen theologischen und philosophischen Schriften, aber auch in seiner Biografie, das christlich-lateinisch geprägte beginnende Mittelalter. Zugleich bewahrt Augustinus in seinem Welt- und Seinsverständnis platonisch-griechisches Erbe, welches über ihn vermittelt bedeutenden Einfluss auf die gesamte christliche Kultur ausübte. Augustinus war überzeugt davon, dass das geistige Leben die eigentliche Wirklichkeit darstelle. Hier orientiert er sich an Platons* Ideenlehre, der zufolge den Ideen das eigentliche Sein zukomme, während dem Sinnlich-Wahrnehmbaren als einem schwachen Abglanz lediglich ein niedriger Seinsgehalt zuzubilligen sei. Platons Ideenlehre war in den ersten Jahrhunderten nach Christus durch die Neuplatoniker* Grundlage eines hierarchischen Weltbildes geworden, in dem alles Sein entsprechend seiner Nähe zu den Ideen geordnet und bewertet wurde: Alles Sein hat einen größeren oder kleineren Anteil an der geistigen idealen Wirklichkeit und ist somit stufenförmig angeordnet: vom bloß dinghaft Materiellen über Pflanzen, Tiere, Menschen bis zu den Engeln. Während die menschliche Erkenntnis für Platon durch Erinnerung – Platon glaubte an eine geistige Existenz vor der Geburt – an der Welt des wirklichen Seins teilhaben kann, glaubte Augustinus eher an eine durch Gott bewirkte Gnade, die den Menschen erleuchtet und ihm die Dimension des Idealen und Göttlichen eröffnet. Gemeinsam ist dem griechisch-antiken und dem christlich-lateinischen Denker die Überzeugung, die Wahrheit sei jenseits der sinnlichen Wirklichkeit angesiedelt und menschliche Erkenntnis sei bloß mit den Mitteln der Deduktion, sozusagen von „oben", aus dem Geist abzuleiten.

Beschreiben Sie die in der Handschrift veranschaulichte Seinsordnung und erläutern Sie unter Bezugnahme auf den folgenden Text von Augustinus (S. 97) den menschlichen Erkenntnisprozess.

Augustinus

Augustinus wurde im Jahr 354 nach Christus in Tagaste – im heutigen Algerien – als Sohn des Beamten Patricius und dessen Frau Monnika, einer Christin, geboren. Seit seinem 18. Lebensjahr lebt er unverheiratet mit einer Frau und ihrem gemeinsamen Sohn Adeodatus zusammen. Nachdem Augustinus in Karthago Rhetorik studiert hatte, folgte eine Lehrtätigkeit, zunächst in Karthago, später in Rom und schließlich in Mailand, wo Augustinus sehr erfolgreich war. Dort wurde er mit den Gedanken des Neuplatonismus* vertraut. Augustinus trennte sich von seiner Lebensgefährtin, wandte sich unter dem Einfluss des Bischofs Ambrosius dem Christentum zu und ließ sich nach einem mystischen Erlebnis mit seinem Sohn 387 in Mailand taufen. Später kehrte er nach Nordafrika zurück und wurde, nachdem er mit Freunden ein klösterliches Leben geführt hatte, Priester und einige Jahre später Bischof der Stadt Hippo in Algerien. Dies blieb er bis zum Jahr 430, als er starb. In seiner autobiografischen Schrift – den „Confessiones" – schildert Augustinus seine persönliche Entwicklung und seine Hinwendung zum Christentum. Augustinus' Lehren wirkten nachhaltig auf das Christentum. So schuf er zum Beispiel die Erbsündenlehre, nach der jeder Mensch durch Adams und Evas Sünden vom ewigen Heil ausgeschlossen ist und nur durch Gottes Gnade gerettet werden könne. Weiterführende Literatur aus der Sicht der verlassenen Geliebten des Augustinus: Jostein Gaarder, Das Leben ist kurz, dtv, München 1999.

Die geistige Wahrnehmung Gottes

Im folgenden Textauszug aus seinen „Confessiones" (Bekenntnisse) beschreibt Augustinus seine Suche nach Gott und seinen Weg zu ihm.

Nicht mit zweifelndem, sondern mit sicherem Bewusstsein liebe ich dich, o Herr. Du hast mein Herz mit deinem Wort getroffen, und von da an liebte ich dich. Aber auch der Himmel und die Erde und alles, was zu ihnen gehört, siehe, von überall her sagen sie mir, dass ich dich lieben soll, und hören nicht auf, es allen zu sagen, auf dass sie unentschuldbar sind. Tiefer aber noch wirst du dich dessen erbarmen, mit dem du Erbarmen haben willst, wirst den begnadigen, dem du gnädig sein willst: Sonst sprächen Himmel und Erde dein Lob zu Tauben. Was aber liebe ich, wenn ich dich liebe? Es ist nicht Schönheit des Körpers und zeitliche Anmut, nicht Schimmer des Lichtes, der Freund unserer Augen, es sind nicht wonnige Melodien vielgestaltiger Gesänge, ist nicht Wohlgeruch von Blumen, Salben, Spezereien, nicht Manna und Honig, und es sind nicht Glieder, die das Fleisch mit Lust umfängt: Das liebe ich nicht, wenn ich meinen Gott liebe. Und dennoch liebe ich ein Licht, eine Stimme, einen Duft, eine Speise, ein Umfangen, wenn ich meinen Gott liebe, der für meinen inneren Menschen Licht, Stimme, Duft, Speise und Umfangen ist. Was dort meiner Seele erstrahlt, das fasst kein Raum, was dort erklingt, vergeht nicht mehr mit der Zeit, es duftet und kein Hauch verweht es, es munde und die Sattheit stillt sich nicht daran, es haftet und kein Überdruss trennt mich davon. Das ist es, was ich liebe, wenn ich meinen Gott liebe.

Und was ist das? Ich habe die Erde gefragt und sie hat erwidert: „Ich bin es nicht"; und was immer in ihr ist, hat das Gleiche bekannt. Ich habe das Meer gefragt und die Abgründe und die kriechenden Wesen und sie haben mir Antwort gegeben: „Wir sind nicht dein Gott; such über uns." Ich habe die wehenden Lüfte gefragt und der ganze Äther[1] mit seinen Einwohnern sagte zu mir: „Anaximenes irrt; ich bin nicht Gott." Ich habe Himmel, Sonne, Mond und Sterne gefragt. „Auch wir sind nicht der Gott, den du suchst", sagten sie. Und ich habe zu ihnen allen gesprochen, die um die Tore meines Fleisches stehen: „Sprecht mir von meinem Gott; da ihr es nicht seid, sagt mir etwas von ihm." Da haben sie mit lauter Stimme ausgerufen: „Er hat uns gemacht." Meine Frage war mein Blick, und ihre Antwort ihre Schönheit. Dann habe ich mich zu mir selbst gewandt und gefragt: „Wer bist du?", und geantwortet: „Ein Mensch." Es sind aber zwei, die mir zu Gebote stehen, Körper und Seele, er außen und sie innen. Welche von beiden soll ich nach meinem Gott fragen, den ich ja mit Hilfe des Körpers bereits überall gesucht habe, von der Erde bis zum Himmel, so weit ich die Strahlen der Augen als Boten nur schicken konnte? Also besser, was innen ist. Dort wohnt ja der Vorsteher und Urteiler, dem alle die körperlichen Boten jene Antworten des Himmels, der Erde und all ihrer Bewohner überbracht hatten, als sie sagten: „Wir sind nicht Gott." Und: „Er hat uns gemacht." Der innere Mensch hat das erkannt durch den Dienst des äußeren; ich habe es innerlich erkannt, ich, ich als Geistseele, durch den Sinn meines Körpers. Ich habe die Weltenmasse nach meinem Gott gefragt und sie hat mir zur Antwort gegeben: „Nicht ich bin es, sondern er hat mich gemacht."

Wird nicht allen, die unverdorbenen Sinnes sind, der gleiche Anblick zuteil? Warum sagt er nicht allen dasselbe? Die Tiere, klein und groß, sehen ihn, aber sie vermögen nicht zu fragen. Denn ihren Sinnesmeldungen ist keine urteilende Vernunft übergeordnet. Die Menschen aber können fragen, um das unsichtbare Wesen Gottes durch seine Werke geistig wahrzunehmen, aber aus Liebe zu diesen Werken sind sie ihnen unterworfen, und Unterworfene vermögen nicht zu urteilen. Es liegt im Wesen der Schöpfung, dass sie nur jenem Fragesteller Antwort gibt, der urteilsfähig ist, sie ändert nichts an ihrer Stimme, das heißt, ihr Anblick bleibt der gleiche, ob sie einer bloß sieht oder aber sehend fragt, sie erscheint nicht dem einen so und dem anderen anders, sondern bietet beiden ganz den gleichen Anblick und ist bloß beim einen stumm, beim anderen redend, oder besser noch, sie spricht zu allen, wird aber nur von jenen verstanden, die das von außen empfangene Wort mit der Wahrheit im Inneren vergleichen. Die Wahrheit nämlich sagt mir: „Dein Gott ist nicht die Erde, nicht der Himmel, noch überhaupt ein Körper." Die Natur aller geschaffenen Dinge bestätigt das. Und jeder, der sieht, weiß: Wo Masse ist, da ist der Teil geringer als das Ganze. Du, Seele, bist bereits, ich sag es dir, ein Besseres als der Körper, weil du die Masse deines Körpers in Bewegung setzt, indem du ihm das Leben verleihst, was kein Körper einem Körper verleiht. Dein Gott aber ist ebenso für dich das Leben deines Lebens.

1 Äther: hier: Himmelsluft, wolkenlose Weite des Himmels

Aurelius Augustinus, 354–430, römischer Theologe in Karthago, Thagaste, Rom und Mailand

◀ *Wie lassen sich nach Augustinus Wahrheit und Irrtum erklären?*

◀ *Kann man die menschliche Erkenntnistätigkeit – nach Augustinus – als aktive Leistung bezeichnen? Begründen und belegen Sie Ihr Ergebnis.*

Illumination

Für Augustinus sind die Ideen Urbilder allen Seins im Geist Gottes. Die Frage, wie wir in den Besitz der Ideen gelangen können, die der Sinneserfahrung unzugänglich sind, beantwortet Augustinus mit seiner Theorie der Illumination: Dank der Illumination[1] durch Gott gelangen wir in den Besitz der Ideen. Dieser Vorgang ist der Wirkung des Sonnenlichtes auf die Wahrnehmung vergleichbar. Den Augen entspricht die Kraft des Geistes, den beleuchteten Dingen die Gegenstände der Erkenntnis, die Ideen, und die Sonne entspricht der schöpferischen Kraft Gottes.

1 Illumination: hier: Erleuchtung

Der Weg zum Absoluten im Islam

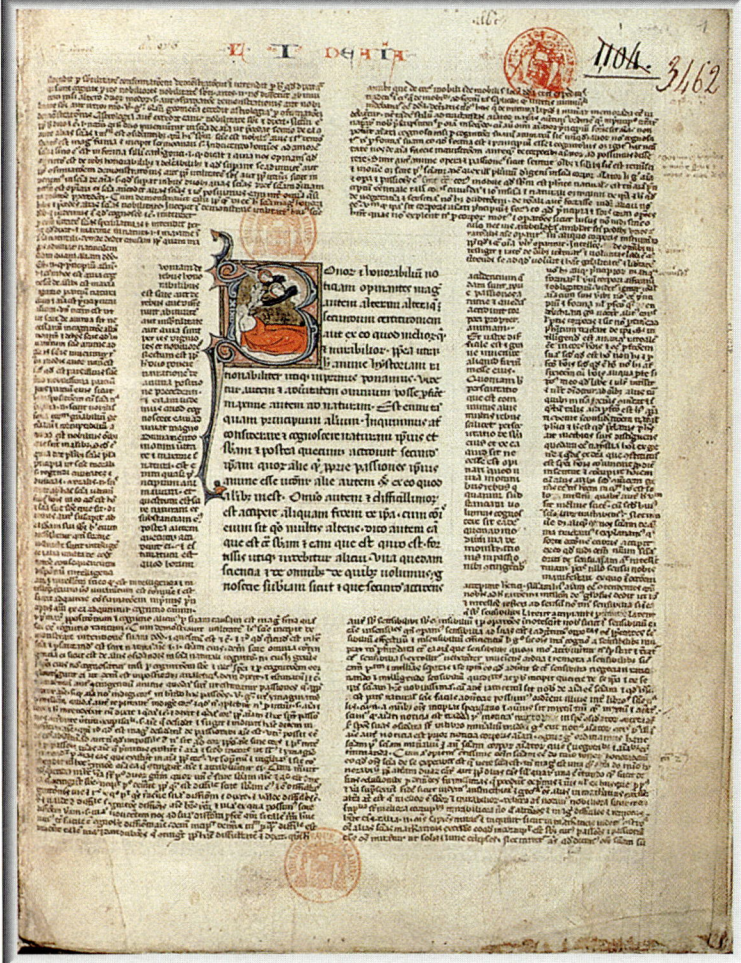

Seite einer Aristoteles-Handschrift aus dem 13. Jh.: in der Mitte der Text des Aristoteles* in lateinischer Übersetzung, beidseitig davon der Kommentar des Averroës. Die äußeren Spalten enthalten den Kommentar des Albertus Magnus* (1200–1280), Philosoph, Theologe und Lehrer des Thomas von Aquin*

Die muslimische Religion gründet sich – ebenso wie die christliche auf die Worte Jesu im Neuen Testament – auf Offenbarung: den Koran. Jedoch versuchte man in den islamischen Bildungszentren, in Damaskus, Isfahan, Bagdad, die Wahrheit der Offenbarung wissenschaftlich, d. h. mit den Mitteln der Vernunft, zu stützen. Hier zeigte sich ein starker Einfluss der hellenistischen Kultur auf die muslimischen Wissenschaftler, die sich insbesondere mit der Philosophie des Aristoteles auseinander setzten. Bereits im 8. Jahrhundert nach Christus waren die Werke des Aristoteles auf Initiative der Kalifen ins Arabische übersetzt worden. Ausgehend von Aristoteles verstand man die Philosophie als Wissenschaft, welche das Universum durch logische Begründung erschließen und erklären kann. Da man zugleich davon ausging, dass der gesamte Kosmos in verschiedenen Abstufungen durch eine erste Ursache, Gott, erschaffen worden ist, verstand man Naturwissenschaften und Philosophie als Beweiswissenschaften für die Lehre von der Schöpfung Gottes. Neben der Offenbarungsreligion kam so der Philosophie eine bedeutende Stellung zu. Im 11./12. Jahrhundert erfuhr das religiös-wissenschaftliche muslimische Weltbild durch den Theologen Al-Ghazali (1058–1111) eine deutliche Kritik. Al-Ghazali wies den absoluten Wissensanspruch der Philosophie scharf zurück. Vehement wandte er sich gegen das philosophische Unterfangen, göttliche Attribute zu bestimmen und zu begründen. Stattdessen sollten Meditation und Gebet den Weg zu Gott herstellen. Durch Al-Ghazali wurde in Teilen der humanistischen Welt eine traditionalistische Bewegung eingeleitet, die sich eher auf die Überlieferung als auf die kritische Vernunft stützte. Im westlichen Teil der islamischen Welt hatte sich die spanische Stadt Cordoba zu einem Bildungszentrum entwickelt, in dem man sich vor allem lebhaft für die Philosophie interessierte und diese nicht der Theologie unterordnen wollte. Als letzter großer Repräsentant der Philosophie und Wissenschaften im westlichen Islam gilt der Arzt, Astronom, Jurist und Philosoph Ibn Ruschd – im Westen bekannt unter dem Namen Averroës. Averroës verfasste neben seinen medizinischen und naturwissenschaftlichen Schriften zahllose Kommentare zu den Schriften des Aristoteles und leitete zu seiner Zeit eine regelrechte Aristoteles-Renaissance ein. Unter Berufung auf Aristoteles reklamierte Averroës gegen Al-Ghazali die Bedeutung rationaler philosophischer Erkenntnis im Gegensatz zur geoffenbarten Religion. Er hielt das Studium der Philosophie für eine Pflicht, da nur die Philosophen seiner Meinung nach fähig waren, den Koran richtig zu deuten. Denn nur diesen komme es zu, die Übereinstimmung zwischen der eigentlichen Bedeutung der Lehren des Koran und den Gesetzen der Vernunft aufzuzeigen. Während Averroës' Lehren in der Welt des Islam wenig Wirkung gezeigt haben, hatten sie im jüdischen und christlichen Mittelalter – besonders wegen seiner Kommentare zu Aristoteles – großen Einfluss.

Averroës

Averroës – mit vollem Namen Abu l'-Walid Mohammed ibn Ahmed ibn Mohammed ibn Ruschd – wurde 1126 im spanischen Cordoba geboren. Er stammte aus einer angesehenen Juristenfamilie und war berühmt als Arzt und Astronom, aber auch als Jurist und Philosoph sehr anerkannt. Im Dienst des Kalifen von Marrakesch konnte Averroës seinen philosophischen Studien nachgehen: vor allem dem Studium der aristotelischen Schriften. Er verfasste insgesamt 38 Kommentare zu Aristoteles. Ihn faszinierte besonders dessen Hochschätzung des menschlichen Erkenntnisdrangs, also der Philosophie als vollkommenster Weise, Erkenntnis zu gewinnen. Die bekanntesten eigenen Schriften sind Fasl-al-maqual (Das entscheidende Traktat) und Tahufut al talafut (Die Widersprüchlichkeit der Widersprüche), in denen Averroës Al-Ghazalis Kritik des philosophischen Welterklärungsanspruchs zurückweist. 1182 wurde Averroës zum obersten Kadi nach Cordoba berufen. Seitdem pendelte er zwischen Marrakesch und Cordoba hin und her. Kurz vor seinem Tod 1198 wurde Averroës, wohl aus politischen Gründen, verbannt und seine Schriften verbrannt, jedoch kurz bevor er starb, wurde er rehabilitiert und nach Marrakesch zurückberufen. Weiterführende Literatur zu Averroës: Edmund Jakoby, Philosophen. Denker von der Antike bis heute, Gerstenberg, Hildesheim 2002.

Das philosophische Studium als Pforte zu Gott

So ist nun deutlich, dass das Studium der Bücher der Alten von Seiten des religiösen Gesetzes notwendig ist, da ihre Absicht in ihren Büchern und ihr Zweck gerade der Zweck ist, zu welchem das religiöse Gesetz ermuntert. Und wenn jemand einen, der würdig dieses Studiums ist, davon abhält, nämlich einen, der zwei Dinge in sich vereinigt, erstens natürlichen Scharfsinn und zweitens religiöse Unbescholtenheit und moralische Trefflichkeit, so schließt er die Leute von der Pforte aus, von der aus die Religion die Menschen zur Kenntnis Gottes beruft, nämlich von der Pforte des Studiums, welche zur eigentlichen Erkenntnis desselben führt. Und dies ist der höchste Grad von Torheit und Entfremdung von Gott. Der Umstand, dass jemand in der Spekulation irrt oder strauchelt, sei es wegen Unzulänglichkeit seiner natürlichen Anlagen oder von Seiten einer schlechten Anordnung seines Studiums oder weil seine Leidenschaften übermächtig sind oder weil er keinen Lehrer findet, der ihn zum Verständnis dieser Dinge leitet, oder weil diese Ursachen oder mehrere in ihm sich vereinigen, darf keinen, der des Studiums dieser Bücher würdig ist, verhindern, sie zu studieren, denn diese Art von Schaden, der sich diesen Bestrebungen anheftet, trifft sie bloß zufällig (per accidens), nicht wesentlich. Und etwas, was seiner Natur und Wesenheit nach nützlich ist, darf nicht wegen eines Schadens, der ihm per accidens anhaftet, aufgegeben werden. Deswegen hat der Prophet, über dem Heil sei, als er jemandem empfahl, seinem Bruder wegen Diarrhoe Honig zu trinken zu geben, und diese nach dem Tranke sich verschlimmerte, worauf jener sich beklagte, gesagt: Gott hat die Wahrheit gesagt, aber der Bauch deines Bruders hat gelogen. Ja, wir sagen, ein Mann, der das Studium der Bücher über Philosophie einem Würdigen verbietet, weil man von gewissen gemeinen Individuen glaubt, dass sie infolge des Studiums dieser Bücher in Irrtum gefallen sind, ist wie einer, der dem Durstigen verbietet, frisches süßes Wasser zu trinken, sodass er stirbt, weil einige am Wasser erstickt sind und so den Tod gefunden haben; denn der Tod durch Ersticken am Wasser ist etwas Zufälliges, der Tod infolge des Durstes aber wesentlich und naturnotwendig. Was bei dieser Kunst der Philosophie zufällig vorkommen kann, tritt auch bei allen anderen Künsten ein. Wie viele Juristen gibt es nicht, für welche ihre Jurisprudenz Veranlassung war, sich im Leben der Enthaltsamkeit zu entschlagen und in die weltlichen Genüsse sich zu stürzen; ja, wir finden, dass die meisten Juristen sich solches zuschulden kommen lassen; während ihre Kunst ihrem Wesen nach praktische Tugend erfordert. Auf diese Weise darf es nicht auffallen, dass in der Kunst, welche theoretische Tüchtigkeit erfordert, dasselbe vorfällt wie bei der Kunst, welche praktische Tüchtigkeit erfordert.

Da dies alles bestimmt ist und wir Muslime überzeugt sind, dass dieses unser göttliches Gesetz Wahrheit ist und dass es aufmerksam macht und auffordert zu dieser Glückseligkeit, welche durch die Erkenntnis Gottes und seiner Geschöpfe hervorgebracht wird, so steht dieses für jeden Muslim infolge der Methode des Glaubens fest, welche seine angeborene und natürliche Anlage erfordert – nämlich die Naturen der Menschen sind abgestuft in Bezug auf den Glauben; der eine glaubt vermöge der Demonstration, der andere infolge von dialektischen Sätzen, gerade aber so wie der Mann, der sich durch Demonstration leiten lässt, denn in seiner Natur liegt nicht mehr als jene; wieder ein anderer infolge rhetorischer Ausführungen, und sein Glaube ist, wie der des Mannes der Demonstration, durch demonstrative Ausführungen. […]

Da diese religiösen Gesetze Wahrheit sind und zu der Spekulation auffordern, welche zur Erkenntnis der Wahrheit führt, so wissen wir Muslime positiv, dass die demonstrative Spekulation nicht zu einem Widerspruch zu dem im Gesetz Enthaltenen führt, denn die Wahrheit kann der Wahrheit nicht widersprechen; im Gegenteil, sie stimmt mir ihr überein und legt Zeugnis von ihr ab.

Averroës, 1126–1198, spanischer Arzt, Jurist und Philosoph

▸ *Erläutern Sie den ersten Satz des Textes (Z. 1–4). Inwiefern ist der Zweck der Bücher der „Alten" (gemeint sind wohl die griechischen Philosophen) identisch mit dem Zweck des religiösen Gesetzes?*

▸ *Unterscheiden Sie die verschiedenen Formen des religiösen Glaubens, die Averroës aufführt. Erklären Sie, worin er sie begründet sieht, und zeigen Sie, worin ihm zufolge ihr Gemeinsames besteht.*

▸ *Wie entkräftet Averroës den häufig geäußerten Einwand, die Philosophie sei ein Widerspruch zur Religion?*

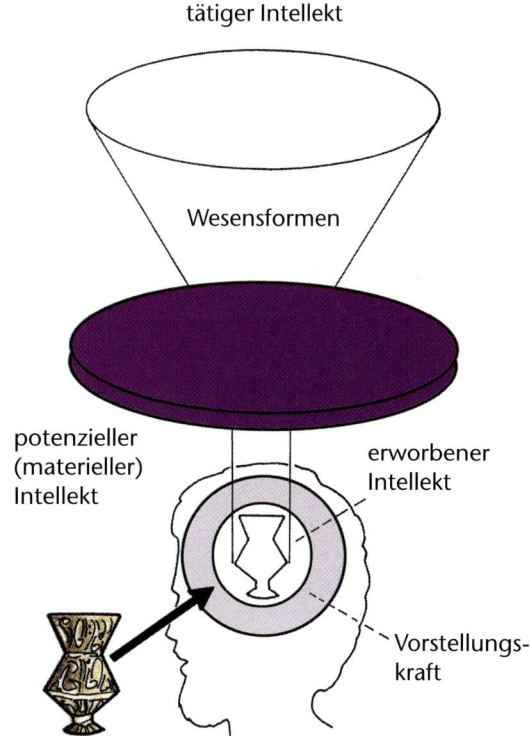

Die Quellen der Erkenntnis

Für Averroës existieren neben der individuellen Seele zwei überindividuelle Seelen, die menschliche Erkenntnis erst ermöglichen: der göttliche, schöpferische Geist und dessen materielles Gegenstück, der passive potenzielle Geist. Beide sind eigenständig und unsterblich und verbürgen die Verlässlichkeit der menschlichen Existenz. Der Erkenntnisakt besteht im Übergang vom Seelischen in Seelisches. Damit erhält die menschliche Vernunft gegenüber der Offenbarung eine autonome Stellung.

Die intellektuelle Gotteserkenntnis

Thomas von Aquin, der als größter Theologe des 13. Jahrhunderts gilt, kam im Alter von 14 Jahren mit der Philosophie des Aristoteles* in Berührung und widmete sich dessen Lehren fortan in seinen Studien intensiv. Das aristotelische, vernunftorientierte Gedankengut, welches in Europa durch arabische Wissenschaftler wie Averroës verbreitet worden war, stand der christlichen Lehre zur damaligen Zeit eher fern, bezog man sich doch vielmehr auf platonisches und neuplatonisches* Erbe. Als mittelalterlicher Mensch ist für Thomas der Glaube an Gott unerschütterlich, es geht ihm in seinen Schriften jedoch darum, diesen mit Hilfe der Vernunft zu verstehen. In seiner Wertschätzung und damit verbundenen Aufwertung der Vernunft, die für ihn fähig ist, die Wahrheit zu erkennen, zeigt sich Thomas als Schüler des Aristoteles. Zwar sind der Vernunft und dem Erkennen auch für Thomas klare Grenzen gesetzt, aber für ihn ist der Glaube nicht die ausschließliche Weise sich Gott zu nähern. Diese Ansichten veranlassten die kirchliche Obrigkeit zu massiver Kritik an den Lehren des Thomas, es kam sogar im Jahr 1277 zu einem kirchlichen Verdikt[1] und zu dem Vorwurf, er verrate den Glauben an die Vernunft. Für die Folgezeit aber kann die Bedeutung von Thomas für das Christentum und die europäische Kultur nicht hoch genug eingeschätzt werden, gelang es ihm doch, die widerstreitenden Kräfte des Hochmittelalters, Philosophie und Theologie, zu einer Synthese zu verbinden. Im Jahr 1879 wurden seine Lehren offiziell als verbindlich für die katholische Theologie und Philosophie erklärt.

1 Verdikt: Urteil(sspruch)

Francesco Traini, Der heilige Thomas von Aquin als Kirchenlehrer, 1363

Die Stufen des Erkenntnisvermögens

In den Dingen findet sich, gemäß der Verschiedenheit ihrer Natur, eine verschiedene Weise der Wesensäußerung; und ein Wesen ist umso höherer Ordnung, je mehr diese Äußerung seiner selbst in seinem eigenen Inneren sich vollzieht. – Die unbeseelten Körperdinge stehen von allen Dingen auf der niedrigsten Stufe. Ihre Äußerungen können nicht anders sich vollziehen als durch äußere Einwirkung des einen auf das andere … – Die nächsthöhere Ordnung bilden – im Bereich der beseelten Körperdinge – die Pflanzen. Ihre Wesensäußerung nimmt schon ihren Anfang von innen her. Der innere Saft der Pflanze wandelt sich in den Samen, und der Same wächst, in die Erde gesenkt, zur neuen Pflanze sich aus. Hier findet sich die erste Stufe des Lebens. Lebendig sein heißt nämlich: sie selbst zum Tätigsein bewegen … Gleichwohl ist das Leben der Pflanze noch unvollkommen. Ihre Wesensäußerung nimmt zwar von innen her ihren Anfang; aber das Geäußerte tritt aus ihr heraus und ist schließlich ganz draußen. Zuerst wird aus dem Saft des Baumes die Blüte gebildet und dann die Frucht, die noch mit ihm verbunden und doch schon außerhalb der Rinde ist; wenn die Frucht reif ist, so trennt sie sich ganz vom Baume, fällt auf die Erde und bringt aus ihrer Keimkraft eine neue Pflanze hervor. Wenn man genau zusieht, liegt auch der Anfang dieser Wesensäußerung außerhalb der Pflanze; denn der innere Saft des Baumes wird durch die Wurzeln aus der Erde gesogen, aus der die Pflanze ihre Nahrung nimmt. – Über der Stufe des pflanzlichen Lebens steht das tierhafte Leben gemäß der Sinnenseele. Seine eigentümliche Wesensäußerung nimmt zwar ihren Anfang von außen, endet aber im Inneren; und je weiter sie fortschreitet, desto innerlicher wird sie. Das sinnlich erfasste Sein prägt den Sinnen seine Form ein und dringt von dort her in die Einbildungskraft und in den Schatz des Gedächtnisses. – Aber in allen diesen Wesensäußerungen liegen Anfang und Ende in verschiedenem Bezirk; denn ein sinnliches Erkenntnisvermögen vermag sich nicht auf sich selbst zu richten. Diese Stufe des Lebens ist also zwar um so viel höher als das Leben der Pflanze, als das Tätigsein dieses tierhaften Lebens mehr im Inneren beschlossen bleibt; aber es ist noch kein vollkommenes Leben, weil Anfang und Ende auseinander liegen. – Die höchste und vollkommene Stufe ist das dem geistigen Erkennen gemäße Leben. Denn der Geist richtet sich auf sich selbst, er vermag sich selbst zu erkennen. Aber auch im geistigen Leben sind wieder mehrere Stufen zu unterscheiden. Der menschliche Geist nimmt, obwohl er sich selbst zu erkennen vermag, doch den Anfang seiner Erkenntnis von außen. Er vermag nämlich nicht zu erkennen ohne sinnliches Bild. Vollkommener ist das geistige Leben der Engel, deren erkennender Geist nicht von außen her zur Selbsterkenntnis gelangt, sondern sich durch sich selbst erkennt. Dennoch erreicht ihr Leben noch nicht die letzte und höchste Stufe, weil das geistige Abbild ihrer selbst, obwohl es ganz in ihnen ist, doch nicht eins ist mit ihrem Wesen; denn in den Engeln ist Erkennen und Sein nicht dasselbe. Die höchste Vollendung des Lebens kommt Gott zu, in dem Erkennen und Sein sich nicht unterscheiden voneinander.

Thomas von Aquin, 1225–1274, italienischer Theologe

◗ Stellen Sie die Stufen des Seins grafisch dar und ordnen Sie diesen die entsprechenden Erkenntnisvermögen zu.

◗ Erklären Sie, von welcher Grundvoraussetzung Thomas in seiner Stufenordnung ausgeht, und zeigen Sie Parallelen zu aristotelischem Gedankengut auf.

Abstraktion als Schritt zu Gott

Im folgenden Text untersucht Thomas die Erkenntniskraft des menschlichen Verstandes in Abgrenzung zu anderen Erkenntniskräften. Dabei zeigt er auf, wie die menschliche Erkenntnis Übersinnliches – also auch Gott – denken kann.

Ich antworte, man müsse sagen, dass, wie vorhin erklärt wurde, das erkannte Objekt zu der erkennenden Kraft im Verhältnis steht. Es gibt aber eine dreifache Stufe der Erkenntniskraft. Eine Erkenntniskraft ist der Akt eines körperlichen
5 Organs, nämlich der Sinn. Und deshalb ist Objekt jedes sinnlichen Vermögens die Form, wie sie in dem körperlichen Stoff existiert. Und weil ein solcher Stoff das Prinzip der Individuation[1] ist, deshalb erkennt jedes Vermögen des sensitiven Teils nur Partikuläres[2]. – Eine Erkenntniskraft aber gibt es, die weder Akt
10 eines körperlichen Organs noch irgendwie mit dem körperlichen Stoff verbunden ist, wie der Verstand des Engels. Und deshalb ist Objekt dieser Erkenntniskraft die ohne den Stoff subsistierende[3] Form. Denn wenn die Engel auch das Stoffliche erkennen, so schauen sie es doch nur im Immateriellen an,
15 nämlich entweder in sich selbst oder in Gott. – Der menschliche Verstand aber verhält sich auf mittlere Weise: denn er ist nicht der Akt eines Organs, aber er ist doch eine Kraft der Seele, die die Form des Leibes ist, wie aus dem oben Gesagten hervorgeht. Und deshalb ist es ihm eigentümlich, die Form zu
20 erkennen, die zwar in dem körperlichen Stoff individuell existiert, jedoch nicht sie zu erkennen, insofern sie in einem solchen Stoff ist. Das aber erkennen, was in dem individuellen Stoff ist, nicht sofern es in einem solchen Stoff ist, heißt die Form von der individuellen Materie abstrahieren, die die Fantasmen[4] uns
25 vor Augen stellen. Und deshalb muss man sagen, dass unser Verstand das Stoffliche denkt, indem er es von den Fantasmen abstrahiert: Und durch das so betrachtete Stoffliche gelangen wir zu einiger Erkenntnis des Unstofflichen, so wie umgekehrt die Engel durch das Unstoffliche das Stoffliche erkennen. Pla-
30 ton* aber achtete nur auf die Immaterialität[5] des menschlichen Verstandes, nicht aber darauf, dass er mit dem Körper gewissermaßen vereinigt ist, und setzte darum als Objekt des Verstandes getrennte Ideen und behauptete, dass wir denken, nicht indem wir abstrahieren, sondern vielmehr, indem wir an
35 Abstraktem teilnehmen, wie oben erklärt wurde.

1 Individuation: mittellat., individuare: zum Individuum machen: Vereinzelung des Seienden in Individuen
2 partikulär: einzeln, einen Teil betreffend
3 subsistierend: unabhängig von anderem für sich bestehen
4 Fantasmen: Trugbilder, hier: das sinnlich Wahrnehmbare
5 Immaterialität: unkörperliche Beschaffenheit, stoffloses Dasein

Thomas von Aquin, 1225–1274, italienischer Theologe

◀ *Erläutern Sie, was unter „Form" und „Stoff" zu verstehen ist.*

◀ *Differenzieren Sie die drei hier vorgestellten Erkenntnisformen und zeigen Sie die Besonderheiten des menschlichen Erkennens auf.*

◀ *Erläutern Sie, worin der von Thomas aufgezeigte Unterschied zu Platons* Bestimmung des menschlichen Denkens besteht. Inwiefern kündigt sich in Thomas' Abgrenzung von Platon eine – auch im Vergleich zu Augustinus (vgl. S. 96) – neue, für die damalige Zeit zukunftsweisende Perspektive auf die menschliche Erkenntnis an?*

Die Ordnung des Seins

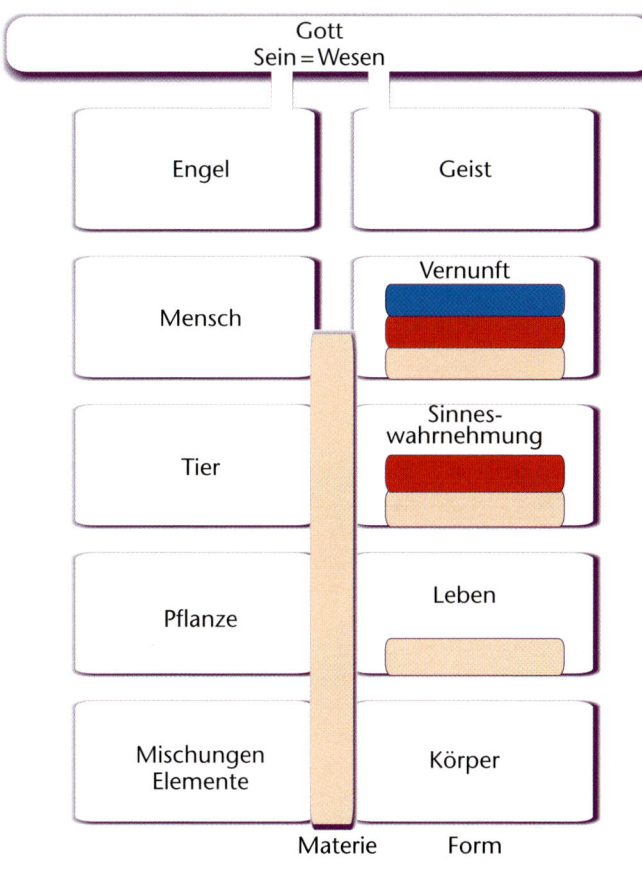

◀ *Beschreiben Sie die grafische Darstellung von Thomas von Aquins Vorstellung der Ordnung des Seins und erklären Sie, welche Wesensformen den Seinsarten zugeordnet sind. Wieso ist menschliches Wissen möglich?*

Der Widerspruch zwischen Wissen und Glauben

Die von Thomas aufgenommene Lehre des Aristoteles*, nach der alles Sein aus Materie und Form zusammengesetzt ist, weist jedem Sein eine ideale Bestimmtheit zu. Die menschliche Erkenntnis kann somit mit dem Mittel der Abstraktion dessen Wesen erfassen. Damit ist eine aktive Erkenntnis ausgehend von den Dingen selbst möglich und nicht wie zuvor lediglich rezeptiv als Offenbarung und Gnade. Die Hinwendung zur Welt der Erscheinungen leitet ein neues Denken ein, das allmählich zur Beobachtung der natürlichen Phänomene und Entstehung der Naturwissenschaften führte. Diese Entwicklung stieß aber zunächst auf heftigen Widerstand seitens der Kirche. Auf der Pariser Synode wurde 1210 die Lektüre aller naturwissenschaftlichen Schriften des Aristoteles und der Kommentare verboten. Wenn dieses Verbot auch 1255 aufgehoben wurde, zeigen doch weitere Verdikte gegen die Schriften von Aristoteles, Averroës (vgl. S. 98) und Thomas, welcher Provokationsgehalt ihnen zur damaligen Zeit innewohnte.

Gotteserlebnis statt Gotteserkenntnis

William Turner, 1843

🔵 *Geben Sie dem Bild einen Titel.*

🔵 *Beschreiben Sie die Wirkung des Gemäldes auf Sie persönlich und vergleichen Sie diese mit der im Folgenden beschriebenen Situation der Visionärin Hildegard von Bingen.*

Zwischen dem 12. und 16. Jahrhundert traten überall in Europa Frauen auf, z. B. Mechthild von Magdeburg*, Katharina von Siena*, Theresa von Avila*, die von religiösen Erlebnissen berichteten, in denen ihnen das Übersinnliche unmittelbar begegnete: mystischen Erlebnissen oder Visionen. Die an diese Frauen gerichteten Botschaften, seien sie von Gott unmittelbar oder vermittelt über Engel, wurden in der damaligen Zeit sehr ernst genommen und als verbindlich anerkannt. Da Frauen insgesamt eine untergeordnete Rolle spielten und als prinzipiell dem Mann unterlegen angesehen wurden, waren sie im christlichen Mittelalter von allen wichtigen öffentlichen Ämtern ausgeschlossen. Die angebliche geistige und moralische Unterlegenheit der Frau wurde zum Beispiel durch die Lehre von dem durch Eva in die Welt gebrachten Bösen und von der Triebhaftigkeit der Frau theoretisch begründet. Als Konsequenz war Frauen sowohl das Universitätsstudium wie auch das Priesteramt verwehrt. Mystische Erlebnisse jedoch eröffneten Frauen auch in dieser Zeit die Möglichkeit, am öffentlichen religiösen und philosophischen Diskurs teilzunehmen, denn in diesem Fall galt die Frau nicht als Urheberin, sondern nur als Medium der eigentlichen Botschaft.

Eine Vision

Und es geschah in meinem 43. Lebensjahr. Voller Furcht und zitternd vor gespannter Aufmerksamkeit (tremula intentione), blickte ich gebannt auf ein himmlisches Gesicht. Da sah ich plötzlich einen überhellen Glanz, aus dem mir eine Stimme vom Himmel zurief: „Du hinfälliger Mensch, du Asche, du Fäulnis von Fäulnis, sage und schreibe nieder, was du siehst und hörst. Doch weil du furchtsam bist zum Reden, in deiner Einfalt die Offenbarung nicht auslegen kannst, und zu ungelehrt bist zum Schreiben, rede und schreibe darüber nicht nach Menschenart, nicht aus verstandesmäßiger menschlicher Erfindung heraus, oder in eigenwilliger menschlicher Gestaltung, sondern so, wie du es in himmlischen Wirklichkeiten in den Wundertaten Gottes siehst und hörst. Verkünde sie also so, wie der Hörer das Wort des Lehrmeisters aufnimmt und es ganz in seiner Aussageabsicht, nach seinem Willen und auf seinen Fingerzeig und Befehl kundtut. So sprich auch du, oh Mensch, über das, was du siehst und hörst. Schreibe es nicht nach eigenem Gutdünken oder dem eines anderen Menschen, sondern wie es dem Willen dessen entspricht, der alles weiß, alles sieht und alles in der Verborgenheit seiner Geheimnisse anordnet."

Hildegard von Bingen, 1098–1179, deutsche Mystikerin

🔵 *Beschreiben Sie die Umstände der visionären Erscheinung Hildegard von Bingens.*

🔵 *Welche Rolle wird der Autorin bei der Übermittlung des visionären Inhalts zugewiesen?*

🔵 *Zeigen Sie auf, mit welcher Begründung Hildegard von Bingen für sich beanspruchen kann, ihre Vision authentisch weiterzuleiten.*

🔵 *Informieren Sie sich über Leben und Wirken der im Text erwähnten gelehrten Frauen und Philosophinnen. Sie können z. B. nachlesen in dem Buch: Marit Rullmann, Philosophinnen, Bd. 1 und Bd. 2, Suhrkamp, Frankfurt/M. 1998.*

Die Annäherung der schauenden Seele an Gott

In einem Brief an einen Mönch präzisiert die Benediktinerin und Gelehrte Hildegard von Bingen, wie ihre visionären Erlebnisse ablaufen und welche Rolle ihre subjektive Erkenntnis und Erinnerung in ihren visionären Schriften einnehmen.

Die folgenden Worte stammen weder von mir selbst noch von irgendeinem Menschen; ich bringe sie vor, wie ich sie in einem Gesichte von oben empfangen habe. Knecht Gottes, … und Kind Gottes, … vernimm, was das makellose Licht spricht: [...]
5 Du getreuer Knecht! Ich armselige Frauengestalt künde dir wiederum in einem wahren Gesichte diese Worte. Gefiele es Gott, in diesem Gesichte meinen Leib und meine Seele zu erheben, so wiche doch die Furcht nicht aus meinem Sinne und Herzen, weil ich weiß, dass ich ein Mensch bin, wenn ich auch
10 von meiner Kindheit an in Klostermauern eingeschlossen lebe. Viele Weise sind schon durch Wunder zu Fall gekommen. Sie taten nämlich viele Geheimnisse kund, schrieben das jedoch in eitler Ruhmsucht sich selbst zu und stürzten auf diese Weise. Wer aber im Aufstiege seiner Seele die Weisheit von Gott
15 schöpft und sich doch für nichts achtet, der wird eine Himmelssäule. So war es auch mit Paulus*. Obwohl er den übrigen Jüngern in der Liebe voranschritt, hielt er doch sich selbst für nichts. Auch der Evangelist Johannes war voll Milde und Demut und schöpfte deshalb vieles aus der Gottheit.
20 Und weshalb sollte ich mich armseliges Wesen nicht selbst erkennen? Gott wirkt, wo er will, zur Verherrlichung seines Namens, aber nicht zur Ehre eines irdischen Menschen. Immer ist zitternde Furcht in mir, weil ich keinerlei Sicherheit irgendeines Vermögens in mir finde. Ich strecke meine Hände zu Gott
25 aus, wie eine Feder, die frei von aller Schwere ist und die vom Winde getragen fliegt. Er möge mich halten! Ich kann auch das, was ich sehe, nicht völlig erkennen, solange ich im Körper weile und meine Seele noch unsichtbar ist; denn diese beiden Punkte begründen die Unvollkommenheit des Menschen.
30 Seit meiner Kindheit aber, da meine Knochen, Nerven und Adern noch nicht gekräftigt waren, genieße ich immerdar bis auf den heutigen Tag, da ich mehr denn siebzig Jahre zähle, die Gnade dieser Schau. Daher steigt meine Seele, so wie es Gott will, hinauf in die Höhe des Firmamentes und in die wechseln-
35 den Schichten des Äthers, sie breitet sich aus zwischen den verschiedenen Völkern, wenn sie auch in weit entlegenen Ländern, fern von mir sind. Und weil ich das also in meiner Seele sehe, schaue ich sie wie den Wechsel der Wolken und anderer Geschöpfe. Ich vernehme dies jedoch nicht mit den leiblichen
40 Ohren, ersinne es nicht in den Gedanken meines Herzens und nehme es nicht durch einen der fünf Sinne auf; ich schaue all das nur in meiner Seele mit offenen Augen, wachend während des Tages und der Nacht, ohne jemals eine Ekstase erlitten zu haben. Fortwährend bedrängen mich Krankheiten und
45 vielfach bin ich so von schweren Schmerzen umklammert, dass sie mir den Tod zu bringen drohen, doch hat mich Gott bis nun zum Leben erweckt.
Das Licht, das ich schaue, ist an keinen Ort gebunden, es ist heller als eine Wolke, die die Sonne trägt. Ich sehe an ihm kei-
50 ne Höhe, keine Länge und keine Breite. Es wird mir als „der Schatten des lebendigen Lichtes" bezeichnet. Und so wie die Sonne, der Mond und die Sterne im Wasser erscheinen, so formen sich mir und erglänzen mir die Schriften, Gespräche, Tugenden und mancherlei Werke der Menschen in ihm.
Und was ich in diesen Gesichten schaue und erfahre, behalte 55 ich lange im Gedächtnis, sodass ich, wenn ich dies Licht sehe und höre, mich erinnere und zugleich sehe, höre, weiß und gleichsam in einem Augenblick, was ich weiß, lerne. Was ich aber nicht schaue, das weiß ich nicht, denn ich hin ungelehrt, man hat mich nur unterwiesen, in aller Einfalt die Buchstaben 60 zu lesen. Und was ich in meiner Vision niederschreibe, das sehe und höre ich. Ich schreibe auch keine anderen Worte als die, welche ich höre, nieder und bringe sie in ungefeilten lateinischen Worten vor, wie ich sie eben in der Vision höre; denn ich lerne in den Gesichten nicht, wie ein Philosoph zu 65 schreiben, auch sind jene Worte nicht wie Worte, die voll Menschenmund ertönen, es ist vielmehr wie eine blitzende Flamme und wie eine Wolke, die sich in reiner Luft bewegt.
Die Gestalt dieses Lichtes vermag ich in keiner Weise zu erkennen, wie ich ja auch nicht voll in die Sonnenscheibe schauen 70 kann. In diesem Lichte sehe ich zuweilen, freilich nicht oft, ein anderes Licht, das mir als „das lebende Licht" bezeichnet wird; wann und wie ich es sehe, kann ich nicht angeben; solange ich es aber schaue, wird jede Traurigkeit und Beängstigung von mir genommen, sodass ich dann wie ein einfältiges Jung- 75 mädchen und nicht wie eine alte Frau bin.
Infolge meiner steten Krankheit, an der ich leide, ist es mir manchmal zuwider, die Worte und die Gesichte, die mir gezeigt werden, vorzubringen; wenn sie aber meine Seele sieht und kostet, dann werde ich, wie ich soeben gesagt, 80 völlig geändert und vergesse allen Schmerz und alle Wirrnis. Und was ich in der Vision sehe und höre, das schöpft meine Seele wie aus einem Quell, doch bleibt er dabei voll und unerschöpft.
Zu keiner Stunde fehlt meiner Seele das Licht, das der Schatten 85 des lebendigen Lichtes heißt. Ich sehe es, als schaute ich das Firmament ohne Sterne in einer lichthellen Wolke, und ich sehe darin auch, was ich oft spreche und denen, die mich fragen, aus dem Glanze des lebenden Lichtes antworte.
In dem Gesichte sah ich auch, dass das erste Buch meiner 90 Visionen „Scivias" (Wisse die Wege) zu nennen sei, weil es einzig auf dem Wege des lebenden Lichtes und nicht aus irgendeiner anderen Lehre geschöpft ist … In der wahren Schau also habe ich das Buch Scivias und die anderen geschrieben, und noch immer bin ich daran am Werke. 95

Hildegard von Bingen, 1098–1179, deutsche Mystikerin

◀ *Vollziehen Sie den Weg der Seele zur Begegnung mit Gott nach und beschreiben Sie genau die Begleitumstände.*

◀ *Erklären Sie, inwiefern Hildegard von Bingen ihre Darstellung von einer philosophischen Darstellung abgrenzt.*

◀ *Nehmen Sie Stellung zu Hildegards Anspruch, ihre Visionen unmittelbar, gleichsam protokollartig wiederzugeben.*

◀ *Vergleichen Sie die mystische Gotteserfahrung Hildegard von Bingens mit den Zugängen zu Gott bei Augustinus (vgl. S. 96), Thomas von Aquin* und Averroës (vgl. S. 98). Stellen Sie Gemeinsamkeiten und Unterschiede heraus, z. B. in einer Mind-Map.*

V. Philosophie in anderen Kulturen

René Magritte, L'art de la conversation, 1950

Konfuzius sprach:
„Sieh, welche Mittel ein Mensch verwendet,
um seine Ziele zu erreichen;
betrachte die Beweggründe, die sein Handeln bestimmen;
prüfe, worin seine Seele Ruhe findet und was ihn bewegt.
Wie kann ein Mensch da noch sein Wesen verbergen?"

Konfuzius, 551–479 v. Chr., chinesischer Philosoph

- Zu welchen philosophischen Problemen nehmen die Philosophen aus den unterschiedlichen Kulturen Stellung? Gibt es Ähnlichkeiten mit philosophischen Gedanken, die Sie bereits kennen gelernt haben? Begründen Sie Ihren Standpunkt.

- Beschreiben Sie die Bilder „L'art de la conversation" und „La légende des siècles" des belgischen Künstlers René Magritte. Ziehen Sie einen Zusammenhang zu den Gedanken der Philosophen.

Zum Weisen spricht man in Sprichwörtern, nicht in Reden.

Weisheit ist nicht wie Geld, das man aufheben und verbergen kann.

Die weise Person sollte Weisheit auf das tägliche Leben anwenden. Dass Weisheit oder Philosophie genutzt werden sollte, um praktische Probleme zu lösen, drückt sich auch in dem Sprichwort aus, das wörtlich übersetzt lautet:

Wenn ein Problem lange Zeit fortdauert, kommt die Weisheit zu ihm.

Kwame Gyekye, afrikanischer Philosoph

- In der afrikanischen Philosophie spielen Sagen und Legenden eine große Rolle. Sie werden in Afrika als „Keim" allen Philosophierens angesehen und auch heute noch als älteste Form philosophischen Nachdenkens von Generation zu Generation überliefert. Worin könnte die „Kunst der Konversation" zwischen den Kulturen und den sie tragenden Philosophien bestehen? Notieren Sie sich Stichworte und ergänzen Sie diese während der laufenden Kursarbeit. Diskutieren Sie am Schluss der Unterrichtseinheit erneut über diese Frage.

Was sind Sagen und Legenden?

Sagen, Legenden und Märchen (vgl. S. 68–71) gehören zu den volkstümlichen Prosaüberlieferungen, die als Prototypen der Dichtung in unterschiedlichen Kulturen erscheinen. Unter einer Sage wird eine Erzählung verstanden, deren Inhalt raum- und
5 zeitgebunden ist und sich auf bestimmte historische oder mythische Gestalten, Ereignisse oder Orte bezieht. Die Sage vermischt sich mit Elementen aus Mythen und Märchen. Auch wenn nicht alle Einzelheiten empirisch nachweisbar sind, zeichnet sich die Sage durch ein hohes Maß an Glaubwürdig-
10 keit für die Hörer und Hörerinnen (in der mündlichen Überlieferung) aus. Das Verständnis des Begriffes „Legende" ist demgegenüber sehr uneinheitlich. Im Mittelpunkt einer Legende steht eine in dem jeweiligen Kulturkreis bedeutende Person, deren Existenz jedoch historisch nicht immer eindeutig nach-
15 weisbar ist. Im christlichen Kulturkreis sind hauptsächlich die Heiligenlegenden bekannt, in denen teilweise zwei Personen zu einer Figur verbunden werden (z. B. bei der Hagiografie[1] des Heiligen Nikolaus). In den unterschiedlichen Kulturen gibt es unterschiedliche Formen der Legendenbildung, die meistens
20 von einem angenommenen historischen Kern ausgehen, der durch unhistorische bzw. fantastische Elemente erweitert wird.

> Der Mensch, das denkende Tier, hat sich zu einem Wesen der Vernunft hinaufentwickelt; aber selbst in seiner größten Hoheit trägt er noch den Stempel seiner ursprünglichen Tierheit.
>
> *Sri Aurobindo, 1872–1950, indischer Philosoph*

> Der Weg, von dem wir sprechen können,
> ist nicht der ewige Weg;
> der Name, den wir nennen können,
> ist nicht der ewige Name.
> Das Namenlose ist der Anfang
> von Himmel und Erde;
> das Namentragende ist die Mutter
> der zehntausend Dinge.
>
> *Laotse, *um 604–520 v. Chr., chinesischer Philosoph*

1 Hagiografie: Beschreibung eines oder einer Heiligen

René Magritte, La légende[1] des siècles, um 1952

1 légende: franz.: Sage (im Unterschied zu légende hagiographique: Legende)

Verschiedene Kulturen – verschiedene Philosophien

Niki de Saint Phalle, Le temple idéal, 1991

▸ Betrachten Sie den dargestellten Tempel, dessen Titel mit „Kirche für alle Religionen" übersetzt wird (franz.: temple: Tempel, Kirche). Analysieren Sie den Zusammenhang zwischen den einzelnen Bildelementen und beachten Sie dabei die verschiedenen Formen des dreigeschossigen Tempels.

▸ Im oberen Teil befinden sich vier goldene Dachaufbauten, die jeweils Symbole der großen Weltreligionen verkörpern. Finden Sie diese Symbole heraus und erklären Sie, für welche Religionen sie stehen.

▸ Im mittleren Teil hat Niki de Saint Phalle andere Symbole verwendet. Überlegen Sie, wofür diese Symbole stehen könnten und ob es eine Verbindung zu den goldenen Dachaufbauten gibt. Sprechen Sie auch darüber, welche Rolle die Farbkomposition spielen könnte.

▸ Versuchen Sie anschließend eine Deutung des Kunstwerks zu geben, indem Sie die Begriffe „Einheit" und „Differenz" verwenden. Interpretieren Sie auch den Titel „Le temple idéal". Was bedeutet hier der Begriff „idéal"?

▸ Übertragen Sie nun die Aussage des Kunstwerks auf die philosophische Tradition: Was wäre für Sie ein idealer „Tempel" für alle Philosophien? Notieren Sie einige Gedanken dazu und entwerfen Sie eine Skizze, wie dieser „Philosophietempel" aussehen könnte. Vergleichen Sie Ihre Ergebnisse anschließend im Kurs.

Multiversum der Kulturen

Heinz Kimmerle war Professor für die Grundlagen der Interkulturellen Philosophie an der Erasmus-Universität Rotterdam. Seine Forschungsschwerpunkte sind afrikanische Philosophie und der Zusammenhang zwischen Philosophie und Kultur.

Unter den Bedingungen eines Denkens, das die Prämissen der Aufklärungsphilosophie, insbesondere die umfassende Verwendung des Fortschrittsbegriffs, nicht mehr anerkennt, ist der Begriff „Kultur" neu zu bestimmen. Es muss als vermessen erscheinen, die eigene Kultur als Nonplusultra der Entwicklung insgesamt aufzufassen. Anstatt von einem Universum auszugehen, das von vornherein alle Kulturen umfasst und in der europäisch-westlichen Welt seinen Höhepunkt und Mittelpunkt hat, möchte ich den Gedanken eines Multiversums der Kulturen einführen, durch den die Vielfalt der Kulturen mit ihren politischen, wirtschaftlichen, gedanklichen und religiösen Strukturen betont wird. Den Ausdruck „Multiversum" übernehme ich von Ernst Bloch*, der ihn zuerst 1956 in seinem Vortrag über *Differenzierungen im Begriff Fortschritt* gebraucht hat. Dabei ist bemerkenswert, dass dieser Ausdruck bei Bloch nicht nur eine geografische, sondern auch eine zeitliche Dimension hat. Bei der Neubestimmung des Kulturbegriffs möchte ich jede hierarchische und prinzipiell auf ständige Höherentwicklung angelegte Auffassung von Kultur als Ganzem vermeiden. In ihrem allgemeinsten und grundlegenden Sinn möchte ich unter „Kultur" verstehen: die Bemühung einer Gruppe von Menschen, eine bestimmte Lebensform so zu gestalten, dass sie inmitten anderer Kulturen und inmitten der Natur auf die Dauer Bestand haben kann. Dazu gehört wesentlich die Anerkennung der anderen innerhalb der eigenen Kultur, aber auch der anderen Kulturen und der zugehörigen natürlichen Lebensräume in ihren eigenen Rechten. Fortschritte und Höherentwicklungen sollen damit nicht ausgeschlossen sein, aber sie sind in ihren jeweiligen Bereichen konkret zu bestimmen und in ihren positiven sowie möglichen negativen Aspekten zu erfassen. Grundsätzlich neige ich dazu, Fortschritte am ehesten im wissenschaftlich-technologischen Bereich anzunehmen und weniger im Bereich der eigentlich menschlichen Fragen, wie es in der Formulierung Theodor W. Adornos zum Ausdruck kommt: Kein universalgeschichtlicher Fortschritt „führt vom Wilden zur Humanität, sehr wohl einer von der Steinschleuder zur Megabombe". Von dieser Begriffsbestimmung aus kann man sagen, dass alle Kulturen, die heute noch bestehen, gleich alt sind, weil sie sich von den Anfängen der Menschheit an bis heute unter den genannten Bedingungen im Sein erhalten haben. Dass sie gleich alt sind, bedeutet dann zugleich, dass sie jeweils auf ihre Weise die Aufgabe einer Kultur erfüllt haben und insofern gleichberechtigt sind. Im Multiversum der Kulturen kann die eine von der anderen nur etwas übernehmen, sofern beide – oder auch mehrere – von sich aus damit übereinstimmen.

Heinz Kimmerle, *1930, deutscher Professor für Interkulturelle Philosophie

▸ Was bezeichnet Kimmerle als „Multiversum der Kulturen" und weshalb will er den Begriff „Universum" dadurch ersetzen? Stimmen Sie seiner Definition zu oder würden Sie die „Vielfalt der Kulturen" (Z. 10) anders beschreiben?

▸ Warum tendieren viele Menschen dazu, die eigene Kultur als das „Nonplusultra" (Z. 5) zu bezeichnen?

Ein gemeinsamer Weg des Denkens?

[Grundsätzlich soll ...] als Philosophie jede Deutung der Welt und des menschlichen Lebens gelten [...], die mit dem Anspruch auf rationale Begründbarkeit unternommen wird. Rationale Begründbarkeit steht dabei nicht in erster Linie und vor allem nicht ausschließlich für logische Konsistenz[1] oder argumentative Richtigkeit, [...] sondern für einen Denkzusammenhang, der sich in jeder Hinsicht nur der eigenen Mittel des Denkens bedient. Dass ausdrücklich von einem Anspruch auf rationale Begründbarkeit die Rede ist, soll heißen, dass der Philosophierende sich den spezifischen Mitteln des Denkens verpflichtet weiß, aber nicht, dass er davon ausgeht, mit diesen Mitteln jederzeit zu umfassenden Deutungen der Welt und des menschlichen Lebens gelangen zu können. Jener Anspruch und diese Verpflichtung bedeuten [...], dass der Philosophierende den „Weg des Denkens" [...] in seinen prinzipiellen Möglichkeiten und Begrenzungen zu reflektieren hat. Dabei ist es charakteristisch, dass die Begrenzungen für den „Weg des Denkens" häufig genug [...] durch Aporien (Ausweglosigkeiten) markiert werden. Wenn wir dieses Philosophieverständnis voraussetzen, ist es nicht verwunderlich, dass philosophische Denkzusammenhänge auch in mythischen oder religiösen Erzählungen und literarischen Texten anzutreffen sind.

1 Konsistenz: hier: Widerspruchslosigkeit

Heinz Kimmerle, *1930, deutscher Professor für Interkulturelle Philosophie

▸ Wie beurteilen Sie Kimmerles Definition von Philosophie (vgl. Kap. I)? Was verstehen Sie unter einem „Weg des Denkens" (Z. 15)? Erläutern Sie dies anhand der Zitate auf S. 104/105.

Die Gedankentiefe erfassen

Die Methode des Vergleichens philosophischer Inhalte und Traditionen bedeutet ein äußeres Herangehen. Das kann den verschiedenen Inhalten dieser Philosophien nicht gerecht werden. Die Inhalte werden unvermeidlicherweise aufeinander einwirken, wenn sie nebeneinander gestellt werden. Deshalb ist für die interkulturelle Philosophie die Methode – oder besser: der Weg – von Dialogen zu bevorzugen ...
Eine ausführliche und gründliche Untersuchung zur vergleichenden oder komparativen Philosophie, die auch die methodischen Fragen angeht, hat der belgische Sinologe und Philosoph Ulrich Libbrecht vorgelegt. [...] Er möchte, ausgehend von chinesischer, indischer und westlicher Philosophie, die grundsätzlichen Wege und Möglichkeiten des Philosophierens formal erfassen. Es handelt sich dabei nicht um ein passives Vergleichen, [...] sondern um ein Durchdringen zu den Tiefenstrukturen, die auf charakteristische Weise unterschieden sind und doch zusammengehören.

Heinz Kimmerle, *1930, deutscher Professor für Interkulturelle Philosophie

▸ Schauen Sie sich noch einmal das Bild „Das Tor zur Tiefe" auf S. 77 an. Lesen Sie anschließend erneut die Gedanken der Philosophen auf S. 104/105 und versuchen Sie, zur „Tiefe" (bzw. zum Kern) ihrer Überlegungen vorzudringen. Überlegen Sie, ob Sie hier etwas finden, was Sie bei anderen Philosophinnen und Philosophen nicht entdeckt haben.

Chinesische Philosophie

DIE EINHEIT

VOR LANGER ZEIT ERLANGTEN VIELE WESEN DIE EINHEIT:
DANK DER EINHEIT IST DER HIMMEL KLAR;
DANK DER EINHEIT IST DIE ERDE FEST;
DANK DER EINHEIT SIND DIE GÖTTER MÄCHTIG;
DANK DER EINHEIT IST DAS TAL FRUCHTBAR;
DANK DER EINHEIT SIND KÖNIGE UND FÜRSTEN
DAS VORBILD DER WELT.
DAS ALLES GESCHIEHT DURCH DIE TUGEND DER EINHEIT.
OHNE DAS, WAS DEN HIMMEL KLAR MACHT,
WÜRDE ER BERSTEN;
OHNE DAS, WAS DIE ERDE FEST MACHT,
WÜRDE SIE UNTERGEHEN;
OHNE DAS, WAS DIE GÖTTER MÄCHTIG MACHT,
WÜRDEN SIE SICH ERSCHÖPFEN;
OHNE DAS, WAS DAS TAL FRUCHTBAR MACHT,
WÜRDE ES AUSTROCKNEN;
OHNE DAS, WAS DIE ZEHNTAUSEND DINGE LEBENDIG
MACHT, WÜRDEN SIE ZUGRUNDE GEHEN;
OHNE DAS, WAS KÖNIGE UND FÜRSTEN ZUM VORBILD
DER WELT MACHT, WÜRDEN SIE STÜRZEN.

Laotse, *um 604–520 v. Chr., chinesischer Philosoph

◖ *Was versteht Laotse unter dem Begriff der Einheit?*

Die Vernunft ist eine ganzheitliche Schau

In dem folgenden Text beschreibt Lily Abegg den Zusammenhang zwischen der Lebensweise und der Weltanschauung in Ostasien.

Die ostasiatische Weltanschauung besteht – nach unsern Begriffen – zugleich aus Philosophie und Religion. Der mystische[1] Kreisdenker kann diese beiden Dinge nicht unterscheiden; sein ganzheitliches und organisches Denken bewirkt, dass alle
5 Dualismen[2] in unserem Sinne für ihn nur etwas Sekundäres bedeuten können. Aus diesem Grunde sprechen wir auch zuerst vom Weltbild und dann erst von den einzelnen Religionen. Die Weltanschauung ist in Ostasien das Elementarere, Wichtigere; die Religionen selbst sind stark von ihr beeinflusst.
10 Der Chinese sagt: „Es gibt drei Religionen, aber nur eine Vernunft." (Gemeint sind der Taoismus*, der Konfuzianismus* und der Buddhismus*.) Unter Vernunft darf hier nichts Verstandesmäßiges begriffen werden, auch nicht die Vernunft im hegelschen* Sinne, sondern einzig und allein der ganzheit-
15 liche und mystische Begriff der Vernunft, welcher in diesem Zusammenhang mit Wahrheit oder Erkenntnis gleichgesetzt werden kann. Die chinesische Redensart will nicht nur betonen, dass es nur eine Vernunft im Gegensatz zu *mehreren* Religionen gibt, sondern sie will auch ausdrücken, dass diese
20 eine Vernunft *über* den Religionen steht. Diese Vernunft, Produkt der ganzheitlichen, höchsten Schau, ist es, die das ostasiatische Weltbild geschaffen hat. Die grundlegende ostasiatische Weltanschauung hat die Religionen überhaupt nur geduldet, sofern sie sich ihr anpassten.

1 Mystik: religiöse Versenkung mit dem Ziel der Vereinigung mit Gott
2 Dualismus: Lehre, nach der es nur zwei voneinander unabhängige ursprüngliche Prinzipien im Weltgeschehen gibt (z. B. Gott–Welt).

Lily Abegg, schweizerische Journalistin

◖ *Lesen Sie nun noch einmal den Text von Laotse über „Die Einheit". Überlegen Sie, ob sich Ihr Verständnis dieses Textes nach dem Lesen des Textes „Die Vernunft ist eine ganzheitliche Schau" geändert hat und wenn ja, warum.*

◖ *Worin besteht der Zusammenhang zwischen dem ostasiatischen Lebensgefühl und der Philosophie?*

◖ *Gibt es Ihrer Meinung nach auch eine Art „europäisches Lebensgefühl", das Einfluss auf die europäische Philosophie genommen hat? Suchen Sie nach Beispielen und begründen Sie Ihre Meinung.*

Das Tao als Urprinzip allen Seins

Laotse machte das Tao zum Hauptgegenstand seines philosophischen Denkens. Der Begriff Tao lässt sich schwer übersetzen; er bedeutet so viel wie Weg, höchstes Wesen, Urgrund des Seins, aber auch Weltgesetz oder Einheitsgesetz, Vernunft und ist teilweise mit dem griechischen Logosbegriff vergleichbar (vgl. S. 16/17). Das chinesische Schriftzeichen für Tao setzt sich aus einem Kopf und einem Fuß zusammen – ein Symbol für „Denken" und „Gehen". Die philosophische Richtung, in der das Tao für Beständigkeit und Bewegung in der Natur zugleich angenommen wird, heißt Taoismus.

DIE GRÖSSTE TUGEND IST ES, DEM WEG ZU FOLGEN UND NUR DIESEM WEG.

DAS, WAS WEG GENANNT WIRD, IST UNFASSBAR UND
UNVORSTELLBAR. UNVORSTELLBAR UND
UNFASSBAR, UND DOCH IST IN IHM EIN BILD;
UNFASSBAR UND UNVORSTELLBAR,
UND DOCH IST IN IHM EIN WESEN;
UNERGRÜNDLICH UND DUNKEL UND DOCH IST
IN IHM EIN GEIST. SEIN GEIST IST DIE WIRKLICHKEIT
UND DARIN LIEGT VERTRAUEN. VOM ANFANG DER ZEIT
BIS HEUTE WURDE SEIN NAME NICHT VERGESSEN,
WEIL ER DEN ANFANG ALLER DINGE BEWIRKT. [...]

WEIL DAS ALLES SO IST, UMFASST DER WEISE DIE
EINHEIT UND IST EIN VORBILD FÜR DIE WELT. WEIL
ER SICH NICHT HERVORTUT, WIRD ER ANERKANNT;
WEIL ER SICH SELBST NICHT RECHT GIBT, WIRD
ER GEEHRT; WEIL ER SICH SEINER VERDIENSTE NICHT
RÜHMT, KOMMEN IHM VERDIENSTE ZU; WEIL ER
NICHT PRAHLT, WIRD ER LANGE HOCH GEACHTET.

Laotse, *um 604–520 v. Chr., chinesischer Philosoph

◖ *Wie charakterisiert Laotse den Weg? Welchen Gedanken können Sie zustimmen und welche würden Sie ablehnen? Begründen Sie Ihre Meinung.*

◖ *Welche Rolle spielt der Weise (Philosoph) in Bezug auf das Tao?*

Sich selbst überwinden

Der zweite berühmte chinesische Philosoph war Konfuzius, die latinisierte Form von Kong-fu-zi (zi: Meister). Er begründete eine Philosophenschule (vgl. S. 90/91), hat jedoch ebenso wie Sokrates* keine schriftlichen Aufzeichnungen hinterlassen. Seine Schüler haben seine Gedanken in dem „Lun-yu" (Gespräche) zusammengefasst.

Yan Hui wollte wissen,
was sittliches Verhalten sei.

Konfuzius antwortete ihm:
„Sich selbst überwinden, die eigenen Wünsche und Begierden bezwingen, sich von Anstand, Höflichkeit und guten Sitten leiten lassen, das ist sittliches Verhalten. Wer nur einen Tag so handelt, wird schon von allen ob seines guten Verhaltens gelobt. Es hängt von uns selbst ab, das Rechte zu tun. Oder muss man sich dabei etwa auf andere verlassen?"
Yan Hui bat um eine Erläuterung.
Da sprach Konfuzius:
„Was sittenwidrig ist, darauf schaue nicht und das höre nicht; so etwas sage weder, noch tue es."
Yan Hui erwiderte: „Obwohl ich etwas unbeholfen bin, werde ich mich bemühen, nach Euren Worten zu handeln."

Konfuzius sprach:
„Reichtum und Ansehen – das wünschen sich die Menschen. Kann man jedoch nicht auf anständige Weise dazu gelangen, dann soll man sich weder um das eine noch um das andere bemühen. Armut und niedere Stellung – das mögen die Menschen nicht. Ist es nicht auf anständige Weise zu schaffen, dann sollte man dieser Situation nicht zu entweichen suchen. Entfernt sich der Edle von den Normen korrekten, sittlichen Verhaltens – wie verdient er dann noch diesen Namen? Er verletzt sie nicht einmal für die Dauer einer Mahlzeit. Er steht zu ihnen, was auch kommen mag."

Konfuzius, 551–479 v. Chr., chinesischer Philosoph

▸ *Welchen sittlichen Ratschlägen des Konfuzius würden Sie auch heute noch folgen wollen, welche würden Sie ablehnen? Begründen Sie Ihre Entscheidung. Formulieren Sie zu den Ratschlägen, die Sie ablehnen, schriftlich eine Gegenposition.*

Hegel: Konfuzius ist kein Philosoph

Georg W. F. Hegel hat sich in seinen „Vorlesungen über die Geschichte der Philosophie" erstmals 1807 in Jena auch mit der Bedeutung der chinesischen Philosophie auseinander gesetzt.

Das erste bei den Chinesen zu Bemerkende ist die Lehre des Kon-fut-see, 500 Jahre vor Christi Geburt. Zu Leibnizen* Zeit hat die Philosophie des Konfuzius großes Aufsehen gemacht. Das ist Moralphilosophie. Seine Bücher sind bei den Chinesen die geehrtesten. Er hat Grundwerke, besonders geschichtliche, kommentiert. Seine anderen Arbeiten betreffen die Philosophie, es sind ebenfalls Kommentare zu älteren traditionellen Werken. Seine Ausbildung der Moral hat ihn indessen am berühmtesten gemacht; sie ist Autorität bei den Chinesen. Seine Lebensschreibung ist durch französische Missionare aus den chinesischen Originalwerken übersetzt. Hiernach hat er mit Thales* ungefähr gleichzeitig gelebt. Er war eine Zeit lang Minister, ist dann in Ungnade gefallen, hat sein Amt verloren und unter seinen Freunden philosophierend gelebt, ist aber noch oft um Rat gefragt worden. Wir haben Unterredungen von Konfuzius und seinen Schülern, es ist populare Moral darin; diese findet sich allenthalben, in jedem Volke, und besser, es ist nichts Ausgezeichnetes. Konfuzius ist praktischer Weltweise, spekulative Philosophie findet sich durchaus nicht bei ihm – nur gute, tüchtige, moralische Lehren, worin wir aber nichts Besonderes gewinnen können.

Georg W. F. Hegel, 1770–1831, deutscher Philosoph

Philosophie im Alten China

Was ich chinesische „Philosophie" nenne, nimmt seinen Beginn zeitgleich mit der Philosophie der Griechen in der Epoche, die Jaspers* mit sehr viel Recht die „Achsenzeit" der antiken Hochkulturen genannt hat. Hintergrund ist eine tief greifende politische, soziale und geistige Krise der alten chinesischen Gesellschaft, die das konventionelle Ethos[1] und die herkömmliche, an der Religion des „Himmels" orientierte Weltdeutung erschüttert. Die Grundrichtungen der chinesischen Philosophie (sic) haben ihren Ursprung in den Diagnosen und Therapien, die gesucht werden, um die Welt aus den „Fluten" [...] zu retten. Es beginnt eine allgemeine Suche nach „Normen und Standards", da alle konventionellen Autoritäten [...] als Orientierung versagt haben. So spielen die Daoisten[2] die Natur gegen das in die Welt eingebrochene Künstliche aus. [...] Die Konfuzianer schließlich wenden umgekehrt die Moral gegen das um sich greifende instrumentelle Denken. Alle diese Denkrichtungen stehen in einem kritischen, reflektierten Verhältnis zum gescheiterten tradierten Ethos.

1 Ethos: moralische Gesamthaltung
2 Daoismus: Weltanschauung, die auf Gleichmut, dem Rückzug vom Weltgetriebe und der Ablehnung von Wertvorstellungen basiert, die nur relativ sind

Heiner Roetz, *1950, deutscher Sinologe

▸ *Kommt die von Heiner Roetz formulierte Charakteristik der chinesischen Philosophie in den ausgewählten Gedanken von Laotse und Konfuzius zum Ausdruck? Warum bzw. warum nicht? Vgl. S. 14/15.*

Buddhistische Philosophie

Welches ist das rechte Verhalten?

Das folgende Märchen stammt aus der Dschatakasammlung, die mehr als 500 buddhistische* Märchen enthält. Sie wurden nach dem folgenden Muster gestaltet: Buddha* erzählt selbst eine Rahmenhandlung, die in der Gegenwart spielt. Ein Mönch oder ein Laienbruder hat ihren Sinn nicht richtig verstanden und deshalb versucht der Buddha durch die eigentliche Geschichte auf bestimmte Verhaltensmaximen[1] aufmerksam zu machen.

1 Maxime: Hauptgrundsatz, Leitsatz, subjektiver Vorsatz für das eigene sittliche Handeln; Lebensregel

Das Folgende erzählte der Meister, als er im Dschetawana weilte, in Bezug auf einen gläubigen Laienbruder. […] Eines Tages wollte er zum Dschetawana gehen. Des Abends kam er an das Ufer der Atschirawati. Der Fährmann hatte aber das Schiff ans Ufer gezogen und war fortgegangen, die Predigt zu hören. Da er nun an der Überfahrt kein Schiff erblickte, versetzte er sich in die Freudigkeit, die durch das Gedenken an den Buddha entsteht, und stieg in den Fluss. Aber seine Füße sanken nicht im Wasser unter. Er schritt dahin wie auf trockenem Lande. Als er bis zur Mitte gelangt war, sah er die Wellen. Da wurde die Freudigkeit, die durch das Gedenken an den Buddha entsteht, schwach in ihm, und seine Füße fingen an einzusinken. Nachdem er aber die Freudigkeit, die durch das Gedenken an den Buddha entsteht, wieder gefestigt hatte, schritt er wieder über die Wasserfläche dahin. So gelangte er in das Schetawana, begrüßte den Meister und setzte sich zur Seite nieder. Nachdem der Meister ihn freundlich begrüßt hatte, fragte er ihn: „Laienbruder, bist du auch ohne besondere Fährlichkeiten hergekommen?" „Ehrwürdiger", antwortete er, „ich versetzte mich in die Freudigkeit, die durch das Gedenken an den Buddha entsteht, und fand daher auf der Wasserfläche festen Grund. So bin ich hierher gekommen, als ob ich auf der Erde wandelte." „Nicht nur du, o Laienbruder, hast durch die Erinnerung an die Vorzüge des Buddha festen Grund gefunden, auch früher haben Laienbrüder inmitten des Meeres, als ihr Schiff gescheitert war, in Erinnerung an die Vorzüge des Buddha festen Grund gefunden." Und auf seine Bitte erzählte dann der Meister die Geschichte aus der Vergangenheit:

Einstmals […] bestieg ein erlesener Schüler […] zusammen mit einem Barbier, der Familienvater war, ein Schiff. Die Barbiersfrau empfahl den Barbier der Obhut des Laienbruders mit den Worten: „Herr, lass sein Wohl und Wehe deine Sorge sein!" Das Schiff erlitt aber am siebenten Tage mitten auf dem Meer Schiffbruch. Die beiden erreichten, auf einer Planke treibend, eine kleine Insel. Der Barbier erlegte dort Vögel, kochte sie und bot, als er bei der Mahlzeit war, auch dem Laienbruder davon an. Der Laienbruder dankte dafür und aß nicht. Er dachte: „Außer den drei Zufluchten bleibt uns an diesem Ort kein anderer Halt", und er gedachte der Vorzüge der drei Kleinodien. Und während er immer wieder daran dachte, verwandelte der Nagakönig, der auf jener Insel wiedergeboren war, seinen Körper durch Zaubermacht in ein großes Schiff. […] Dann stellte sich die Meergottheit auf das Schiff und rief laut: „Wer will mit nach Indien fahren?" Der Laienbruder antwortete: „Wir wollen mit." „So komm und steige auf das Schiff!" Nachdem er auf das Schiff gestiegen war, rief er den Barbier. Da sagte die Meergottheit: „Nur du hast Erlaubnis, jener nicht." „Warum?" „Jener führt keinen tugendhaften Wandel, das ist der Grund. Für dich habe ich das Schiff hergebracht, nicht für jenen." „Das mag sein, ich schenke ihm aber das Verdienst von den Gaben, die ich gegeben, von der Frömmigkeit, die ich betätigt, von den Übungen, die ich getrieben habe, mich selbst zu erziehen." „Ich danke dir, Herr", sagte der Barbier. „Nun kann ich ihn aufnehmen", sagte die Gottheit und ließ auch ihn einsteigen. Sie brachte die beiden über das Meer, ging dann flussaufwärts nach Benares und legte durch die Zauberkraft die Schätze in dem Hause der beiden nieder. „Man muss Gemeinschaft mit Weisen halten", sagte sie, „denn wenn dieser Barbier nicht Gemeinschaft mit diesem Laienbruder gehabt hätte, so wäre er mitten im Meere umgekommen." […] Nachdem die Meergottheit so, in der Luft stehend, gepredigt und ermahnt hatte, ging sie mit dem Nagakönig in ihren Palast.

Nachdem der Meister diese Unterweisung über das rechte Verhalten erteilt und die Wahrheiten verkündet hatte, verknüpfte er das Dschataka: (Als die Verkündigung der Wahrheiten beendet war, erlangte der Laienbruder die Frucht des Grades derer, die nur einmal wiederkehren.) „Damals ging der Laienbruder, der den Grad der in den Strom Gelangten innehatte, in das vollkommene Nirwana* ein, der Nagakönig war Sariputta, die Meergottheit aber war ich."

Buddhistisches Märchen

> Fassen Sie mit eigenen Worten zusammen, welches Verhalten der Meister für wünschenswert hält.

Die Ursachen des Leidens

> Halten Sie ein Referat über Siddharta Gautama, den Begründer des Buddhismus.

Buddha, eigentlich Siddharta Gautama, gilt als der Begründer des Buddhismus. Seine Philosophie geht davon aus, Begierden und Leidenschaften zu überwinden. Als Weg dorthin wird der so genannte „achtgliedrige Pfad" gelehrt – eine Aufzählung allgemeiner moralisch-religiöser Gebote, die in der „Predigt von Benares" zusammengefasst worden sind. Nach dem achtgliedrigen Pfad folgt die Darlegung der so genannten „vier edlen Wahrheiten". Im Folgenden lesen Sie einen Auszug daraus.

Dies ist ferner, ihr Mönche, die edle Wahrheit vom Leiden. Geburt ist Leiden, Alter ist Leiden, Krankheit ist Leiden, Tod ist Leiden, mit Unliebem vereint zu sein ist Leiden, von Liebem getrennt zu sein ist Leiden, wenn man etwas wünscht und es nicht erlangt, auch das ist Leiden, kurz die fünf Gruppen[1] des Ergreifens sind Leiden.

Dies ist ferner, ihr Mönche, die edle Wahrheit von der Entstehung des Leidens. Es ist der Durst, der zur Wiedergeburt führt, der von Wohlgefallen und Begierde begleitet da und dort Gefallen findet, nämlich der Begierdedurst, der Werdedurst, der Vernichtungsdurst.

Dies ist ferner, ihr Mönche, die edle Wahrheit von der Aufhebung des Leidens. Es ist die Aufhebung des Durstes durch völlige Begierdelosigkeit, das Aufgeben, Ablehnen, Sich-frei-Machen und Nicht-daran-Haften.

Dies ist ferner, ihr Mönche, die edle Wahrheit von dem zur Aufhebung des Leidens führenden Weg. Es ist der edle achtgliedrige Weg, nämlich rechte Ansicht, rechtes Denken, rechtes Reden, rechtes Handeln, rechtes Leben, rechtes Streben, rechte Wachsamkeit und rechte Sammlung.

Dies ist die edle Wahrheit vom Leiden, dies ist die edle Wahrheit von der Entstehung des Leidens, dies ist die edle Wahrheit von der Aufhebung des Leidens, dies ist die edle Wahrheit von dem zur Aufhebung des Leidens führenden Weg: So ging mir, ihr Mönche, über diese früher nicht vernommenen Dinge der Blick auf, ging mir das Verständnis, die Einsicht, das Wissen, das Schauen auf. Das Leiden, diese edle Wahrheit, muss erkannt werden; die Entstehung des Leidens, diese edle Wahrheit, muss vermieden werden; die Aufhebung des Leidens, diese edle Wahrheit, muss verwirklicht werden; der zur Aufhebung des Leidens führende Weg, diese heilige Wahrheit, muss geübt werden.

1 Die fünf Gruppen, auf die sich der Daseinsdurst richtet, sind: Körperlichkeit, Empfindung, Bewusstsein, Gestaltungen und Erkennen.

Buddhistische Überlieferung

- *Welche Einschätzung des Leidens gibt Buddha?*
- *Schreiben Sie einen philosophischen Essay über das Leiden (vgl. S. 88/89).*
- *Wie beurteilen Sie die völlige Begierdelosigkeit (Z. 14)? Lässt sich diese auch auf die heutige Zeit übertragen? Begründen Sie Ihre Meinung.*
- *Weitere Informationen über Buddha und den Buddhismus finden Sie in folgendem Buch: Religion, Religionskritik, Weltethos, Cornelsen, Berlin 2002, S. 28–31.*

Wir brauchen eine geläuterte Seele

Der Philosoph Karl Jaspers hat in seinem Buch „Die großen Philosophen" vor allem das Denken der chinesischen und indischen Philosophie gewürdigt.

Buddhas Lehre meint Befreiung durch Einsicht. Das rechte Wissen ist als solches schon Erlösung. Aber die Herkunft und die Methode dieses erlösenden Wissens entspricht gar nicht dem uns gewohnten Begriff vom Wissen. Es wird nicht durch logische Gedankengänge und Sinnenanschauung bewiesen, sondern steht in Bezug auf die Erfahrung in den Bewusstseinsverwandlungen und Meditationsstufen. Diese Meditation brachte Buddha die Erleuchtung unter dem Feigenbaum. Nur aufgrund der meditativen Versenkung konnte er seine Lehre finden, die er dann mitteilte. Buddha, wie alle indischen Yogins, wusste sich in den Meditationszuständen mit Wesen und Welten transzendenter Herkunft in Verbindung. In diesen Zuständen sah er „mit dem göttlichen, hellsichtigen, übersinnlichen Auge".

Wissenschaft und philosophische Spekulation bleiben innerhalb der uns gegebenen Bewusstseinsform. Diese indische Philosophie aber nimmt gleichsam dieses Bewusstsein selbst in die Hand, überschreitet es durch Meditationsübungen in höhere Formen. Das Bewusstsein wird eine veränderliche Größe in der Bearbeitung durch die Versenkungsoperationen. Mit ihnen soll auch das rationale Denken nebst der Bindung an Raum und Zeit – eine bloße Bewusstseinsstufe – überschritten werden durch die transzendierende Bewusstseinserfahrung einer aufsteigenden Reihe des Überbewusstseins.

Die Antwort auf die Grundfragen des Daseins ist zu finden aus jenen tieferen Quellen, die den verstandesmäßigen Aussagen erst Sinn und Recht geben. Daher ist, was Buddha offenbaren will, verloren in den schnell sagbaren und in der Abstraktheit schnell denkbaren Sätzen der Lehre. „Tief ist diese Lehre, schwer zu schauen, schwer zu verstehen, friedevoll, herrlich, bloßem Nachdenken unfassbar, fein, nur dem Weisen erlernbar."

Für diese Einsicht ist nun aber weiter die Wahrheit sowohl des philosophischen Denkens im normalen Bewusstsein wie der Erfahrung in der Meditation gebunden an eine Reinigung des ganzen Lebens im sittlichen Tun. Die Falschheit wird nicht überwunden allein durch Denkakte und nicht durch Technik der Bewusstseinsverwandlung, sondern beide gelingen nur auf dem Boden einer geläuterten Seele.

Karl Jaspers, 1883–1969, deutscher Philosoph

Buddha in Ayuthaya, Thailand, ca. 1970–1995

- *Was bedeutet für Sie der Ausdruck „Befreiung durch Einsicht"? Geben Sie einige Beispiele dafür.*
- *Wie würden Sie eine „geläuterte Seele" beschreiben? Schreiben Sie einen kurzen Essay darüber.*
- *Halten Sie ein Referat zu den wichtigsten philosophischen Einsichten Buddhas einschließlich seiner Meditationstechnik. Zur Vorbereitung können Sie lesen in: Karl Jaspers, Die großen Philosophen, Piper, München, 1997, S. 127–154.*

Afrikanische Philosophie

Auch in Afrika gibt es philosophische Weltdeutungen, die jedoch im Gegensatz zur asiatischen Philosophie in der Regel nur mündlich überliefert und deshalb nicht als Philosophie anerkannt wurden. Erst durch die interkulturellen Forschungen innerhalb der Philosophiegeschichte der letzten beiden Jahrzehnte ist es gelungen, viele philosophische Weisheitsmaximen und Texte über die Entstehung des Menschen und der Welt aufzuschreiben und zu systematisieren. Die folgende Legende entstand im 13. Jahrhundert im Kongo. Die Bezeichnung Manikongo bedeutet Herrscher oder König.

▸ Schauen Sie sich noch einmal das Bild „La légende des siècles" auf S. 105 an und lesen Sie dann den folgenden Text.

Schwarze und Weiße

Es ist schon lange her, da hatte der Maniputa zwei Söhne. Der eine hieß Manikongo, der andere Songa. Eines Morgens, gleich nach dem ersten Hahnenschrei, gebot ihnen ihr Vater, im nahe gelegenen See zu baden.

Songa ging als Erster ins Wasser und bemerkte mit Erstaunen, dass seine Haut, während er hineintauchte, weiß wurde. Manikongo holte seinen Bruder bald ein, badete ebenfalls, aber seine Haut blieb dunkel.

Nun kehrten sie zur Hütte ihres Vaters zurück, der auf dem Fußboden verschiedene Gegenstände ausgebreitet hatte und sie aufforderte, jeder möge das auswählen, was ihm am besten gefalle. Songa nahm Papier, Schreibfedern, ein Fernrohr, Gewehr und Schießpulver. Manikongo dagegen bevorzugte Kupferarmbänder, Eisensäbel, Bogen und Pfeile.

Nachdem sie ihre Wahl getroffen hatten, konnten sie nicht mehr zusammen im Innern Afrikas leben, und so beschloss Maniputa, nachdem einige Zeit vergangen war, dass die Brüder sich trennen sollten.

Sie gingen fort und wanderten lange, lange Zeit. Eines Tages erreichten sie das Meer. Songa überquerte den Ozean. Er wurde der Vater der Weißen. Manikongo blieb und wurde der Vater der Menschen mit dunkler Haut.

Afrikanische Legende

Was ist Weisheitsphilosophie?

Peris Njuhi Muthoni ist 70 Jahre alt und lebt in Kenia. Sie hat keine Kinder und nahm Unterricht bei einem Medizinmann, bei dem sie die Zusammenhänge des Lebens kennen lernte. In ihrem Dorf gilt sie als „wissende Frau", die europäische Bezeichnung Philosophie kennt sie nicht.

Gott – Freiheit – Gleichwertigkeit

Gott (Ngai) ist eine unsichtbare Kraft. Er ist eine Kraft, die die Welt bewegt. Diese Kraft wird Roho (Geist) genannt. Es gibt nur einen Roho für alle Menschen, der sich uns durch den Glauben offenbart (witikio). Gerade die traditionelle Kikuyu-Gesellschaft glaubt an diesen Gott, der auf dem Kirinyaga wohnt. […]

Sprachbarrieren sorgen dafür, dass Gott von unterschiedlichen Leuten unterschiedlich wahrgenommen wird. Gott selbst zeigt sich uns in nur einer Weise. Aber jeder von uns sieht und interpretiert ihn in seiner eigenen Weise. Das liegt an der Bedeutsamkeit der Sprachen. […]

Freiheit ist ein Gedanke. Sie existiert nur im Bewusstsein einer Person. Das ist so, weil das Bewusstsein ein persönliches Eigentum ist. Und in der Tat, der einzige Ort, wo jemand frei ist, ist sein Bewusstsein. Das Bewusstsein erlaubt, über alles nachzudenken, unabhängig davon, ob die physischen Bedingungen die jeweilige Person unterdrücken sollten. Aber Freiheit oder nicht Freiheit, wir müssen Zwang ablehnen. Es ist die Pflicht einer jeden Person, jeden Zwang gegenüber anderen abzulehnen.

Für alle sind die Menschen gleich. In unserer Kultur werden ein Mann und eine Frau nicht gleich behandelt. Aber das heißt nicht, dass sie ungleichwertig sind. Es handelt sich lediglich um eine Pflichtenteilung. Ein Mann sorgt für alles im Haus, einschließlich der Frau; er ist der „Kopf" des Haushaltes. Die Frau sorgt für Haus und Hof als Vertreterin des Mannes. Das ist alles eine Verteilung der Verantwortung.

*Peris Njuhi Muthoni, *1932, aus Kenia*

▸ Wie bewerten Sie die Auffassung Muthonis über Gott, Freiheit und der Arbeitsteilung zwischen Mann und Frau? Gibt es Gemeinsamkeiten mit anderen philosophischen Auffassungen, die Sie kennen? Begründen Sie Ihren Standpunkt.

René Magritte, La race blanche, 1967

▸ Betrachten Sie das Bild und analysieren Sie die Komposition der Bildelemente. Überlegen Sie, ob es einen Zusammenhang zwischen der Aussage der Legende und der Aussage des Bildes gibt. Beachten Sie auch die farbliche Gestaltung des Bildes.

Gibt es zwei Arten von Weisheit?

Weisheitsphilosophie besteht aus formulierten Gedanken weiser Männer und Frauen einer beliebigen Gesellschaft und ist eine Art, die Welt zu denken und zu erklären, die ständig zwischen Volksweisheit (in der jeweiligen Dorfgemeinschaft
5 allgemein bekannte Maxime, Aphorismen und Wahrheiten des Alltagsdenkens) und didaktischer Weisheit (eine herausgehobene Weisheit und ein rationales Denken einiger Individuen innerhalb einer Gesellschaft) hin- und herschwankt. Während die Volksweisheit oft konformistisch ist, ist die didaktische
10 Weisheit bisweilen kritisch gegenüber geltenden Normen und der Volksweisheit. Die Gedanken können dabei schriftliche oder mündliche Äußerungen und Argumente von Einzelpersonen sein.
Im traditionellen Afrika bleibt das meiste von dem, was als
15 Weisheitsphilosophie gelten kann, aus Gründen, die jedermann verständlich sein müssten, ungeschrieben. In Kenia ging es darum, nach Weisheitsphilosophie von Personen zu suchen, die so tief wie nur möglich in der traditionellen afrikanischen Kultur verwurzelt sind. Einige dieser Personen mögen teilweise
20 von der allgegenwärtigen moralischen und technologischen Kultur des Westens beeinflusst sein; ihre eigene Sicht und kulturelle Einbindung basiert auf dem traditionellen urbanen Afrika. Bis auf eine Hand voll gehört die Mehrheit von ihnen zu den Analphabeten bzw. Halbanalphabeten.
25 Die Forschungsergebnisse in Kenia zeigen, dass es zwei Hauptströmungen der Weisheitsphilosophie gibt. Einmal handelt es sich um jenen Weisen, dessen Denken, obwohl gut informiert und erzieherisch wirkend, nicht in der Lage ist, über die praktizierte Volksweisheit hinauszugehen. Solch ein Weiser hätte
30 nicht die Fähigkeit oder Neigung, seine eigenen kritischen unabhängigen Einwände auf den Volksglauben anzuwenden. Deshalb ist er ein Volksweiser, im Gegensatz zum zweiten Typ des Weisen, dem philosophischen Weisen.
Ersterer ist ein Meister der Volksweisheit, während Letzterer ein
35 Experte der didaktischen Weisheit ist.
Der philosophische Weise mag genau wie der Volksweise wissen, was die grundlegenden Glaubens- und Weisheitssätze seiner Gemeinschaft sind, aber er leistet einen unabhängigen kritischen Beitrag zu dem, was die Leute als gegeben hinneh-
40 men. Während die Weisheit des Volksweisen der ersten Stufe der Philosophie zuzuordnen ist, ist die des philosophischen Weisen Philosophie der zweiten Stufe, also eine Reflexion und rationale Bewertung dessen, was zur ersten Stufe gehört. Was zur ersten Stufe gehört, ist eine Mischung aus konventionellen
45 Sitten und Praktiken.

*Henry Odera Oruka, *1937, kenianischer Philosoph*

▸ *Beschreiben Sie mit eigenen Worten das Weisheitsverständnis von Oruka.*

▸ *Würden Sie Muthoni als eine philosophische Weise im Sinne Orukas bezeichnen? Warum bzw. warum nicht?*

> Die Weisheit eines Menschen misst man nicht nach seiner Erfahrung, sondern nach seiner Fähigkeit, Erfahrungen zu machen.
>
> *George B. Shaw, 1856–1950, irischer Schriftsteller*

Der Einzelne und die Gemeinschaft

Der kongolesische Philosoph Bénézet Bujo hat sich vor allem mit der Tradition der Menschenrechte in Afrika beschäftigt (vgl. Recht, Gerechtigkeit, Menschenrechte, Cornelsen, Berlin 2001, S. 112–115). Für ihn besitzt der Mensch in Afrika eine unverwechselbare Identität, die jedoch ohne einen Bezug zur Gemeinschaft nicht verwirklicht werden kann.

Die Behauptung, in Afrika zähle nur die Gemeinschaft und nicht der Einzelne, dürfte nicht zutreffen. Allein schon die Namensgebung bei vielen Stämmen Afrikas deutet auf die Hochschätzung der Individualität hin. Dort gibt es keine Familiennamen im westlichen Sinn, die vom Vater zum Sohn übergehen. Jedes 5 Kind hat seinen eigenen Namen, der durch jene Umstände bedingt ist, unter denen es geboren wurde. Der Name bezeichnet das Individuum in seiner Geschichtlichkeit und seiner unwiederholbaren Einmaligkeit. Er erzählt also die Geschichte und Vorgeschichte jedes Einzelnen; zugleich erzählt er aber auch die 10 Geschichte und Vorgeschichte einer Familie und einer ganzen Sippengemeinschaft. Kurzum: Für viele Negro-Afrikanerinnen und -Afrikaner ist der Name nicht nur ein Ritus, der die Person verteidigt und schützt, sondern er ist vielmehr Träger einer Handlung und einer Botschaft. Er enthält in besonderer Weise 15 ein ganzes Lebensprogramm, das jeder ganz persönlich und nicht über einen Dritten verwirklichen soll. Das Individuum ist zwar in die Gemeinschaft eingebettet, jedoch als ein einmaliges und unaustauschbares Wesen, das unersetzliche Aufgaben innerhalb dieser Gemeinschaft hat. Der Einzelne muss sippen- 20 solidarisch handeln, aber gleichzeitig soll er seine Identität bewahren und die Verantwortung, die ihm als Einzelnem auferlegt ist, deutlich hervortreten lassen. Damit wird gesagt, dass die traditionelle afrikanische Gesellschaft dem Einzelnen eine eigene Freiheit zugesteht. Dies hat Placide Tempels schon sehr früh 25 erkannt, wenn er betont, dass man dem Afrikaner den freien Willen zur Selbstbestimmung nicht absprechen könne. Auch er wisse „frei zu wählen zwischen einem höheren und minderen Gut, zwischen gut und böse". Der Einzelne könne einen Willen haben, der das Leben fördere oder vernichte. Aufgrund der 30 Wechselbeziehung zwischen Gemeinschaft und Individuum darf sich die Gemeinschaft das Individuelle nicht unterordnen, sondern soll es eher fordern und unterstützen, denn ohne Individualität des Einzelnen würde sie sich gerade total auflösen. […] In diesem Zusammenhang muss betont werden, dass die 35 individuelle Freiheit kein absoluter Wert in sich selbst ist. Sie muss immer die kommunitaristische[1] Dimension mit berücksichtigen und kann sich auch nur gemeinschaftlich entfalten. Ohne gemeinschaftliche Beziehung gibt es für den afrikanischen Menschen keine Identität. Nur gemeinsam mit den an- 40 deren wird man zum Menschen und erlangt die individuelle Freiheit, die wiederum kommunitaristisch ausgeübt werden soll.

1 kommunitaristisch: hier: auf die überschaubare Gemeinschaft (communities) des persönlichen Umfelds bezogen im Gegensatz zur anonymen, pluralistischen Gesellschaft

*Bénézet Bujo, *1940, kongolesischer Philosoph*

▸ *Welcher Zusammenhang besteht zwischen dem Einzelnen und der Gemeinschaft in Afrika in der Sichtweise Bénézet Bujos? Sehen Sie Unterschiede zur europäischen Tradition?*

▸ *Vergleichen Sie die Auffassung über Freiheit von Bujo mit der von Muthoni und nehmen Sie kritisch dazu Stellung.*

Philosophie in Lateinamerika

Joan Miró, 1923/24

- Joan Miró kombiniert Naturbeobachtungen mit einer Magie der Dinge, die wir in indianischen Weisheitslehren finden. Versuchen Sie die einzelnen Bildsymbole zu entschlüsseln, deren Grundgestalt Kreise und Dreiecke sind. Notieren Sie sich dazu Stichworte. Beachten Sie auch die Farbkomposition des Bildes, die in Gelbtönen gehalten ist und keinen Unterschied zwischen Erde und Himmel zieht. Gibt es ein Gleichgewicht im Zusammenwirken der Bildelemente? Interpretieren Sie schriftlich die Aussage des Bildes und finden Sie einen Titel für das Bild.

- Lesen Sie die folgenden Weisheitsmaximen der Indianer und überlegen Sie, in welchem Zusammenhang sie mit der Darstellung der gepflügten Erde von Miró stehen.

- Vergleichen Sie die Auffassungen dieses Textes vom Verhältnis zwischen Mensch und Natur mit den Überlegungen des Taoismus* (vgl. S. 108/109). Arbeiten Sie Gemeinsamkeiten und Unterschiede heraus.

Innerhalb und außerhalb der Erde

Innerhalb und außerhalb der Erde
innerhalb und außerhalb der Hügel
innerhalb und außerhalb der Berge
kehrt deine Kraft zu dir zurück.

Ihr müsst lernen, unbequem zu leben auf dieser Erde,
sonst zerstört ihr sie und euch.

Die Erde, unsere Mutter, der Himmel, unser Vater.
Zu diesen beiden sandten wir unsere Gebete.
Und wir folgten ihnen auf ihrem Weg,
und das Leben blieb uns auf diese Weise erhalten.
Seit Anbeginn unseres Lebens waren wir
am allermeisten auf die Erde angewiesen.
Deshalb weinen wir jetzt darüber,
wie unsere Mutter zerstört wird. Die Erde.
Wir sagen „Nein!". Ich sage „Nein!".
Das ist meine Art, darüber zu reden.

Indianische Überlieferung

Philosophie der Befreiung

Ein weiterer wichtiger Aspekt der lateinamerikanischen Philosophie ist die Befreiungsethik. Sie entstand während des lateinamerikanischen Befreiungskampfes gegen die Spanier und Portugiesen zu Beginn 19. Jahrhunderts. Der Hauptvertreter dieser Richtung war Simón de Bolívar, genannt El Libertador (der Befreier). Er stammte aus einer reichen baskischen Familie in Venezuela, hatte jedoch auch indianische Vorfahren. Bolívar studierte in Frankreich und Spanien Philosophie und kannte die Staatstheorien von Hobbes*, Locke* und Rousseau* (vgl. Recht, Gerechtigkeit, Menschenrechte, Cornelsen, Berlin 2001, S. 44/45). Er wurde 1811 zum Führer des südamerikanischen Freiheitskampfes gegen Spanien. Dieser scheiterte jedoch an nationalen Egoismen einzelner Staaten. Enttäuscht zog sich Bolívar 1829 aus der Politik zurück. Seine Ideen hat er in den „Papeles de Bolívar" (Papiere von Bolívar) veröffentlicht.

Im Einklang mit der Natur der Dinge voranzugehen ist das Meisterwerk des Gesetzgebers. Die Weisheit führt den Gesetzgeber nicht zu dem unvernünftigen Bestreben, der Regierung allein die Verantwortung für das Wohl der Bürger zu überlassen; denn auch wer zu befehlen hat, ist in gewisser Weise der allgemeinen Entwicklung der Dinge unterworfen. Gewalt ist letzten Endes notwendig, um dem Krieg der Leidenschaften, der zu inneren Unruhen führt, ein Ende zu setzen. Jede Revolution hat drei Phasen: Krieg, Reform und Organisation. Die erste ist vorüber, sie war das Werk der Soldaten. Die zweite führten wir in Cucuta und Bogota durch. Von der dritten wünschte ich, dass sie uns die Organisation brächte. Die Leidenschaften setzen sich über Gesetz und Moral hinweg; nur die Enttäuschung kann die Ordnung wiederherstellen. Die Gewalt soll von der Regierung ausgehen, nicht aber ihr Ziel sein; sie soll nicht Mittelpunkt, sondern Antrieb der Staatsgewalt sein.

Es ist Aufgabe der Regierung, für möglichst viele und in möglichst vielen Situationen das Beste zu erstreben. Sie soll immer das Band beachten, das die Minderheit der Allgemeinheit verpflichtet, und auch den Einzelnen überwachen, der sich der Allgemeinheit nicht unterwerfen kann. Der Gesetzgeber betrachtet die Menschen als Glieder der Nation, die Regierung befasst sich mit ihnen als Individuen. Der Gesetzgeber muss die Menschen in ihren Beziehungen zur Umgebung betrachten, und nicht [in ihren Beziehungen] zu abstrakten Ideen. Er befiehlt, was getan werden soll, nicht, was ihm als das Vollkommenste erscheint. Unsere sozialen Neigungen stehen nicht in Einklang mit unseren Einrichtungen, denn wir sind das Produkt von Elementen, die der augenblicklichen Ordnung ganz entgegengesetzt sind. Wir wurden erzogen, um zu dienen, und jetzt befehlen wir. Dieser Gegensatz bringt uns nur Nachteile und verbessert unsere Lage nicht. Er erhebt uns nicht auf die Höhe, zu der wir aufsteigen möchten.

Die Regierung ist die Exekutive im Hinblick auf die Legislative; mit Bezug auf die richterliche Gewalt ist sie an das Gesetz gebunden. Den Bürgern gegenüber übt sie die Verwaltung aus. So muss die Gewalt in ihrem Mittelpunkt stehen und man darf diese nicht außerhalb suchen. Sie soll nicht nur Triebkraft, sondern belebender Antrieb sein. Wenn die Regierung empfängt, wo sie geben sollte, dann ist sie nur eine Maschine ohne Eigenleben, nur Triebwerk ohne Lenkung. Schaut euren Landsleuten mit durchdringendem Blick in das Innerste ihrer Herzen. Dort werdet ihr den Kampf sehen zwischen den staatlichen Einrichtungen und den primitiven Tendenzen ihrer Wünsche, ihrer Gewohnheiten und Beschäftigungen. Sie wollen weder Fremdes noch Entliehenes, und ihre Denkweise, gewöhnt an die alten Lehren und Praktiken, stößt sich an allem, was in ihr Inneres noch nicht eingedrungen ist. Wenn man glaubt, es genüge, Neuerungen vorzuschreiben, damit sie angenommen werden, so hieße dies, das langsame Voranschreiten der Zeiten verkennen, die keinen Schritt voran tun, ohne vorher tiefe Wurzeln geschlagen zu haben. Sie versichern sich vorher des

R. Weibezahl, Bolívars Triumpheinzug in Carracas, um 1829, nach Niederschlagung des Militäraufstands unter Diego Paez, 1832

Gebietes, das sie besetzen wollen, nicht als Eroberer, sondern als Besitzer. Gleicherweise muss der Gesetzgeber die Meisterschaft der Natur nachahmen. Nur ihr niemals irrendes Beispiel lehrt ihn die Weisheit in seinem Vorgehen. Seitdem wir uns vornahmen, unsere Einrichtungen zu ändern, glaubten wir, dies zu erreichen, indem wir alles umstürzten, als ob das verworrene Labyrinth des Menschengeistes einem Hause gliche, das, umgebaut und neu eingerichtet, die neuen Bewohner aufnimmt. Nicht so der Mensch, der seine Seele nicht in einem Tag, nicht in einem Jahr, noch in einem Jahrhundert ändern kann. Man soll nicht glauben, dass Gesetzgeber, die durch Neuheit und Fortschrittlichkeit ihrer Gesetze berühmt geworden sind, ihre Untergebenen dazu gedrängt hätten, sich diesen Gesetzen blind und unbedingt innerhalb eines Augenblicks zu unterwerfen. Wenn jemand […] Neuschöpfungen vollzog, die für uns erstaunlich sind, so waren das vielleicht doch nur gesetzliche Festlegungen von Grundsätzen und Gebräuchen, die schon angenommen waren.

Simón de Bolívar, 1783–1830, aus Venezuela, Anführer des südamerikanischen Befreiungskampfes

🔸 *Welche Rolle spielt die Gewalt im Denken Bolívars?*

🔸 *Welcher Unterschied besteht zwischen Gesetzgeber und Regierung?*

🔸 *Wie schätzt Bolívar die Mentalität seiner Landsleute ein?*

🔸 *Vorschlag für ein Referat: Vergleichen Sie Bolívars staatstheoretische Auffassungen mit denen von John Locke und arbeiten Sie in einem Referat Unterschiede und Gemeinsamkeiten heraus.*

Projekt der Zukunft: Interkulturelle Philosophie?

Frida Kahlo, Die zwei Fridas, 1939

◀ *Die Malerin Frida Kahlo, die europäische und indianische Vorfahren hatte, wurde in Mexiko geboren. Sie heiratete den Künstler Diego Rivera. Nachdem sie von ihm geschieden wurde, malte sie ein aus zwei Persönlichkeiten bestehendes Selbstbildnis. Beschreiben Sie die beiden Personen.*

◀ *Übertragen Sie das Bild auf das Verhältnis zwischen der europäischen und der außereuropäischen Philosophie. Was müsste getan werden, damit das „Herz" der außereuropäischen Philosophie am Leben bleibt? Erarbeiten Sie in kleinen Arbeitsgruppen Vorschläge dazu und diskutieren Sie anschließend darüber im Plenum.*

Dialoge mit offenem Ausgang

Der Philosoph Heinz Kimmerle charakterisiert in dem folgenden Text die Methode, mit der sich Philosophinnen und Philosophen aus verschiedenen Kulturen austauschen können.

Philosophie gehört – wie Kunst – zur „conditio humana[1]" und ist in allen Kulturen anzutreffen. Die Philosophien der verschiedenen Kulturen sind (wie diese insgesamt) dem Rang nach gleich und dem Inhalt nach verschieden. Jedenfalls ist keine Höherentwicklung von früheren zu späteren Philosophien und kein grundsätzliches Höher- oder Tieferstehen gleichzeitig nebeneinander bestehender Kulturen und ihrer Philosophien anzunehmen. Es kann nicht darum gehen, die Philosophien verschiedener Kulturen empirisch zu erforschen und zu beschreiben. Sie entziehen sich einer solchen Herangehensweise und würden sich bei ihrer Anwendung womöglich in Nichts auflösen – wie es für einen ähnlichen Zusammenhang das Oberhaupt einer Südsee-Insel konstatiert: „Wenn die Anthropologen kommen, verlassen die Götter die Insel." Von europäisch-westlicher Seite aus erscheint für den Umgang der Philosophien verschiedener Kulturen miteinander der Weg von Dialogen am angemessensten zu sein, da diese am stärksten Offenheit für den Anderen und Gleichrangigkeit der verschiedenen Partner ermöglichen.

Es sind bereits einige Merkmale von Dialogen, insbesondere interkulturellen philosophischen Dialogen genannt worden: 1. Die Dialogpartner sind dem Rang nach gleich, ihre Auffassungen dem Inhalt nach verschieden. 2. Dialoge sind durch Offenheit im Hinblick auf das zu erreichende Ergebnis gekennzeichnet. 3. Die Mittel und Wege, die zum Verständnis führen, sind nicht nur diskursiv-sprachlicher Art. 4. Dialogen liegt die Erwartung zugrunde, dass der Andere mir etwas zu sagen hat, das ich mir auf keine Weise, etwa durch meine Teilhabe an der allgemeinen menschlichen Vernunft, auch selbst hätte sagen können. Diese Merkmale sollen hier in einen etwas weiteren Kontext einbezogen und ergänzt werden.

Nicht nur bei interkulturellen philosophischen Dialogen, sondern bei Dialogen allgemein ist es wichtig, dass die Personen, die am Dialog teilnehmen, im Idealfall leiblich anwesend sind. Dabei findet bereits vorsprachlich vielfacher Austausch statt. Das Antlitz des Dialogpartners qualifiziert ihn als solchen. Wenn jemanden der Blick des Anderen trifft, sind darauf unterschiedliche Antworten möglich. Die Blicke der Dialogpartner können sich positiv begegnen, indifferent bleiben oder sich ausweichen. Außer dem Blickkontakt gibt es eine Reihe anderer multisensorischer Wechselbezüge. Dazu gehören auch die Gestik und der Tonfall, die den sprachlich geführten Dialog begleiten und im Prozess des gegenseitigen Verstehens eine Rolle spielen. Dialoge kommen nur zustande, wenn für das Thema, um das es geht, ein gewisses Vorverständnis bei den Dialogpartnern vorhanden ist. Man kann es vielleicht auch vorsichtiger so ausdrücken, dass ein vorgeschlagenes Thema bei den Betroffenen eine Resonanz erzeugen muss, die nicht notwendigerweise bereits inhaltlich weitgehend artikuliert zu sein braucht. Ein Dialog unterliegt zwar bestimmten Regeln, ist aber an diese nicht in einem äußerlichen verfahrensmäßigen Sinn gebunden. Es sind eher die Regeln der Höflichkeit, die ein spontanes Agieren und Reagieren nicht ausschließen. Grundsätzlich erkennen sich die Dialogpartner – wie gesagt – gegenseitig als gleichberechtigt an. Sie versammeln sich gewissermaßen um die offene Mitte eines „Zwischen", das sie verbindet und in ihren Standpunkten auch frei lässt. [...] In Dialogen, insbesondere in interkulturellen Dialogen, bleiben Elemente des Nichtverstehens. Ein Dialog ist nur, was er ist, wenn er auch scheitern kann. Wichtig ist der Respekt vor den Auffassungen des Anderen, auch wenn man sie im eigenen Verständnishorizont nicht unterbringen kann. Dieser Respekt beruht auf dem Vertrauen zu dem Partner, der sich der Situation des Dialogs ausgesetzt hat. Freilich ist festzuhalten, dass nur Respekt verdient, wer selbst respektiert. Und es muss klar sein, dass die Kommunikationsform der Dialoge eine Zugangsmöglichkeit zur interkulturellen Philosophie ist, die von europäisch-westlicher Seite aus konzipiert und angeboten wird. Damit ist zugleich gesagt, dass in den Dialogen die Möglichkeit angelegt ist, zu anderen Kommunikationsformen überzugehen, wenn sich diese als angemessener erweisen.

1 conditio humana: menschliche Lebenssituation

*Heinz Kimmerle, *1930, deutscher Professor für Interkulturelle Philosophie*

- *Warum betont Kimmerle, dass alle Kulturen und Philosophien gleichberechtigt am gemeinsamen Dialog teilnehmen sollten? (Vgl. Sie hierzu auch S. 62/63.)*

- *Wie bewerten Sie die von Kimmerle vorgeschlagenen methodischen Merkmale eines interkulturellen Dialogs? Stimmen Sie allen vier Merkmalen zu? Begründen Sie Ihre Entscheidung.*

- *Was verstehen Sie unter der „offenen Mitte" (Z. 56) eines Dialogs?*

- *Warum ist die leibliche Anwesenheit für einen Dialog wichtig?*

- *Projektvorschlag: Gestalten Sie eine Wandzeitung oder eine Website zum Thema „interkulturelle Philosophie". Wählen Sie sich dafür ein konkretes Thema aus einer der vier „Kant-Fragen" aus (vgl. S. 18–57) und stellen Sie dar, was europäische und außereuropäische Philosophinnen und Philosophen dazu zu sagen haben. Recherchieren Sie im Internet und in Bibliotheken. Sie können auch Anfragen stellen an die entsprechenden Fakultäten der Universitäten. (Fakultäten für Sinologie, Asien, Afrikanistik, Lateinamerika, Religionswissenschaft sowie an den Lehrstuhl für „Grundlagen der Interkulturellen Philosophie" an der Erasmus-Universität Rotterdam). Zusätzlich können Sie lesen in: Heinz Kimmerle, Interkulturelle Philosophie, Junius Verlag, Hamburg 2002.*

- *Berücksichtigen Sie bei der inhaltlichen Bearbeitung den Rat des Konfuzius:*

> Zi-gong fragte den Konfuzius: „Gibt es ein Wort, das ein ganzes Leben lang als Richtschnur des Handelns dienen kann?"
> Konfuzius antwortete: „Das ist ‚gegenseitige Rücksichtnahme'. Was man mir nicht antun soll, will ich auch nicht anderen Menschen zufügen."

Konfuzius, *551–479 v. Chr., chinesischer Philosoph*

Lexikon

Albertus Magnus
1200–1280. Der Dominikanermönch A. M. lehrte an der Universität von Paris u. in Köln. Dort war er Lehrer von → Thomas von Aquin. A. M. gilt als Vermittler der philosophischen Gedanken des → Aristoteles ebenso wie der jüd. u. arab. Wissenschaften in seiner Zeit. Insbesondere durch seine Kommentare der naturwissenschaftl. Schriften des → Aristoteles machte er das christl. Abendland mit dessen Vorstellungen bekannt.

Alexander von Aphrodisias
A. lehrte um 200 in Athen. Als Aristoteles-Kommentator hob er besonders die erfahrungsabhängigen Elemente der Lehren des Aristoteles hervor u. beeinflusste so das sich im Mittelalter verbreitende naturalist. Aristoteles-Bild.

Allegorie
[griechisch] In Literatur u. Kunst die bildl. Umschreibung eines Begriffs, Vorgangs oder Zustandes, meist durch Personifikation (z. B. Liebe als Amor, Tod als Sensenmann). Eine Allegorie im strengen Sinn ist eine Darstellung, die in allen Einzelzügen bildlichen Sinn hat. Im allgemeinen Sinn ist es eine rational fassbare Darstellung eines abstrakten Begriffs in einem Bild, oft mit Hilfe der Personifikation.

Anaxagoras
500/496–428 v. Chr. Er lebte längere Zeit in Athen, wo er, mit Perikles befreundet, auf Euripides u. auch auf → Sokrates wirkte. Einer Anklage wegen Asebie (Frevel gegen die Götter) wich er aus u. ging nach Lampsakos. A. hat, obwohl er den Naturphilosophen zuzurechnen ist, den wichtigen Anstoß gegeben, den höchsten Grund für das Natur-Geschehen nicht allein in der Natur zu suchen. Hier liegt einer der Ansatzpunkte für den Dualismus → Platons.

Apokalypse
Religiöse Offenbarungsschrift, die Weltlauf u. Weltende verbunden mit einem Weltgericht prophezeit. Apokalyptische Vorstellungen begegnen im Judentum, in der christl. Vorstellungswelt, aber auch in der persisch. Religion u. im Islam.

Arendt, Hannah
1906–1975. A. studierte bei Heidegger, einem der bekanntesten Vertreter des Existenzphilosophie in Deutschland. 1929 promovierte sie bei → Jaspers, 1933 musste sie nach Paris emigrieren u. ging später in die USA, wo sie als Philosophieprofessorin an mehreren Universitäten lehrte.

Aristipp von Kyrene
ca. 435–366 v. Chr. A. gehörte in Athen zum engeren Kreis um → Sokrates, ging aber bald seinen eigenen Weg u. erteilte Unterricht gegen Honorar. Dies u. sein weltmännischer Stil waren Anlass zur Kritik seitens der Sokratiker. Sein zentrales Thema bildet der → Hedonismus, nach dem das höchste ethische Prinzip das Streben nach Sinnenlust u. Genuss ist.

Aristoteles
384–322 v. Chr. A. verfasste die erste Ethik mit dem Titel „Die Nikomachische Ethik". In diesem Buch entwickelte er ein System der Tugenden, an deren Spitze die Gerechtigkeit steht, u. begründete das Wesen der Handlungsfreiheit.

Arius
280–336, Presbyter (hier: Priester) in Alexandrien. Er entwickelte eine Lehre über das unterschiedliche Wesen von Gott u. Christus, die sich von der Lehre der kathol. Kirche unterschied. A. gewann Anhänger, die sich in die Gruppen der Arianer u. der Origenisten teilten. Von 318/19–325 wurde er mehrmals exkommuniziert.

atheistisch/Atheismus
Der A. verneint entweder die Existenz Gottes, wie dies der Philosoph → Anaxagoras behauptete, oder er leugnet dessen Erkennbarkeit. In der antiken Philosophie bedeutete Atheismus auch, dass der Mensch ohne eine Bezugnahme auf Gott philosophieren könne u. auf jegliche Aussagen über Gott verzichten solle.

Athene
Die griech. Göttin A. verkörpert den Typus der männergleichen, mit physischer Kraft und geistiger Energie begabten kämpferischen Jungfrau. Ihr Symboltier, die Eule, ist zum „Wahrzeichen" abendländischer Weisheit geworden.

Bacon, Francis
1561–1626. Der engl. Philosoph B. hat als einer der Ersten die kulturgeschichtl. Tragweite des naturwiss.-techn. Weltbildes erkannt. Sein Lebenswerk ist die „Magna Instauratio imperii humani in Naturam", das aufgrund einer neuen Erkenntnis die durch Adams Fall verlorene Macht über die Natur u. damit das christl. verstandene „Königreich des Menschen" wiederherstellen will. Das „Neue Organum" will die Trugbilder des Verstandes u. der Sinne abbauen, positiv aber eine Methode entwerfen, die das empir. Gefundene aus der Kraft des Geistes zu verarbeiten weiß.

Bentham, Jeremy
1784–1832. B. war ein engl. Jurist u. Moralphilosoph, der den → Utilitarismus entwickelte. Sein wichtigstes Werk erschien 1789 unter dem Titel „Principles of Morals and Legislation", in dem er sich mit der engl. Verfassung auseinander setzte. 1792 wurde er Ehrenbürger der französ. Republik. In Recht u. Gesetzgebung sah er eine rein irdische Angelegenheit u. unterstützte die Säkularisierung des Rechts im modernen Staat.

Berkeley, George
1685–1753, irischer Philosoph u. seit 1734 anglikan. Bischof von Cloyne (bei Cork/Irland). 1710 erschien sein Hauptwerk „Treatise concerning the principles of human knowledge".

Bloch, Ernst
1885–1977, dt. Professor für Philosophie. In seinem Hauptwerk „Das Prinzip Hoffnung" untersuchte er, wie sich in den verschiedenen Bereichen der Gesellschaft die Hoffnungen des Einzelnen auf ein besseres Leben verwirklichen lassen.

Buddha/Buddhismus
Der histor. Gautama B. lebte von ca. 563 v. Chr. – ca. 483 v. Chr. im heutigen Nepal und Nordindien. Der Fürstensohn verließ sein Elternhaus, um zunächst bei Yogalehrern nach höheren Bewusstseinsstufen zu suchen. Nach einer Zeit strengster Askese und intensiver Meditation soll er den Weg zur „Erleuchtung" gefunden haben und wurde zu einem „Buddha" (Erleuchteter). Predigend zog er durch das nordöstl. Indien u. gründete einen Orden mit Mönchen u. Nonnen sowie Gemeinden mit Laienanhängern. Nach seinem Tod

entstanden eine Vielzahl von Lehrmeinungen, die sich auf zwei Hauptrichtungen verteilten: Hînayâna, das sog. „Kleine Fahrzeug", das der ursprüngl. Lehre nahe steht, und Mahâyâna, das sog. „Große Fahrzeug", das viele neue Einflüsse aufgenommen hat u. weniger Berührungspunkte mit der ursprüngl. Lehre aufweist.

Camus, Albert
1913–1960, französ. Schriftsteller u. Philosoph, der sich Problemen der menschl. Existenz zuwandte. Sein Werk ist geprägt von der Revolte gegen die Absurdität des Seins. Seine wichtigsten philosoph. Werke sind „Der Mythos Sisyphos" u. „Der Mensch in der Revolte". 1957 erhielt er den Nobelpreis für Literatur.

Comenius, Johann Amos
1592–1670. Theologe aus Mähren, ev. Pfarrer u. Lehrer der Brüderunität in Prerau, 1648 Bischof in Lissa. C. war ein universaler Gelehrter, der tiefe Frömmigkeit mit weltgewandtem Weitblick vereinte. Er entwickelte eine Pädagogik, die er mit seinen theolog.-philosoph. Anschauungen verband.

Dalí, Salvador
1904–1989, span. Maler. Nach dem Studium in Madrid schloss er sich 1928 in Paris dem Surrealismus an. Seine Traummalerei ist durch die Psychoanalyse angeregt, seinen theoretischen Beitrag nannte er „Kritische Methode der Paranoia". 1941 brach er in den USA mit dem Surrealismus u. bekannte sich in seinen Gemälden zur Tradition in Form u. Thema, ohne jedoch auf techn. Experimente zu verzichten. Objekte u. Entwürfe für Schmuck sowie Filme u. Aktionen zeigen den breiten Fächer seiner Aktivitäten.

Descartes, René
1596–1650, Mathematiker, Philosoph, Jesuit. An der mathemat. Wahrheit bildet D. seinen Begriff von Wahrheit. Er versucht von diesem Wahrheitsbegriff aus die Metaphysik auf neue Grundlagen zu stellen. Die Sinneserfahrung u. auch die mathemat. Erkenntnis könne trügerisch sein. Seiner Ansicht nach ist Zweifeln ein Akt des Denkens.

Engels, Friedrich
1820–1895. Neben → Marx gehörte er zu den führenden Vertretern der Theorie des Marxismus, die darauf abzielt, dass die Arbeiterklasse durch eine Revolution die Macht im Staat übernimmt u. die Produktionsmittel vergesellschaftet. E. beschäftigte sich vor allem mit philosoph. Fragen der Naturwissenschaften, der Sprachwissenschaft u. der Geschichte.

Epiktet
ca. 50–138, stoischer Philosoph. In Nikopolis (Epirus) gründete er eine Schule, hinterließ jedoch keine eigenen Schriften. Fl. Arrian veröffentlichte jedoch Nachschriften von Ansprachen, die E. außerhalb des Lehrbetriebs an Schüler u. Besucher richtete. Das höchste Gut ist für E. die Freiheit, die vernunftgemäß gebraucht werden soll.

Epikur
342/1–271/0 v. Chr. Begründer der epikureischen Schule. 306 v. Chr. gründete er in Athen seine Philosophenschule. Dieser Gemeinschaft kam es auf Bewährung der gewonnenen Erkenntnis im Zusammenleben an. Erkenntnisse der Natur-Zusammenhänge haben ihren (relativen) Wert darin, den Menschen frei von Schmerz u. Unruhe zu machen.

Eudämonismus/Eudaimonia
Im weiteren Sinne eine Lehre, nach der das Ziel allen menschl. Handelns im Glück liegt. Im engeren Sinne werden nur die Moraltheorien eudämonist. genannt, die das Ziel des moral. Handelns in der Eu. sehen.

existenziell/Existenzialismus
Der von der Existenzphilosophie seit Kierkegaard geprägte Begriff bezeichnet die unableitbare u. individuelle Seinsweise des Menschen. Der Mensch ist nicht wie anderes Daseiendes von seinem Wesen her festgelegt, sondern der Mensch macht – handelnd – sich erst zu dem, was er ist. Mit dieser Nicht-Festgelegtheit einher gehen existenzielle Befindlichkeiten wie Angst, Sorge, Verzweiflung, mit denen der Mensch auf die Herausforderungen seiner einzigartigen Seinsweise reagiert.

Freud, Sigmund
1856–1939, österreich. Arzt u. Psychiater, Begründer der neuzeitl. Tiefenpsychologie. F. tat den grundsätzlich neuen Schritt, dass er nach den Gründen seel. Krankheiten suchte. Er ging zur „Wachbehandlung" über u. erhob zu deren Kern die Traumanalyse als Hauptmethode der Psychotherapie, zugleich mit der Erweiterung des Fragebereichs auf Assoziationen.

Friedrich, Caspar D.
1774–1840, Maler u. Grafiker, Hauptmeister der dt. Romantik. Seine von schwermütig-einsamer Empfindsamkeit erfüllten Bilder sind in ihrer strengen Komposition von der klassizistischen Landschaftskunst beeinflusst. Sie haben aber mit ihrer besonderen Ausschnitthaftigkeit der Malerei des 19. Jhs. neue Wege gewiesen. Die Themen sind oft von allgemeiner sinnbildhafter Gültigkeit.

Gennaro, Emanuele
*1924, Begründer der philosophischen Malerei, die bewusst als Mittel des Philosophierens eingesetzt werden soll. Er war Prof. für Philosophie in Genua und arbeitete gleichzeitig als Kunstmaler. Seine philosoph. Reflexionen bringt er diskursiv, also in Form eines Textes, zum Ausdruck, oder nichtdiskursiv (mehrdimensional) mit Hilfe des Mediums Bild.

Gracián, Baltasar
1601–1658. Span. Jesuit, Prof. u. Prediger an Ordenskollegien. Als Geistlicher nahm er 1646 an der Schlacht von Lérida teil. In seinen Schriften „El Héroe" u. „El Político" zeichnete G. Idealtypen im Umfeld des Politischen, in „El Discreto" im Geistig-Kulturellen. Kennzeichnend ist dabei die Perspektive auf das Wohl des Individuums. Die Bildung der praktischen Vernunft dient der klugen Zurückhaltung. Ziel ist eine vorsichtig operierende Weltklugheit, die verbunden wird mit einem disziplinierten Misstrauen gegenüber anderen. Damit offenbart sich G. als Antipode zur heiter-harmon. Menschensicht der Renaissance.

Hedonismus
Bezeichnung für eine eth. Haltung, die einerseits das Erreichen des Glücks als oberstes Ziel menschl. Handelns u. Strebens lehrt (darin deckt sie sich mit dem → Eudämonismus) u. andererseits das Wesen des Glücks in der Erreichung der Lust sieht.

Hegel, Georg W. F.
1170–1831, dt. Professor für Philosophie, prominentester Vertreter des deutschen Idealismus. Sein philos. System lässt sich als Geschichtstheologie deuten, denn für H. bedeutet Weltge-

schichte der Prozess, in dem der selbst äußernde u. entfremdete Geist allmählich im Denken des Menschen zu sich kommt. Am Ende dieses weltgeschichtl. Prozesses steht das absolute Wissen des sich selbst wissenden Geistes.

Hildegard von Bingen
1098–1179. Benediktinerin, prophet. Mystikerin. H. gründete und leitete zwei Klöster für Benediktinerinnen. Sie hatte Visionen, die in der Form den apokalyptischen Visionen des Ezechiel u. Johannes ähnelten. Ihr Hauptwerk „Scivias" (Wisse die Wege) handelt vom Sündenfall u. seinen Folgen, von der Erlösung durch den Sohn Gottes u. von der Kirche, die allen christl. Gläubigen in den Sakramenten die göttl. Gnade spendet. Das Wesentliche der Persönlichkeit H.s liegt in ihrer Sehergabe. Von kultur- u. literaturgeschichtl. Wert sind ihre naturkundl. u. naturwissenschaftl. Werke.

Hobbes, Thomas
1588–1679, engl. Philosoph. Im Zentrum seiner vielfältigen Schriften stand das Bemühen um eine Grundlegung polit. Philosophie. Auf dem Hintergrund der religiös geprägten Kriege seiner Zeit war sein Ziel die Sicherung einer dauernden Friedensordnung. Er forderte einerseits die Unterordnung von Theologie u. Kirche unter den Staat, andererseits trat er für Toleranz u. Gewissensfreiheit ein. Die Bürger haben deshalb unbedingte Gehorsamspflicht u. kein Recht zum Widerstand, solange der Souverän Leben u. Sicherheit garantiert.

Horkheimer, Max
1895–1973, dt. Professor für Philosophie, Mitbegründer der „Frankfurter Schule". 1930 wurde er Leiter des Instituts für Sozialforschung, in dem interdisziplinäre Forschungen zur Theorie der Gesellschaft u. ihrer Institutionen durchgeführt wurden. Sie erhielten die Bezeichnung „kritische Theorie", weil sie die bisherige Gesellschaftsforschung einer radikalen Kritik auf der Grundlage des Marxismus unterzogen. 1941 musste H. emigrieren. Er schrieb zusammen mit Theodor W. Adorno in Los Angeles sein Hauptwerk „Dialektik der Aufklärung". Darin wird das Denken der Aufklärung einer krit. Analyse unterzogen, weil es den Zwang völliger Naturbeherrschung u. techn. Rationalität zum Ziel hatte. Nach dem Krieg kehrte er nach Frankfurt zurück u. war dort von 1951–1953 Rektor der Universität.

Jaspers, Karl
1883–1969. Er studierte zunächst Jura, dann Medizin u. habilitierte sich für Psychologie. 1916 wurde er in Heidelberg Professor für Psychologie, 1921 für Philosophie. Von 1937–1945 wurde er seines Amtes enthoben. Seit 1948 lehrte er Philosophie in Basel, wo er 1969 verstarb. Aus der Erfahrung der Begrenztheit der wissenschaftl.-rationalen Welterklärung wendet er sich der Existenzphilosophie zu. In der Philosophie geht es ihm besonders um den Bezug zur Gegenwart.

Jonas, Hans
1903–1993, jüd.-dt.-amerikan. Philosoph. Er wurde früh ein Anhänger des Zionismus u. emigrierte 1933 nach Palästina. 1949 siedelte er nach Kanada über u. lehrte schließlich von 1955–1976 in den USA. In seinem 1979 erschienenen Buch „Das Prinzip Verantwortung" werden die kritisch. Positionen zu Fortschritt, Hoffnung u. Utopie ebenso sichtbar wie die ethisch. Konsequenzen, die er fordert. Der Buchtitel bezieht sich auf das Buch „Das Prinzip Hoffnung" (1959) von → Bloch. 1987 erhielt J. den Friedenspreis des Deutschen Buchhandels.

Kahlo, Frida
1907–1954, mexikan. Malerin indian.-deutsch-ungar. Abstammung. Mit 18 Jahren erlitt sie bei einem Busunglück schwere Verletzungen und begann in den Monaten der Rekonvaleszenz zu malen. Ihr Leben lang litt sie unter den Folgen des Unglücks u. verarbeitete ihr Leiden, aber auch ihre Kraft u. ihren Lebenswillen in ihren Gemälden.

Kant, Immanuel
1724–1804, der berühmteste dt. Philosoph der Aufklärung. Er entwickelte in seinem Hauptwerk „Kritik der reinen Vernunft" eine umfassende philosophische Theorie der Erkenntnis. In der „Kritik der praktischen Vernunft", seinem Hauptwerk zur praktischen Philosophie, erarbeitete K. die durch die Vernunft gebotene Pflicht (den kategorischen Imperativ) als den Mittelpunkt der Wertordnung. Die beiden ersten Kritiken geben eine Antwort auf die Fragen: Was können wir wissen? u. Was können wir tun?. In der dritten Kritik („Kritik der Urteilskraft") untersucht K. Fragen der Naturphilosophie u. Ästhetik.

Katharina von Siena
1347–1380, Hl., Tertiarin des Dominikanerordens (III OSD), Kirchenlehrerin. Von mystisch. Visionen getrieben, zog sie mit ihrer Anhängerschaft durch Italien, da sie sich dazu berufen fühlte, die Kirche aufzurütteln. Der Reformeifer war auch die Wurzel ihrer polit. Tätigkeit ab 1370, mit der sie Frieden unter den Christen u. die Rückkehr des Papsttums von Avignon nach Rom erreichen wollte. 1377 gründete K. ein Kloster. In ihrem Hauptwerk „Libro della divina dottrina" beschrieb sie ihre Gotteserfahrung u. ihre Erkenntnisse über die Vollkommenheit, den Gehorsam, die göttl. Vorsehung u. a.

Klee, Paul
1879–1940, schweizer. Maler. In seiner Kunst versuchte er, Farben, Flächen u. Linien so exakt einzusetzen, dass sie wie Elemente einer musikalisch strengen Komposition wirken. In seinen Kunstwerken spiegeln sich Melancholie u. Heiterkeit, Kriegs-Realismus u. Traumwelt wider. Weltberühmt wurden z. B. die Bilder „Der goldene Fisch" u. „Die Revolution des Viaduktes" (vgl. Cover). 1933 wurde er von den Nationalsozialisten als Direktor der Kunstakademie in Düsseldorf entlassen u. ging in seine Heimat nach Locarno zurück.

Konfuzius, Konfuzianismus
551–479 v. Chr., chines. Philosoph u. Politiker. K. sah in der Rückkehr zur Ideologie der älteren Tschou-Zeit (1222–600 v. Chr.) die „Rettung" des Staates. Er gab sechs Werke heraus, die Wesen u. Geist der Aufzeichnungen der amtl. Historiografen, Musikmeister u. Beamten des Kultusamtes wiedergaben.

Kyrenaiker
Die k. Schule ist eine griech. Philosophenschule. Von den K. wurde ein hedonist. Standpunkt vertreten: Der Mensch ist nicht frei, wenn er sich der Lust gänzlich entzieht, sondern er ist frei, wenn er sie anstrebt u. erreicht. Die K. suchten vor allem die körperl. Lust, lehnten aber die geistige nicht ab.

Laotse
604–520 v. Chr. L. ist der Ehrenname des chines. Philosophen Li Po-yang. L. war Staatsarchivar u. neben → Konfuzius einer der größten chines. Denker. Die Philosophie des L. hat gegenüber der des Konfuzius einen betont metaphysisch. Charakter.

Leibniz, Gottfried W.
1646–1716, Jurist. L. war ein Universalgelehrter, der sich in der europäischen Politik, Wissenschaft, Kultur u. in der ev. Kirche sehr engagierte. Als Universalgelehrter war er tätig als Philosoph, Theologe, Jurist, Mathematiker, Historiker, polit. Publizist, Naturforscher, Techniker u. beschäftigte sich mit der vergleichenden Sprache, der Medizin u. Ökonomie. Für seine Pläne zur Gründung wiss. Akademien als völkerverbindende, kulturelle Knotenpunkte des geistigen Europa hat er an den Höfen in Berlin, Wien, Dresden u. bei Peter d. Gr. geworben.

Leo IX.
1002–1054, Papst von 1049–1054, Heiliger. 1054 kam es zum Schisma (Kirchenspaltung) zwischen der griechischen u. der abendländischen Kirche.

Locke, John
1632–1704. L. übernahm Staatsämter, arbeitete mit Newton zusammen u. war Anhänger der „Glorious Revolution" von 1688. L.s Schriften haben wesentlich zur Aufklärung beigetragen. Seine Absicht war es, das Recht des Einzelnen zu begründen, selbst zu denken u. zu handeln. Er ist der Erste, der sein Hauptwerk der Aufgabe gewidmet hat, „die Art u. Weise zu klären, wie der Verstand zu seinen Begriffen u. Objekten gelangt". Neben → Rousseau gehört er zu den wenigen Philosophen, die sich auch mit Problemen der Erziehung u. Bildung beschäftigt haben.

Magritte, René
1898–1967, belg. Maler. M. wurde zu einem typisch. Vertreter des Surrealismus, der die banalen Dinge des Alltags, naturalistisch im Detail, verfremdet u. unabhängig von Schwerkraft u. Zeit wiedergibt.

Marc Aurel
121–180, röm. Kaiser u. Philosoph span. Herkunft. Er widmete sich rhetorischen, philosoph. u. jurist. Studien. Durch die Lektüre von → Epiktet bekam er Zugang zur stoischen Philosophie, von der ihn hauptsächlich die Ethik interessierte. Neben Cicero gehört er zu den wichtigsten Vertretern der römischen Stoa. Ziel seiner Ethik war es, die Einbindung des Menschen in den Kosmos u. seine Unabhängigkeit von äußeren Bedingungen zu begründen. Der Weg zur Freiheit führt über Tugenden, die aus der reinen Vernunft gewonnen werden. Durch das Wissen erreicht der Mensch nach Auffassung von M. A. Freiheit, die zugleich Freiheit vom Einfluss unvernünftiger Triebe u. Wünsche ist.

Marx, Karl
1818–83, dt. Philosoph, Politiker u. Gesellschaftstheoretiker, Begründer des Marxismus. M. studierte Jura und schloss sich in Berlin dem Kreis der Hegelschen Linken an. Unter dem Einfluss Feuerbachs kam er zum philos. Materialismus. 1847 trat er zusammen mit F. Engels dem „Bund der Kommunisten" bei und verfasste 1848 das „Kommunistische Manifest".

Mechthild von Magdeburg
ca. 1210–ca. 1285. M. lebte in Magdeburg als Begine (Mitglied einer halbklösterl. Frauenvereinigung). Heinrich von Halle redigierte ihre Visionen, Betrachtungen, Sprüche u. Verse. „Das fließende Licht der Gottheit" ist das erste große deutsch geschriebene mystische Werk.

Metapher
Sprachl. Ausdruck, bei dem ein Wort, eine Wortgruppe aus seinem eigentl. Bedeutungszusammenhang in einen anderen übertragen wird, ohne dass ein direkter Vergleich zwischen Bezeichnendem u. Bezeichnetem vorliegt; bildhafte Übertragung (z. B. das Haupt der Familie).

Mill, John S.
1806–1873, engl. Philosoph, 1865–1868 Mitglied des engl. Unterhauses. Gesellschaftl. u. polit. setzte er sich für die Gleichberechtigung der Frau u. für das Frauenstimmrecht ein. In der Erkenntnistheorie setzt er den engl. Empirismus von → Bacon u. → Locke fort. In seinem Hauptwerk „System of Logic, ratiocinative and inductive" (1843) legte er eine epochemachende Darstellung der erkenntnistheoret. u. method. Prinzipien der empir. Wissenschaften vor. Zugleich führte er die Einsichten der Mathematik auf Sinneserfahrungen, die Gesetze der Logik auf die Eigenart unseres Denkvermögens zurück.

Miró, Joan
1893–1983, span. Künstler, der Gemälde, Skulpturen, Druckgrafiken, Keramiken u. Theaterpuppen schuf. Mitte der 1920er Jahre vollzog er unter dem Einfluss von Dadaismus u. Surrealismus den grundlegenden Wandel, der ihn von der Gegenständlichkeit wegführte; er suchte jedoch immer wieder nach einer Balance zwischen Figuration u. Abstraktion.

Montaigne, Michel de
1533–1592. M. war der bedeutendste Vertreter des französischen Humanismus. Gemäß seinem Wahlspruch „Que sais-je?" ist der Ausgangspunkt seines Denkens skeptisch. Die Welt zeigt sich in ständigem Werden und auch das menschl. Leben ist geprägt durch Unsicherheit und durch den Tod bedroht. Daher irrt sich die Vernunft, wenn sie glaubt, Unveränderliches, Objektives oder Ewiges zu erfassen. Hierin liegt die Grenze von menschl. Erkenntnis, besonders in den Naturwissenschaften. Diese Haltung führt M. jedoch nicht in die Resignation, sondern verweist ihn auf die eigene Erfahrung in der Form der Selbsterfahrung: der Selbstbeobachtung seines Inneren. Die Beobachtung seiner selbst erschließt dem Menschen das Menschliche als Gesamtform.

Morus, Thomas
1478–1535, Heiliger, engl. Humanist u. Staatsmann, Lord Chancellor Heinrichs VIII. M. wurde hingerichtet, weil er die Ungültigkeitserklärung der Ehe des Königs mit Katharina von Aragon nicht anerkannte u. den Eid auf die Oberhoheit der Krone über die Kirche standhaft verweigerte. Trotz seines Humanismus und seines zeitkritischen Entwurfes „Utopia" hielt er am Papsttum u. an der Autorität der Kirche fest. In mehreren Schriften bekämpfte er die kirchenkritischen Aussagen Martin Luthers.

Neuplatonismus
Der N. ist eine philosoph. und religiöse Bewegung, die um 70 v. Chr. als „Platon-Renaissance" begann. Er hat jedoch nicht

die gesamte Philosophie → Platons wieder erweckt. Vor allem die dialektischen u. polit. Gedankengänge blieben fast unbeachtet. Er entzündete sich vielmehr an der Frage „Welches ist die Ursache der Welt?". Die Antwort darauf entnahm man Platons „Timaios", der im N. eine sehr wichtige Rolle spielte.

Nietzsche, Friedrich
1844–1900, dt. Professor für klass. Philologie. In seiner Philosophie spielte die Kultur des antiken Griechenlands, insbesondere der Mythos, eine wesentl. Rolle. Wichtige Problemfelder seiner Philosophie waren „Der Wille zur Macht" als universelles Prinzip der Menschheitsgeschichte, die „Ewige Wiederkehr des Gleichen" sowie eine radikale Religionskritik.

Nirwana
Als Terminus der Heilslehre des → Buddhismus bezeichnet N.: a. das Erlöschen der Begierden, das vollkommene Gemütsruhe zur Folge hat, b. das Erlöschen der Möglichkeiten einer karma-bedingten Wiedergeburt beim Tode.

Pascal, Blaise
1623–1662, Mathematiker u. Physiker. Als noch nicht Zwanzigjähriger entwickelte er die erste Rechenmaschine, um seinem Vater beim Eintreiben von Steuern zu helfen. Beiträge zur Wahrscheinlichkeitsrechnung, Geometrie u. Zahlenlehre trugen zu seinem Einfluss bei. Im Jahr 1654 hat er ein ihn tief beeindruckendes religiöses Erlebnis: Er erfährt die rationalistische Erkenntnismethode der Wissenschaften u. auch der Philosophie als wenig hilfreich, Sinnfragen zu lösen. Diesen könne man sich eher im Glauben der christl. Religion nähern. Neben anderen religiösen Schriften verfasst P. eine Verteidigung des Christentums in Fragmenten, die nach seinem Tod unter dem Titel „Pensées" erschien. Hier setzt er sich mit den hohen Erwartungen in menschl. Vernunft u. das Erkenntnisvermögen auseinander u. zeigt deren Grenzen auf.

Paulus
Heiliger, jüd. Name Saul, *Anfang des 1. Jhs., † zwischen 63 und 67, christl. Apostel (hier: Anhänger u. Gesandter Jesu aufgrund der Berufung), Verfasser zahlreicher neutestamentl. Briefe (50–56 n. Chr.) an Gemeinden in Rom, Korinth, Galatien, Philippi, Thessalonike u. an Philemon. Er entstammte einer streng jüd. Familie, erbte von seinem Vater das röm. Bürgerrecht u. erlernte den Beruf des Zeltmachers, mit dem er auch während seiner Missionarstätigkeit seinen Lebensunterhalt verdiente (sog. „Brotberuf").

Platon
427–348/47 v. Chr., griech. Philosoph. Er entwickelte auf dem Gebiet der Erkenntnistheorie seine Ideenlehre u. beschäftigte sich auch mit eth. u. polit. Fragen. Eines seiner Hauptwerke ist die Politeía (Der Staat). Dort entwirft er seine Konzeption eines gerechten Staates, die er mithilfe von drei Gleichnissen verdeutlicht.

Plotin
ca. 205–270 n. Chr., griech. Philosoph, Begründer des → Neuplatonismus. Ab 244 hielt er in Rom philosoph. Vorlesungen, die von Angehörigen der röm. Nobilität besucht wurden. Das plotin. System lässt sich auf folgende Deduktionskette zurückführen: Das Sein u. der über ihm stehende höchste Grund sind Gott; er allein ist u. verleiht Realität. Das Göttliche im Diesseits steht als wirkende Ursache unvermischt über ihr.

Popper, Sir Karl Raimund
1902–1993, engl. Philosoph österreich. Herkunft. 1937–1947 in Neuseeland, ab 1949 Professor für Logik u. Wissenschaftstheorie in London. Er begründete den kritischen Rationalismus u. begründete in „Logik der Forschung" (1935) gegenüber der induktionslogischen Grundlegung der Wissenschaft eine sich partiell an → Kant anschließende deduktionslogische Theorie der Erfahrung. Unter Verzicht auf die Entscheidbarkeit der Wahrheit schlug P. als Ausweg eine deduktive Methodik der auf der Asymmetrie zwischen Verifizierbarkeit u. Falsifizierbarkeit basierenden Nachprüfung gesetzförmiger Aussagen vor.

Protagoras von Abdera
um 485–um 415 v. Chr. Als einer der ersten → Sophisten prägte er den Homo-mensura-Satz: Der Mensch ist Maßstab aller Dinge, der seienden, dass sie sind; der nicht seienden, dass sie nicht sind.

Pythagoras
6. Jh. v. Chr., †497/96, griech. Philosoph. P. ließ sich auf Kroton nieder u. begründete eine religiös fundierte Lebensgemeinschaft, deren eth. u. polit. Aktivitäten bewaffneten Widerstand hervorriefen. Aus diesem Grund siedelte er nach Metapontion über. Die Leitgedanken des P. sind: 1. Lebensführung in Reinheit als Vorbedingung der Erkenntnis. 2. Die Erkenntnis des Menschen wird von dem geformt, was er tut. 3. Die Gesetzmäßigkeiten in der Welt spiegeln sich in Zahlenverhältnissen wider. 4. Spekulationen: Jede Analogie hat einen Wert. 5. Dualismus. 6. Politische Wirksamkeit ist notwendig, um das Böse zu bekämpfen. 7. Geheimlehre: Die Lehre durfte nicht jedem zugänglich sein, da die Schüler einen „Bund der Guten" darstellten.

Rousseau, Jean-Jacques
1712–1778, R. wurde in der freien Republik Genf geboren u. dort calvinist. erzogen. R. war der Auffassung, dass sich die Menschheit durch die polit. u. kulturelle Entwicklung von einem „unschuldigen" Naturzustand der Tugendhaftigkeit wegbewegt habe. Dieser Gedanke ist verbunden mit einer fundamentalen Zivilisations- u. Gesellschaftskritik.

Russell, Bertrand
1872–1970. Er war einer der umstrittensten Philosophen des 20. Jhs. 1913 veröffentlichte er seine bahnbrechende Arbeit „Principia mathematica" auf dem Gebiet der mathematischen Logik u. setzte sich in seinem Buch „Freiheit u. Organisation" für mehr sexuelle u. religiöse Freiheit in der Gesellschaft ein. Für seinen Roman „Marriage and Morals" erhielt R. 1950 den Nobelpreis für Literatur. In den 60er Jahren wirkte er verstärkt für weltweite Abrüstung u. organisierte 1966 in Stockholm das „Vietnam-Tribunal", das die Kriegsführung der Amerikaner in Vietnam anklagte.

Sartre, Jean-Paul
1905–1980. Schriftsteller u. Philosoph, der zu einem der umstrittensten Denker Frankreichs wurde. S. entwickelte eine Existenzphilosophie in kritischer Anlehnung an →Hegel, →Marx, →Freud u. bes. an Husserl u. Heidegger. 1964 sollte er den Nobelpreis für Literatur erhalten, lehnte ihn jedoch ab.

Schopenhauer, Arthur
1788–1860, dt. Professor für Philosophie. Über → Kant hinausgehend, deutete S. die gesamte Welt als Vorstellung des

Subjekts, die Welt an sich jedoch als Wille, zu interpretieren als sinnfreien Daseinsdrang. Er gilt als Hauptvertreter des philosophischen Pessimismus u. wirkte selbst sehr stark auf Richard Wagner u. →Nietzsche.

Seneca
4 v. Chr.–65 n. Chr. S. war als Politiker, Philosoph u. Dichter einer der Hauptvertreter des römischen Stoizismus. Er wirkte als Konsul u. Erzieher des späteren Kaisers Nero u. hat seine philosophiegeschichtl. Bedeutung vor allem durch Schriften zur philosophisch-moralischen Lebensführung erlangt. Dabei ging es ihm hauptsächlich um die Selbstständigkeit des philosophischen Urteils seiner Zöglinge.

Sokrates
um 470–399 v. Chr. S. lebte als Philosoph in Athen. S. deckte durch insistierendes Fragen auf, dass seine Gesprächspartner zwar meinten, etwas über die Dinge zu wissen, dies aber in Wahrheit nicht zutraf. Dies führte ihn zu der Einsicht: „Ich weiß, dass ich nichts weiß."

Sophisten
Griech. Weisheitslehrer; im antiken Athen bezahlte Wanderlehrer, die die Jugend in Wissenschaft, Philosophie u. Redekunst ausbildeten. Oft wurde ihnen unterstellt, etwas in geschickter u. spitzfindiger Weise mit Worten zu beweisen zu versuchen, das nicht der Wahrheit entsprach.

Taoismus
Philosoph. System u. religiöse Richtung in China. Das Hauptthema des T. ist die Harmonie zwischen Mensch u. Kosmos. Die Tao-Lehre (Tao: Weg) des Begründers →Laotse lässt sich folgendermaßen zusammenfassen: Tao ist der Urgrund der Welt als eine geistige, schon vor der Welt vorhandene, ewig ruhende Potenz. Es gerät nach allen Richtungen in Bewegung u. erschafft so die Welt, füllt sie aus, bringt Form, Kraft u. Stoff hervor, liebt u. gibt ihr alles, was sie zum Leben braucht, bleibt aber selbst unverändert u. ist wunschlos.

Tartaros
Besonderer Teil des Alls, so tief unter der Erde wie der Himmel über ihr, von Moder und Wirbelstürmen erfüllt, auch für Götter unheimlich. „Wohnort" der Nacht, ebenso von ihren Kindern Hypnos (Schlaf) und Thanatos (Tod) sowie von Hades (Unterwelt), Persephone („Gemahlin" des Hades) und Kerberos (Hund, der das Tor des Hades hütet).

Thales von Milet
6. Jh. v. Chr., griech. Philosoph. Da von seinem Leben fast nichts historisch überliefert ist, hat sich eine reiche Legendenbildung entfaltet, die ihn u.a. als den weltfremden Weisen darstellt, ihm aber auch ohne gesicherte Beweise eine maßgebende Mitwirkung an der Emanzipation der Philosophie vom Mythos zuschreibt.

Theismus
Theismus wird von dem griechischen Wort theos (Gott) abgeleitet. Diese philosophisch-theologische Position geht davon aus, dass es nur einen einzigen Gott gibt, der die Welt geschaffen hat u. sie lenkt u. leitet.

Theresa von Avila
1515–1582, span. Mystikerin, Heilige. Sie trat 1535 in den Orden der Karmelitinnen ein, wo sie in sehr strenger Askese lebte. Von Visionen geleitet (1556/60) widmete sie sich der Reform ihres Ordens u. der Gründung neuer Frauenklöster. Ihre Schriften sind christolog. orientiert u. von der Spiritualität u. Menschlichkeit echter Mystik geprägt.

Thomas von Aquin
1225–1274. Der italien. Dominikanermönch gilt als bedeutendster Philosoph u. Theologe des Mittelalters. Seine besondere Leistung besteht in der Verbindung des systematisch. klassisch. Denkens des →Aristoteles u. der christl. Philosophie von Augustinus. Indem Th. die Berechtigung des Wissens neben dem Glauben hervorhebt, betont er den Stellenwert der Philosophie neben der Theologie. Deren Bedeutung sieht er in der vernünftigen Begründung der Glaubensgrundlagen. Für Th. stehen so Theologie u. Philosophie, Glaube u. Vernunft nicht in Widerspruch, sondern ergänzen einander. Seit dem 19. Jh. ist das Werk des Th. Grundlage des Studiums der kath. Theologie.

Utilitarismus
In der Ethik bezeichnet der U. eine Position, welche die Richtigkeit einer Handlung nach der Nützlichkeit ihrer Folgen beurteilt. Für die größtmögliche Zahl von Menschen soll der größte Nutzen oder Vorteil erreicht werden. Der U. ist eine normgebende Ethik, die die Bewertung einer Handlung hinsichtlich ihres Zieles oder ihres Zweckes vornimmt u. somit eine teleologische (telos: Ziel) Ethik ist.

Weil, Simone
1909–1943, jüd. Lehrerin für Philosophie an den Mädchengymnasien in Roanne, Bourges u. St. Quentin. Ein Jahr lang arbeitete sie in den Automobilwerken von Renault. 1940–1942 floh sie vor den dt. Truppen zunächst nach Marseille, dann über Amerika nach England, wo sie sich dem Befreiungskomitee de Gaulles zur Verfügung stellte. Ihre radikale Einstellung zu sozialen Fragen bereitete ein persönliches Christuserlebnis vor, das ihr Denken plötzlich u. radikal umwandelte.

Wittgenstein, Ludwig
1889–1951, österreich. Philosoph, lehrte ab 1929 in Cambridge, Schüler ›Russells. W. beschäftigte sich mit der Frage wahrer u. falscher Aussagen bei der Beschreibung der Wirklichkeit u. kam schließlich zu dem Ergebnis, dass nur in den Naturwissenschaften wahre Aussagen möglich sind. Im Zusammenhang der Bestimmung der Logik arbeitete er auch an einer kritischen Sprachphilosophie. Wittgensteins Interesse galt der Logik u. den Wirkungsarten der Sprache. Mit seinem 1921 erschienen „Tractatus logico-philosophicus" schuf er ein Hauptwerk der Aussagenlogik. Berühmt geworden ist seine Aussage: „Wovon man nicht sprechen kann, davon muss man schweigen." Seinen sprachanalytischen Forschungen verdankt die Sprachphilosophie den entscheidenden Impuls, Sprache als lebendigen Vollzug aufzufassen. Das heißt: Sprache dient nicht nur dazu, Behauptungen mitzuteilen, vielmehr bedient sich der Mensch der Sprache in vielfältiger Weise zur Erreichung der unterschiedlichen Ziele.

Textnachweis

S. 4/5 Parfit: aus: Derek Parfit. „Liberation from the Self" und „The Continuity of the Body". In: Derek Parfit. Reasons and Persons. Oxford 1987. Zit. nach: Der Sinn des Lebens. Hrsg. v. Christoph Fehige, Georg Meggle und Ulla Wessels, übers. v. Cornelius Wertmüller, dtv, München 2000, S. 296/297; Kant: Kritik der reinen Vernunft (1781). In: Werke in sechs Bänden, hrsg. v. Wilhelm Weischedel, Bd. 2, Wissenschaftliche Buchgesellschaft, Darmstadt 1975, S. 33; Simone Weil: Simone Weil, Zeugnis für das Gute, übers. v. Freidhelm Kemp, dtv, München 1974, S. 141; Sri Aurobindo: Sri Aurobindo, Das göttliche Leben auf Erden, o. Übersetzer, Mirapuri Verlag, Palegg 1983, S. 15; Aristoteles: Aristoteles, Nikomachische Ethik, übers. v. Eugen Rolfes, überarbeitet von Günther Bien, Felix Meiner, Hamburg 1995; Konfuzius: in: Philosophisches Lesebuch, übers. v. Ralf Moritz, Dietz, Berlin 1988, S. 20–21; Camus: zit. nach: Werner Scholze-Stubenrecht, Zitate u. Aussprüche, Duden, Mannheim 1993, S. 630, ohne Quellennachweis, o. Übersetzer; Freud: Sigmund Freud, Das Unbehagen in der Kultur, Fischer, Frankfurt/M., S. 74; Protagoras: In: Platon, Sämtliche Werke, hrsg. v. Walter F. Otto, Ernesto Grassi, Gert Plamböck, übers. v. Friedrich Schleiermacher, Rowohlt, Reinbek 1961, Bd. 4, S. 116 [152a]; Schopenhauer: Arthur Schopenhauer, Die Welt als Wille und Vorstellung II (1844), hrsg. v. A. Hübscher, Reclam, Stuttgart 1987, S. 826; Descartes: Discours de la methode. In: René Descartes, Philosophische Schriften, o. Herausgeber, übers. v. A. Buchenau, Felix Meiner, Hamburg 1996, S. 53; Sartre: Ist der Existentialismus ein Humanismus? In: Jean-Paul Sartre, Drei Essays, o. Übersetzer, Europa Verlag, Zürich 1979, S. 11; Sokrates: In: Platon: Sämtliche Werke, hrsg. v. Walter F. Otto, Ernesto Grassi, Gert Plamböck, übers. v. Friedrich Schleiermacher, Rowohlt, Reinbek 1961, Bd. 1, S. 13 [22d]; Mill: Jean-Stuart Mill, Der Utilitarismus, o. Herausgeber, übers. v. Dieter Birnbacher, Reclam, Stuttgart 1985, S. 4; Nietzsche: Friedrich Nietzsche: Wie kluge Tiere das Erkennen erfanden. Zit. nach: Ekkehard Martens (Hrsg.), Ich denke, also bin ich, Beck, München 2001, S. 215; Hegel: zit. nach: Willi Oelmüller, u. a. (Hrsg.): Philosophische Arbeitsbücher 2. Diskurs: Sittliche Lebensformen, Schöningh, Paderborn 1995, S. 233; Blaise Pascal, Über die Religion und über einige andere Gegenstände (Pensées), übers. u. hrsg. v. Ewald Wasmuth, Verlag Lambert Schneider, Heidelberg 1972. Zit. nach: Willi Ölmüller u. a. (Hrsg.), Philosophische Arbeitsbücher 2, Diskurs: Sittliche Lebensformen, Schöningh 1995, S. 184

S. 6/7 Fragebogen: Autorin; Zitate: Max Horkheimer: zit. nach: Was ist Philosophie? Hrsg. v. Kurt Salamun, Mohr Siebeck, Tübingen 2001, S. 198; „Liebe zur Weisheit": zit. nach: Ernst R. Sandvoss, Philosophie, Darmstadt, Wissenschaftliche Buchgesellschaft, 1991, S. 50; Jean Paul Sartre antwortet, in: Alternative, Juni 1967, S. 133. Zit. nach: Ernst R. Sandvoss, Philosophie, o. Übersetzer, Wissenschaftliche Buchgesellschaft, Darmstadt 1991, S. 64; Sandvoss, Kulturkomponente: Ernst R. Sandvoss, Philosophie, Wissenschaftliche Buchgesellschaft, Darmstadt 1991, S. 66; „ungetrübte Erkenntnis": zit. nach: Ernst R. Sandvoss, Philosophie, Wissenschaftliche Buchgesellschaft, Darmstadt 1991, S. 47; Wilhelm Schmid, Philosophie der Lebenskunst, Suhrkamp 2000, S. 21; Philosophie im Konzert der Wissenschaften: Hans-Michael Baumgartner, Otfried Höffe, Zur Funktion der Philosophie in Wissenschaft und Gesellschaft. In: Kurt Salamun (Hrsg), Was ist Philosophie? Mohr Siebeck, 2001, S. 302–303; Wilhelm Schmid, Philosophie der Lebenskunst, Suhrkamp, 2000, S. 49–50, 55

S. 8/9 Unternehmensphilosophie Bayer AG: http://bayer.de/de/bayer/printview.php?page1=gv_philosophie.php; Lucy Kellaway, Ich denke, also bin ich Berater! Kolumne in der Financial Times vom 10. 04. 2001; Bertrand Russell, Der Wert der Philosophie. In: Kurt Salamun (Hrsg), Was ist Philosophie? Mohr Siebeck, 2001, S. 262–263

S. 10/11 Hannah Arendt, Persönliche Verantwortung und Urteilsbildung, zit. nach: Ekkehard Martens (Hrsg.), Ich denke, also bin ich, C. H. Beck, München 2001, S. 241, 243, 244; Karl Jaspers, Was ist Philosophie? In: Kurt Salamun (Hrsg), Was ist Philosophie? Mohr Siebeck, Tübingen 2001, S. 52–53; Karl Jaspers, Was ist Philosophie? In: Kurt Salamun (Hrsg), Was ist Philosophie? Mohr Siebeck, Tübingen 2001, S. 55/56; Hermann Lübbe: Wozu Philosophie? In: Hermann Lübbe, Philosophie nach der Aufklärung, Econ, Düsseldorf 1980, S. 21–24, 32, 36–37. Zit. nach: Bruno Heller, Einführung in die Philosophie/Philosophische Anthropologie, Bayerischer Schulbuch-Verlag, München 1993, S. 22

S. 12/13 Gerd B. Achenbach, Kurzgefasste Beantwortung der Frage: Was ist Philosophische Praxis? http://www.achenbach-pp.de/zurpraxis.html. Internetauftritt von: Dr. Gerd B. Achenbach, Hermann Löns Str. 56c, 51469 Bergisch Gladbach; Max Horkheimer, Die gesellschaftliche Funktion der Philosophie. In: Kurt Salamun (Hrsg), Was ist Philosophie? Mohr Siebeck, Tübingen 2001, S. 187–189, 195–196, 198

S. 14/15 Hesiod, Theogonie, übers. u. hrsg. v. Otto Schönberger, Reclam, Stuttgart 1999, S. 13–15; Popol Vuh, Das Buch des Rates, übers. v. Wolfgang Cordan, Eugen Diederichs Verlag, Düsseldorf 1973, S. 29–30; Hans Blumenberg, Arbeit am Mythos, Suhrkamp, Frankfurt/M. 1979, S. 45, 49–50, 142–144

S. 16/17 Die drei Milesier: zit. nach: Wilhelm Capelle (Hrsg. u. Übers.), Die Vorsokratiker, Kröner, Stuttgart 1968. Thales: S. 70–71, Anaximandros: S. 82–83, Anaximenes: S. 95; Roland Barthes, Mythen des Alltags, übers. v. Helmut Scheffel, Suhrkamp, Frankfurt/M. 1964, S. 24–26, 131

S. 18/19 Immanuel Kant, in: Anthropologie in pragmatischer Hinsicht (1800), in: Immanuel Kant, Werke XII, Suhrkamp, Frankfurt/M. 1964, S. 549; Immanuel Kant, Ein Handbuch zu Vorlesungen (1800), Werke VI, Suhrkamp, Frankfurt/M. 1964, S. 447–448

S. 20/21 Platon: Theaitetos. In: Platon, Sämtliche Werke, hrsg. v. Walter F. Otto, Ernesto Grassi, Gert Plamböck, übers. v. Friedrich Schleiermacher, Rowohlt 1961, Bd. 4, S. 116–117 [151d–152d]

S. 22/23 John Locke, Versuch über den menschlichen Verstand, übers. v. C. Winckler, Felix Meiner, Hamburg 1981, Buch 2, Kapitel 1, S. 107–109; René Descartes, Meditationen über die Grundlagen der Philosophie, o. Herausgeber, übers. v. A. Buchenau, Felix Meiner, Hamburg 1996, S. 17–21, 81–83;

S. 24/25 Ernst von Glasersfeld, Wege des Wissens, Heidelberg 1997, S. 21–22; Konstruktivistisches Fragespiel: nach: Heinz von Foerster: Entdecken oder Erfinden. Wie lässt sich Verstehen verstehen? In: E. v. Glasersfeld u.a. (Hrsg.): Einführung in den Konstruktivismus, Piper, 1998, S. 45–46; Gerhard Roth, Die Konstitution von Bedeutung im Gehirn. In: Siegfried J. Schmidt (Hrsg.), Gedächtnis, Suhrkamp, Frankfurt/M. 1991, S. 362; Ernst von Glasersfeld, Konstruktion der Wirklichkeit und des Begriffs der Objektivität. In: Ernst v. Glasersfeld (Hrsg) u. a., Einführung in den Konstruktivismus, Piper, München 1998, S. 18–19, 21, 33

S. 26/27 Aristoteles, Nikomachische Ethik, übers. v. Eugen Rolfes, überarbeitet v. Günther Bien, Felix Meiner, Hamburg 1995, S. 1–11; Strukturskizze „Normative Ethik" nach: Günther Bien, Über das Glück. In: Information Philosophie 1, März 1995, S. 8

S. 28/29 Robert Nozick, Vom richtigen, guten und glücklichen Leben, dtv, München 1993, S. 144; Epikur, Brief an Menoikeus. In: Epikur, Philosophie der Freude, übers. v. Johannes Mewaldt, Kröner, Stuttgart 1973, S. 43, 45–46; John Stuart Mill, Der Utilitarismus, Reclam, Stuttgart 1976, S. 13–58

S. 30/31 Sigmund Freud, Das Unbehagen in der Kultur, Fischer, Frankdurt 1930, S. 74–75, 80–81; Robert Nozick, Vom richtigen, guten und glücklichen Leben, dtv, München 1993, S. 138–141

S. 32/33 Zitat: aus: Kinder- und Hausmärchen, gesammelt durch die Brüder Grimm, o. Herausgeber, Manesse, München 2002, S. 558; Arthur Schopenhauer: Aphorismen zur Lebensweisheit, zit. nach: Willy Droemer, Erich Pfeiffer-Belli (Hrsg.), Lebensweisheit, Schopenhauers Aphorismen und Gracians Handorakel, Droemersche Verlagsanstalt, 1960, S. 31–32, 58–59; Lebensregeln als Wegweiser zu einem guten Leben. Alle Zitate bis auf Gracian: zit. nach: Ernst Heimeran u. Michel Hofmann (Hrsg.), Antike Weisheiten, übers. v. Ernst Heimeran, Tusculum, o. J.; 1. Seneca-Zitat: S. 27; Epiktet: S. 25; Demokrit: S. 29; 2. Seneca-Zitat: S. 29; Pythagoras: S. 25; Gracian: Handorakel und Kunst der Weltklugheit. In: Willy Droemer, Erich Pfeiffer-Belli (Hrsg.): Lebensweisheit. Schopenhauers Aphorismen und Gracians Handorakel. München, Droemersche Verlagsanstalt, München 1960, S. 307; Hans Jonas, Das gute Leben im Ganzen der Natur, zit. nach: Ekkehard Martens (Hrsg.), Ich denke, also bin ich, C. H. Beck, München 2001, S. 256–259

S. 34/35 Thomas Morus, Utopia, in: Der utopische Staat, hrsg. u. übers. v. Klaus J. Heinisch, Rowohlt, Reinbek 1960, S. 44, 48–60; Ernst Bloch, Über die Bedeutung der Utopie, in: Tübinger Einleitungen in die Philosophie, Suhrkamp, Frankfurt/M. 1963, S. 124–126

S. 36/37 Francis Bacon, Nova Atlantis, in: Der utopische Staat, hrsg. u. übers. v. Klaus J. Heinisch, Rowohlt, Reinbek 1960, S. 192–215; Byrrhus F. Skinner, Futurum II, Rowohlt, Reinbek 1972, S. 98–103

S. 38/39 Hans Magnus Enzensberger, Zwei Randbemerkungen zum Weltuntergang I, in: Kursbuch 52, Mai 1978, Utopien I, Rotbuch, Berlin 1978, S. 1; George Orwell, 1984, übers. v. Michael Walter, hrsg. v. Herbert W. Franke, Ullstein, München, 2002, S. 7–11

S. 40/41 Hans Magnus Enzensberger, Der Untergang der Titanic, Suhrkamp, Frankfurt/M. 1981, S. 114/115; Hans Magnus Enzensberger, Zwei Randbemerkungen zum Weltuntergang I, in: Kursbuch 52, Mai 1978, Utopien I, Rotbuch, Berlin 1978, S. 1–3

S. 42/43 Arthur Schopenhauer, Die Welt als Wille und Vorstellung II (1844), hrsg. v. A. Hübscher, Reclam, Stuttgart 1987, S. 826; Astrid Lindgren, Die Brüder Löwenherz, übers. v. Anna-Liese Kornitzky, Oetinger, Hamburg, 1973, S. 5–6

S. 44/45 Platon, Phaidon, in: Klassische Dialoge, hrsg. v. Olof Gigon, übers. v. Rudolf Rufener, dtv, München 1975, S. 43, 36–43

S. 46/47 Plotin, Enneade III, zit. nach: Willi Oelmüller, Ruth Dölle-Oelmüller, Philosophische Arbeitsbücher 6, Diskurs Metaphysik, o. Übersetzer, Schöningh, Paderborn 1995, S.134; Wilhelm Risse, Metaphysik, Fink Verlag, München 1973, S. 174–176

S. 48/49 Arthur Schopenhauer, Zur Lehre von der Unzerstörbarkeit unsers wahren Wesens durch den Tod, in: Parapsychologische Schriften, hrsg. v. Hans Bender, Benno Schwabe & Co., Basel 1961, S. 214–215; Derek Parfit, „Liberation from the Self" und "The Continuity of the Body". In: Derek Parfit, Reasons and Persons, Oxford 1987. Zit. nach: Der Sinn des Lebens, hrsg. v. Christoph Fehige, Georg Meggle und Ulla Wessels, übers. v. Cornelius Wertmüller, dtv, München 2000, S. 296–297; Julian Huxley, I Believe: The Personal Philosophies of Certain Eminent Men and Women of Our Time, hrsg. v. Clifton Fadiman, New York 1939. Zit. nach: Der Sinn des Lebens, hrsg. v. Christoph Fehige, Georg Meggle und Ulla Wessels, übers. v. Cornelius Wertmüller, S. 361–362

S. 50/51 Gerald Traufetter, Stimmen aus der Steinzeit. In: Der Spiegel 43/2002, S. 221–222; Dietrich Dörner, Liebe ist nur 01101. In: Die Zeit 3/14. 1. 1999, S. 45

S. 52/53 Charles Darwin, Die Abstammung des Menschen, übers. v. Heinrich Schmidt, Kröner, Stuttgart 2002, S. 262 ff.

S. 54/55 Francis Crick, Was die Seele wirklich ist, Rowohlt, Reinbek 1997, S. 17; Antonio R. Damasio, Wie das Gehirn den Geist erzeugt. In: Spektrum der Wissenschaft, Spezial 1/2000, S. 56–61; Günther Schulte, Neuromythen, Zweitausendeins, Frankfurt/M. 2000, S. 215

S. 56/57 Thomas Metzinger, „Nichts-anderes-als Reflex". In: Die Zeit 4/21. 1. 1999, S. 31; Günter Schulte, Neuromythen, Zweitausendeins, Frankfurt/M. 2000, S. 10; Thomas Nagel, Was bedeutet das alles? Übers. v. Michael Gebauer, Reclam, Stuttgart 1990, S. 29–33

S. 58/59 Platon, Politikos. In: Platon, Gesammelte Werke, übers. v. Friedrich Schleiermacher u. Hieronymus Müller, Bd. V, Rowohlt, Hamburg 1959, S. 69; Der Ariadnefaden, in: Klassische Sagen, o. Herausgeber, Lechner Verlag, Genf 1996, S. 143–145

S. 60/61 Gerald Messadié, Ein Mann namens Sokrates, übers. v. Antoinette Gittinger, Verlag Müller Langen, München 2001, S. 62–63

S. 62/63 Protagoras, in: Platon, Sämtliche Werke Bd. 1, übers. v. Friedrich Schleiermacher, Rowohlt, Reinbek bei Hamburg 1977, S. 74–75

S. 64/65 Jay Rosenberg, Philosophieren, übers. v. Brigitte Flickinger, Vittorio Klostermann, Frankfurt/M. 1997, S. 57–59

S. 66/67 Yang Hsjung in: Ernst Schwarz (Hrsg. u. Übersetzer), So sprach der Weise, Rütten & Loening, Berlin 1982, S. 331; Hildegard von Bingen, Der Mensch in der Verantwortung, hrsg. u. übersetzt v. Heinrich Schipperges, Otto Müller Verlag, Salzburg 1972, S. 56; La Rochefoucauld, Maximen und Reflexionen, übers. v. Konrad Nussbächer, Reclam, Stuttgart 1965, S. 12; Nietzsche in: Klassisch gut, Nietzsche-Zitate, Buchverlag für die Frau, Leipzig 2001, S. 32; Ludwig Wittgenstein, Philosophische Untersuchungen, Suhrkamp, Frankfurt/M. 1977, S. 82; Simone Weil, Zeugnis für das Gute, übers. v. Friedhelm Kemp, dtv, München 1974, S. 141; Rahel Varnhagen, Briefe und Aufzeichnungen, Insel, Frankfurt/M. 1986, S. 73; Ludwig Wittgenstein, Philosophische Untersuchungen, Suhrkamp, Frankfurt/M. 1977, S. 28

S. 68/69 Ernst Bloch, Das Prinzip Hoffnung, Bd.1, Suhrkamp, Frankfurt/M. 1974, S. 228; Francois-Marie Voltaire, Zadig et autres contes, Booking International, Paris 1993, S. 152, übers. v. Kerstin Krolak, Berlin

S. 70/71 Karoline von Günderode, Der Schatten eines Traumes, dtv, München 1997, S. 135–137; Gedicht: ebd. S. 65; Zitat: zit. nach: Barbara Brüning (Hg.), Philosophinnen-Sprüche, Buchverlag für die Frau, Leipzig 2003, S. 77

S. 72/73 Bernard Mandeville, Die Bienenfabel, übers. v. Walter Euchner, Suhrkamp, Frankfurt/M. 1980, S. 80–92

S. 74/75 Jean Francois Lyotard, Philosophie und Malerei im Zeitalter ihres Experimentierens, übers. v. Marianne Karbe, Merve, Berlin 1986, S. 81; Michel Foucault: zit. nach: Angelika Pillen, Das Sichtbare und das Unsichtbare, Zeitschrift für die Didaktik der Philosophie und Ethik 2/1992, S. 92

S. 76/77 Karl Jaspers, Einführung in die Philosophie, Piper, München 1998, S. 10–11; Annemarie Pieper, Selbstdenken,

Reclam, Leipzig 1997, S. 14; Rahel Varnhagen: zit. nach: Barbara Brüning (Hrsg.), Philosophinnen-Sprüche, Buchverlag für die Frau, Leipzig 2003, S. 46

S. 78/79 Bryan Magee, Bekenntnisse eines Philosophen, übers. v. Gabriele Haefs, List, München 1998, S. 11, 27; Christian Morgenstern, Galgenlieder. Palmström. Palma Kunkel. Der Gingganz. Hrsg. v. Joseph Kiermeier-Debre, dtv, München 1998, S. 144. Zit. nach: Michael Wittschier, Abenteuer Philosophie, Piper, München 2002, S. 34; Michael Wittschier, Abenteuer Philosophie, Piper, München 2002, S. 34–35; Jeanne Hersch, Das philosophische Staunen, übers. v. Frieda Fischer und Cajetan Freund, Piper, München 2000, S. 9–10

S. 80/81 Sinaida Gippius, Zelaja zisn, Volk und Wissen, Berlin 1994, S. 22–23, übers. v. Barbara Brüning; Richard P. Feynman, Was soll das alles?, Piper, München 1998, S. 39–40; Buber: zit. nach: Duden, Zitate u. Aussprüche, bearb. v. W. Scholze-Stubenrecht, Dudenverlag, Mannheim 1993, S. 791; René Descartes, Meditationen über die Erste Philosophie, übers. v. Gerhard Schmidt, Reclam, Stuttgart 1986, S. 63, 65; Gottfried Gabriel, Grundprobleme der Erkenntnistheorie, UTB, München 1998, S. 17–18

S. 82/83 Lewis Carroll, Alice im Wunderland, o. Übersetzer, Verlagsbuchhandlung Julius Breitschopf, Wien, 1984, S. 81; Barbara Brüning, Alice zweifelt an sich selbst, in: Ethik & Unterricht 3/2000, S. 27–29; Zitat: Ludwig Wittgenstein, Philosophische Untersuchungen, Suhrkamp, Frankfurt/M. 1977, S. 212

S. 84/85 Hans-Ludwig Freese, Abenteuer im Kopf, Beltz/Quadriga, Weinheim 1995, S. 55–56, 23, 27–28

S. 86/87 Blaise Pascal, Die Wette (Pensées 233), in: Über die Religion und über einige andere Gegenstände, übers. v. Ernst Wasmuth, Lambert Schneider Verlag, Heidelberg 1972, Nr. 233, o. S.; Textanalyse: Autorin

S. 88/89 Michel de Montaigne, Göttliche Fügungen sollte man nüchtern beurteilen, in: Essais, Bd. I., übers. v. Hans Stilett, Eichborn, Frankfurt 1999, zit. nach: Goldmann, Frankfurt/M. 2002, S. 334–337; Michel de Montaigne, Essais. Band III, Goldmann, Frankfurt/M. 2002, S. 528; Merkmale nach: Helmut Engels, Schreiben von Essays im Philosophieunterricht. In: Philosophieunterricht in Nordrhein-Westfalen, Mitteilung des Fachverbands Philosophie, Nr. 36, August 2001, S. 20–21

S. 90/91 Thomas Macho, Institutionen philosophischer Lehre und Forschung, in: Ekkehard Martens, Herbert Schnädelbach (Hrsg.), Philosophie – ein Grundkurs, Bd. II, Rowohlt, Reinbek, 1991, S. 783; Die Akademie des Platon, nach: Art.: Akademie, Platon. In: Konrat Ziegler, Walther Sontheimer, Der Kleine Pauly, Lexikon der Antike, Bd. 4, dtv, München 1979

S. 92/93 Barbara Brüning, Ethikunterricht in Europa, Militzke, Leipzig 1999, S. 8/9, S. 116/117; In eckigen Klammern: Georg W. F. Hegel, Sämtliche Werke, Bd. 11, Berliner Schriften, Berliner Gutachten über den Unterricht in der Philosophie auf Gymnasien, hrsg. v. Johannes Hoffmeister, Hamburg 1956, S. 547–548. Zit. nach: Roland W. Henke, Die didaktischen Prinzipien von Hegels Philosophieunterricht, aufgewiesen an der „Rechts-, Pflichten- und Religionslehre für die Unterklasse", Inauguraldissertation, Bonn 1986, S. 155

S. 94/95 Text von Autorin

S. 96/97 Aurelius Augustinus, Bekenntnisse (X,6), in: Deutsche Augustinus-Ausgabe, hrsg. u. übers. v. Carl Johann Perl, Schöningh, München 1952, S. 397–398

S. 98/99 Averroës, Harmonie der Religion und Philosophie, in: Philosophie und Theologie von Averroës, übers. v. Marcus Joseph Müller, (VCH) Acta Humaniora, Weinheim 1991, S. 5–7

S. 100/101 Thomas von Aquin, Summe gegen die Heiden IV 11, in: Thomas von Aquin, Auswahl, übers. v. Josef Pieper, Kösel, München 1956; Thomas von Aquin, Fünf Fragen über die intellektuelle Erkenntnis, zit. nach: Illustrierte Geschichte der Philosophie, hrsg. v. Jan Bor und Errit Petersma, Scherz, Bern 1997, S.196

S. 102/103 Hildegard von Bingen, Scivias – Wisse die Wege, übers. u. hrsg. v. Walburga Storch OSB, Herder, Freiburg 1992, S. 5; Hildegard von Bingen, Brief an Mönch Wibert von Gembloux über ihre Visionen (1171). In: Schriften der Heiligen Hildegard von Bingen, übers. v. Johannes Bühler, Leipzig 1922, zit. nach: Deutsche Mystikerinnen, hrsg. v. Hans Christian Meiser, Goldmann, München 1987, S. 30–35

S. 104/105 Konfuzius, in: Philosophen Lesebuch, hrsg. v. Heinrich Opitz, übers. v. Ralf Moritz, Dietz, Berlin 1988, S. 20; Kwame Gyekye, in: Das Philosophieverständnis bei den Akan, in: Texte zur afrikanischen Philosophie, hrsg. v. Gerd-Rüdiger Hoffmann, übers. v. Jürgen Hengelbrock, Cornelsen, Berlin 1993, S. 33; Sri Aurobindo, Das göttliche Leben auf Erden, o. Übersetzer, Mirapuri Verlag, Palegg 1983, S. 15; Laotse: Tao-Te-King, übers. v. HansKnospe, Odette Brändli, Diogenes, Zürich 1996, S. 1

S. 106/107 Heinz Kimmerle, Interkulturelle Philosophie, Junius, Hamburg 2002, S. 43– 44, 75–76

S. 108/109 Lao Tse: Tao-Te-King, übers. v. Hans Knospe, Odette Brändli, Diogenes, Zürich 1996, S. 39–40, 21/22; Lily Arbegg, Ostasien denkt anders, Atlantis Verlag, Zürich 1949, S. 99–101; Konfuzius, in: Philosophen Lesebuch, hrsg. v. Heinrich Opitz, übers. v. Ralf Moritz, Dietz, Berlin 1988, S. 20, 21 27; Georg W. F. Hegel, Vorlesungen über die Geschichte der Philosophie Bd. I, Reclam, Leipzig 1982, S.114/115; Heiner Roetz, Gibt es eine chinesische Philosophie?, in: Information Philosophie 2/2002, S. 24–25;

S. 110/111 Buddhistische Märchen, hrsg. u. übers. v. Hans-Jörg Uther, Bechtermünz, Augsburg 1998, S. 51–53; Buddhistische Überlieferung: Die vier edlen Wahrheiten, in: Erich Frauwallner, Die Philosophie des Buddhismus, Akademie-Verlag, Berlin 1956, zit. nach: Philosophen Lesebuch, hrsg. v. Heinrich Opitz, übers. v. Erich Frauwallner, Dietz, Berlin 1988, S. 93; Karl Jaspers, Die großen Philosophen, Piper, München 1997, S. 132–133

S. 112/113 Afrikanische Legende, übers. v. Christa Serauky, in: Texte zur afrikanischen Philosophie, hrsg. v. Jürgen Hengelbrock, Gerd-Rüdiger Hoffmann, Cornelsen, Berlin 1993; Muthoni, übers. v. Gerd-Rüdiger Hoffmann, zit. nach: Henry Odera Oruka, Sage philosophy, in: Texte zur afrikanischen Philosophie, a. a. O., S. 27; Henry Odera Oruka, Sage philosophy, in: Texte zur afrikanischen Philosophie, a. a. O., 22–23; Zitat: George B. Shaw, Der Katechismus des Umstürzlers, in: ders., Mensch und Übermensch, übers. v. S. Trebitsch, o. Verlag, Zürich 1946, zit. nach: Duden, Zitate, S. 776; J. Hountondij, Afrikanische Philosophie, Mythos und Realität, Akademie Verlag, Berlin 1993, S. 211

S. 114/115 Die Erde braucht Freunde, hrsg. v. Peter Baumann, Franckh-Kosmos, Stuttgart 1995, S. 10, 28, 30; Simon de Bolívar, Selbstgeschriebene Fragmente, o. Übersetzer, hrsg. v. Walter Schätzel, Der Staat, Verlag Schibli-Poppler, Birsfelden-Basel o. J., S. 341–344

S. 116/117 Heinz Kimmerle, Interkulturelle Philosophie, Junius, Hamburg 2002, S. 79–81; Konfuzius: Philosophen Lesebuch, hrsg. v. Heinrich Opitz, übers. v. Ralf Moritz, Dietz, Berlin 1988, S. 30

Bildnachweis

Cover Bildausschnitt aus: Paul Klee, Revolution des Viaductes, 1937, 153 (R 13), 60 x 50 cm; Ölfarbe auf Grundierung auf Baumwolle auf Keilrahmen, Hamburger Kunsthalle © VG Bild-Kunst, Bonn 2003; Foto: Artothek
S. 3 Paul Klee, Revolution des Viaductes, 1937, 153 (R 13), 60 x 50 cm; Ölfarbe auf Grundierung auf Baumwolle auf Keilrahmen, Hamburger Kunsthalle © VG Bild-Kunst, Bonn 2003; Foto: Artothek
S. 4 Peter Willi – Artothek
S. 7 akg-images/Erich Lessing
S. 8 Charles M. Schulz © United Feature Syndicate
S. 9 akg-images/Erich Lessing
S. 10 Umberto Giorgione, Modena/Italien
S. 11 Grafik nach: Arno Anzenbacher, Einführung in die Philosophie, Herder, Freiburg 2002, S. 13
S. 13 akg-images/Erich Lessing
S. 14 Foto: akg-images
S. 17 Joachim Blauel, Artothek; © VG Bild-Kunst, Bonn 2003
S. 18 akg-images
S. 19 Barbara Schumann, Berlin
S. 20 Größenwahrnehmung: Barbara Schumann, Berlin; Sichtbare Kreise nach: http://mitglied.lycos.de/Andy_10/optika.html; Saxofonspieler oder Gesicht, Carsten Tschense
S. 24 Foto: Cathrin Lischka, Hahmbühl 8, 56414 Molsberg
S. 27 Der Maler Hein Driessen (Emmerich) bei der Morgentoilette vor seinem Atelier in Cala Figuera (Mallorca). Hein Driessen, Schafsweg 19, 46446 Emmerich; Bergsteiger: Am Gipfel des Geitgaljen 1085 m, Insel Austvagöya, Lofoten, Norwegen, © Bernd Ritschel; Mann am Strand: Focus, © Christopher Pillitz, Network „Surfing", Liebespaar: mauritius, Foto: stock image
S. 29 New York/USA, Coney Island, 28. 7. 1940. „Coney Island on a quiet Sunday afternoon … a crowd of over a MILLION …" akg-images / Weegee
S. 30 Times Square in New York (Kreuzung von 7th Ave., Broadway und 42nd Street), 1996. akg-images/Keith Collie
S. 32 aus: Heinz Wegehaupt (Hg.), Mein Vöglein mit dem Ringlein rot, Der Kinderbuchverlag, Berlin 1985, S. 197
S. 34 Foto: akg-images
S. 36 akg-images, Quelle: 0 (Q:0)
S. 38 Foto: akg-images; © Ludwig Meidner-Archiv, Jüdisches Museum der Stadt Frankfurt am Main
S. 42 Öl auf Leinwand 104,5 x 179,5, Munch Museum, Oslo; © Munch Museum/Munch-Ellingsen Group, Foto: © Munch Museum (Andersen/de Jong); © VG Bild-Kunst, Bonn 2003
S. 44 Collection of Robert N. Essick Collection. Copyright © 2003 The William Blake Archive. Used with permission.
S. 46 li.: Foto: akg-images; re.: aus: Jean-Jacques Lévèque, Nicole Ménant, Die Islamische und Indische Malerei, Editions Rencontre, Lausanne 1968, S. 39
S. 48 © 2003 Banco de México Diego Rivera & Frida Kahlo Museums Trust. Av. Cinco de Mayo No. 2, Col. Centro, Del. Cuauhtémoc 06059, Mexico, D. F.; aus: Frida Kahlo, Schirmer-Mosel Verlag, München 1992, o. S.
S. 50 Dietrich Dörner, „Bauplan für eine Seele", S. 40; Copyright © 1999 by Rowohlt Verlag GmbH, Reinbek bei Hamburg
S. 53 Der Spiegel 43/2002, S. 220/221
S. 54 dpa/Matthias Hiekel
S. 56 aus: Günter Schulte, Neuromythen, Verlag Zweitausendeins, Frankfurt 2000, S. 9
S. 58 aus: Uta Grosenick (Hg.), Women Artists, Taschen, Köln 2001, S. 223
S. 60 Joachim Blauel, Artothek
S. 63 Foto: akg-images/John Hios
S. 64 Artothek
S. 68 Bridgeman Giraudon/Lauros; © VG Bild-Kunst, Bonn 2003
S. 70 aus: Viktor Misiano, Marc Chagall, Weltbild, Augsburg 2000, S. 27; © VG Bild-Kunst, Bonn 2003
S. 72 Artothek; © VG Bild-Kunst, Bonn 2003
S. 74 Herzog August Bibliothek Wolfenbüttel: Sf 4° 5: Hobbes, Thomas: Leviathan. 1651
S. 76 Annalies Klophaus, München
S. 77 Paul Klee, Das Tor zur Tiefe, 1936, 25 (K 5); 24 x 29 cm, Feder und Wasserfarbe auf Grundierung auf Baumwolle auf Karton auf Keilrahmen, Privatbesitz, Schweiz. Foto aus: Manfred Fath (Hg.), Paul Klee, Die Zeit der Reife, Prestel, München 1996, S. 95
S. 78 Foto: akg-images; © Demart pro Arte B. V. / VG Bild-Kunst, Bonn 2003
S. 81 Barbara Schumann, Berlin
S. 84 Foto: R. DESCHARNES / daliphoto.com; © Demart pro Arte B. V. / VG Bild-Kunst, Bonn 2003
S. 91 Foto: akg-images/Schuetze/Rodemann
S. 92 Foto: akg-images
S. 94/95 Foto: akg-images/Pirozzi
S. 96 aus: Brockhaus, Kunst und Kultur, Band 3, Brockhaus, Mannheim 1997, S. 283
S. 98 Bibliothèque Mazarine, Paris
S. 99 nach: Axel Weiß, aus: Peter Kunzmann u. a., dtv-Atlas Philosophie, dtv, München 2001, S. 76
S. 100 akg-images/Rabatti-Domingie
S. 101 nach: Axel Weiß, aus: Peter Kunzmann u. a., dtv-Atlas Philosophie, dtv, München 2001, S. 82
S. 102 Bildtitel: Licht und Farbe (Goethes Farbenlehre) – Morgen nach der Sintflut – Moses schreibt das Buch der Genesis, Foto: akg-images
S. 104 Foto: akg-images; © VG Bild-Kunst, Bonn 2003
S. 105 Privatbesitz, © Photothèque R. Magritte – ADAGP, Paris 2003 / © VG Bild-Kunst, Bonn 2003
S. 106 picture-alliance/dpa © dpa-Bildarchiv, Fotograf: Hermann Wöstmann; © Successió Miró/VG Bild-Kunst, Bonn 2003
S. 111 © Stephanie Colasanti/CORBIS
S. 112 © Photothèque R. Magritte – ADAGP; Paris 2003; © VG Bild-Kunst, Bonn 2003
S. 114 Terre labourée, Foto aus: Walter Erben, Joan Miró, Taschen, Köln 1988, S. 32; © VG Bild-Kunst, Bonn 2003
S. 115 Foto: akg-images
S. 116 Foto: akg-images

Nicht in allen Fällen war es möglich, die Rechteinhaber für Texte oder Bilder ausfindig zu machen. Berechtigte Ansprüche werden selbstverständlich im Rahmen der üblichen Vereinbarungen abgegolten.

Weiterführende Literatur und Internetadressen

I. Was ist Philosophie?
– Hans Blumenberg, Arbeit am Mythos, Suhrkamp, Frankfurt/M. 2001
– Wilhelm Capelle (Hg.), Die Vorsokratiker, Kröner, Stuttgart, Neuauflage o. J.
– Peter Kunzmann u. a., dtv-Atlas Philosophie, dtv, München 2001
– Ekkehard Martens (Hg.), Ich denke, also bin ich, C. H. Beck, München 2001
– Kurt Salamun (Hg.), Was ist Philosophie?, Mohr, Siebeck, Tübingen 2001
– Günter Schulte, Schnellkurs Philosophie, DuMont, Köln 2001

1. Was kann ich wissen?
– Heinz von Foerster, Bernhard Pörksen, Wahrheit ist die Erfindung eines Lügners, Carl Auer Systeme Verlag, Heidelberg 2003
– Gottfried Gabriel, Grundprobleme der Erkenntnistheorie, UTB/Schöningh, Stuttgart 1998
– Herbert Schnädelbach, Erkenntnistheorie zur Einführung, Junius Verlag, Hamburg 2002

2. Was soll ich tun?
– Pascal Bruckner, Verdammt zum Glück, Aufbau, Berlin 2002
– Martha C. Nussbaum, Gerechtigkeit oder Das gute Leben, Suhrkamp, Frankfurt/M. 1999
– Joachim Schummer (Hg.), Glück und Ethik, Königshausen & Neumann, Würzburg 1998

3. Was darf ich hoffen?
– Christoph Fehige u. a. (Hg.), Der Sinn des Lebens, dtv, München 2000

4. Was ist der Mensch?
– Thomas Nagel, Was bedeutet das alles?, Reclam, Ditzingen 1990
– Günter Schulte, Neuromythen, Zweitausendeins, Frankfurt/M. 2000

II. Grundformen philosophischen Nachdenkens
– Barbara Brüning, Wenn das Leben an Grenzen stößt, Leibniz-Bücherwarte, Bad Münder 2000
– Johannes Irmscher (Hg.), Antike Fabeln, Aufbau, Berlin 1999
– Bernard Mandeville, Die Bienenfabel, Suhrkamp, Frankfurt/M. 1998
– François-Marie Voltaire, Zadig et autres contes, Editions Gallimard, Paris 1992, ISBN: 2070384810

III. Nachdenken über die Welt
– Ermanno Bencivenga, Spiele mit der Philosophie, Freese Verlag, Berlin 1992
– Barbara Brüning, Methoden und Medien des Philosophierens, Beltz, Weinheim 2003
– Martin Coher, 99 philosophische Rätsel, Campus, Frankfurt/M, 2001
– Jay Rosenberg, Philosophieren, Vittorio Klostermann Verlag, Frankfurt/M. 1997, S. 135–138

IV. Philosophie und Religion in der Kultur Europas
– Jan Bor u. a. (Hg.), Illustrierte Geschichte der Philosophie, Scherz, Bern/München/Wien 1997
– Jostein Gaarder, Das Leben ist kurz, dtv, München 1999
– Herrscher und Heilige, Brockhaus, Die Bibliothek, Kunst und Kultur, Bd. 3, F. A. Brockhaus, Mannheim 1997
– Edmund Jakoby, Philosophen, Gerstenberg, Hildesheim 2002
– Charlotte Kerner, Alle Schönheit des Himmels. Hildegard von Bingen, Beltz, Weinheim 2000
– Marit Rullmann, Philosophinnen, Bd. 1 und 2, Suhrkamp, Frankfurt/M. 1998

V. Philosophie in anderen Kulturen
– Marcel Granet, Das chinesische Denken, Suhrkamp, Frankfurt/M. 2000
– Karl Jaspers, Die großen Philosophen, Piper, München 1997
– Heinz Kimmerle, Interkulturelle Philosophie, Junius, Hamburg 2002
– Konfuzius, Gespräche (Lun-yu), Reclam, Ditzingen 2003
– Lao-Tse, Tao-Te-King, Ludwig Verlag, München 1994
– Kuno Lorenz, Indische Denker, C. H. Beck, München 1998
– Heiner Roetz, Konfuzius, C. H. Beck, München 1995

www.club-dialektik.de
Bonner Diskussionsverein zu philosophischen Fragen
www. philopraxis.ch
Schweizerische Arbeitsgemeinschaften für angewandtes Philosophieren, u. a. Durchführung von philosophischen Diskussionsveranstaltungen und Projekte zum Philosophieren mit Jugendlichen, Organisation von philosophischen Reisen
www.philosophers-today.com
Kommentierte Linkliste über die wichtigsten Philosophen der europäischen Tradition, u. a. Informationen über Homepages moderner deutschsprachiger Philosophen, Informationen über philosophische Aktivitäten im deutschsprachigen Raum: über Verlage, Lexika, Zeitschriften und philosophische Gesellschaften
www.lutz-von-werder.de
Informationen und Anleitungen zum kreativen Schreiben in der Philosophie
www.informationphilosophie.de
Bei der Website handelt es sich um den Internetauftritt der Zeitschrift „Information Philosophie". Im Archiv findet man Interviews mit zeitgenössischen Philosophen, Tagungsberichte sowie Publikationen zu verschiedenen philosophischen Themen.
www.philosophiebuch.de
Hier findet man frei verfügbare, deutschsprachige Philosophietexte im Internet. Außerdem hat man von hier aus Zugang zu philosophischen Texten anderer Webseiten.
www.learn-line.de
Unter dem Stichwort „Konstruktivismus" findet man hier ein umfassendes Angebot, auch mit kritischen Beiträgen, zum Konstruktivismus.
http://mitglied.lycos.de/Andy_10/optika.html
Hier findet man eine Vielzahl von optischen Täuschungen.
http://buecherei.philo.at/interkult.htm
Ein Überblick über die interkulturelle Philosophie